古玩談舊聞（下）

陳重遠 著

橘子出版有限公司
明鏡出版社
聯合出版

仿古銅簋(見《慶王爺的真、假古銅簋》一文)

三羊銅罍　西周青銅酒器

(見《古銅罍帶來的福與禍》一文)

明成化斗彩鷄缸杯(見《一本萬利,成化斗彩杯話今昔》一文)

清乾隆粉彩蒜頭瓶(見《真、假「古月軒」》一文)

前言

「古玩」這個名詞是清乾隆以來普遍使用的，以前叫「骨董」或「古董」。有位古玩老行家向作者解釋說：「骨者所存過去之精華，如肉腐而骨存也；董者明曉也。骨董云者即明曉古人所遺之精華也。」他建議將「董」字改爲「懂」，並說日本人用「古懂」二字。余未以爲然。「古玩」這個名詞是由「古董」演進而來，即古代之文玩，這個名兒響亮、洽當，起得好！

古玩和文物，似乎是一個概念，海內外在中國文字使用上，都將古玩與文物同用，文物即古玩，古玩即文物。那麼，古玩與文物在概念上就沒一點區別?·我以爲古玩是指可供鑑賞、研究和收藏的那部分文物。古玩是文物，文物卻不能完全都叫古玩，如萬里長城、樂山大佛、古代遺留在地上地下的建築物可稱之爲文物。若把它們也叫古玩，即不順耳，也不合適，世上哪有人玩那麼大的古玩。

「玩古玩」這個詞兒，解放後曾有人反感，引經據典說：「玩人喪德，玩物喪志」見《書·旅獒》。其實中國的方塊字含義多、解釋多，內涵豐富。「玩」字有多種含義，可以解釋爲「弄」、「戲弄」，也可以解釋爲「欣賞」、「觀賞」。如若我們欣賞、觀賞中華民族歷代祖先遺留下的有歷史意義和考古價值的傳統文化藝術品，怎會喪志呢?!對這類器物的收藏和研究，使我們的民族傳統文化藝術能夠保存下來且不斷發展，有利於增強民族自豪感和凝聚力，欣賞研究古玩者個人也能增加很多有益又有用的知識。

而「古玩」二字長期被「文物」所代替，解放後，古玩鋪改稱文物商店，古玩商會也隨之改變。一九五一年，北京市工商聯合會正式成立時，將古玩商會與玉器商會等合併，稱爲歷史文物業公會；一九五二年末，據中央財委《私營企業統一分類規定》，改名爲文物業同業公會，業務類型分爲：古玩字畫、珠寶玉器、顧繡、外貿和特種工藝品。

隨着我國市場經濟的發展，「古玩」這個名詞也響亮起來了。隨着太平盛世的到來，古玩珠寶市場也必將興起，玩古玩、經營古玩采取的形式也將不同於過去，到底會發展成甚麼樣子，社會現實將會做出回答。

以前古玩行業鑑定經營的分類：金石、瓷器、字畫、雜項。而珠寶玉器同古玩接近，在鑑定經營上是另一行當。本書寫的是解放前的北京文物市場及市場上古玩珠寶的交易史實。按老行當分爲：金石、瓷器、珠寶玉石、字畫雜項諸部分寫在後面。

目録（上）

金石

瓷器

珠寶玉石、字畫雜項

文房用具與雜項

◇清代官窑瓷器

官窯瓷器流入民間市場

官窯瓷器是明、清兩代在江西景德鎮設置的御器廠燒造的各種優質瓷器，亦稱之爲官窯器或御窯器。御器廠在明、清兩代是何時設置、如何管理？燒造出哪些著名瓷器？官窯器何時怎樣由御用轉入民間？

明清兩代御器廠的設置與管理

據明代嘉靖年間成書的《江西大誌》記載，洪武三十五年，即建文四年（公元一四〇二年），於景德鎮始置御器廠。而清代嘉慶年間成書的《景德鎮陶錄》則說是洪武二年。經專家考證，認定明代御器廠始置於建文四年，也是永樂元年（公元一四〇二年）。

明代御器廠即官辦窯廠，平時由饒州府的官吏管理，每逢大量燒造時，朝廷則派宦官至景德鎮「督陶」。御器廠燒造的官窯器供宮廷使用，包括朝廷對內、對外賜賞和交換的需要。

清代御器廠，《景德鎮陶錄》中記載：「國朝建廠造陶，始於順治十一年，奉造龍缸，……經饒守道董顯忠、王天眷、王瑛等督造，未成。十六年，奉造欄板，……經饒守道張思明、工部理事官噶巴、工部郎中王日藻等督造，亦未成。十七年，巡撫張朝疏請停止。」「康熙十年曾奉造祭器。康熙十三年由於吳三桂的戰亂，景德鎮的窰業基礎幾乎完全遭到破壞。直到康熙十九年左右，景德鎮的製瓷業才在明代的基礎上，有了突飛猛進的發展。」

清初御器廠由工部、內務府派員或直接由江西巡撫主管。乾隆以後，以榷九江關使管理，並以饒州同知、景德鎮巡檢司監造督運，遂成定制。清代督窰官有的對我國製瓷業的發展起過一定的作用，如康熙年間的臧應選、劉源、郎廷極；雍正時期的年希堯；乾隆年間的唐英等人。老古玩行人對「臧窰」、「郎窰」、「年窰」、「唐窰」瓷器評價甚高，景仰他們對瓷業發展做出的貢獻。

清代御器廠所製的官窰器，只供宮廷使用，除由帝王賞賜以外，即使最高貴的王親國戚，也不得從御器廠得到官窰器，賞賜大臣有專門燒製的「賞瓶」，民間不得有官窰器，更不准在市場交易。

老古玩界評說明清官窰器

老古玩行人鑑定經營明清官窰的人中眞正懂行者不多，可是他們對官窰器中的珍貴器物知之不少，歸納他們所談，給人們印象較深的有：

永樂、宣德青花瓷器。這類官窰器以其胎質潔白細膩、釉層晶瑩肥厚，色澤濃艷，造型多樣，紋飾優美而著稱於世。

永樂白瓷，古玩行人稱之爲「甜白」。甜白瓷器胎薄釉瑩，給人以一種「甜」的感受。永樂年間燒製薄胎白瓷的成功，爲明代彩瓷的發展繁榮創造了條件。

宣德釉下青花和釉上紅彩相結合的瓷器，古玩行人稱之爲「宣德青花紅彩」。他們特別欣賞和留戀那件釉下青花海水波濤，釉上紅彩游龍游躍於洶湧波濤的高足杯。有人講，這高足杯是琉璃廠某家古玩舖賣給上海某收藏家的，現收藏在上海博物館。

成化鬥彩雞缸杯，是在古董商中傳說最多、最美的官窰器。成化年間創造出釉下青花和釉上彩色相結合的鬥彩瓷器，燒造出上繪牡丹、下畫子母雞，躍躍欲動的雞缸杯，早在明代就獲得極高評價。古董商求之難得，羨慕不已，而民國以來仿製的多矣！

嘉靖、萬曆青花五彩瓷器，在民國年間市場上多見，日本人搜集，名之爲「赤繪」。這是一種釉下青花和釉上五彩相結合，圖案花紋滿密，色彩濃艷，突出紅色的嘉靖、萬曆五彩瓷。

宣德的藍釉瓷器，弘治的黃釉瓷器，正德的孔雀綠瓷器，給老古董商感受較深。宣德金彩裝飾的藍釉瓷器，給人以金碧輝煌的感覺，而民國以來仿製的藍釉描金瓷器不少，遠銷國外，以假亂眞，很難鑑別。色彩較淡而嬌艷的弘治黃釉，古玩行人叫它「嬌黃」；稱正德孔雀綠爲綠釉「法翠」。綠釉法翠，色調翠綠，和孔雀羽毛相似，碧翠雅麗，十分美觀，曾令法國藝術家、收藏家爲之傾倒！這三種明代瓷器甚受法國人喜愛，古玩行人稱之爲「法國莊」。而仿製品頗多，流散在法國的不少。

談到清代官窰瓷器，老古玩界人士更是滔滔不絕，感慨萬端。清末至民國年間，鑑賞收藏家以年代久遠的文物爲珍貴，清代康、雍、乾瓷器不爲他們所重。收藏清代官窰瓷器者較少。日僞統治時期，康、雍、乾官窰瓷器，曾被上海金融界人士和暴發戶所喜愛而購買收藏，價格相當低。而今、康、雍、乾官窰器，早已不止聲價十倍，百倍有餘，令老古董商驚嘆不已！

康、雍、乾三朝，官窰製瓷工藝發展到歷史高峰，可稱之爲「空前絕後」，至今仿製品仍達不到那個時代的藝術水平。因爲那是時代的產物，時代不同了，也就不可能再有那種產物。康、雍、乾三朝的我國社會經濟進入一個繁榮時期，稱之爲「太平盛世」，也是瓷業發展的黃金時代。

御器廠爲宮廷燒造瓷器是不計工本，集中與耗費大量人力、物力和財力，技藝上精益求精，物質上窮極奢侈。三朝皇帝都直接干預燒造官窰器。康熙帝玄燁喜愛西洋的科學、技術、醫學和藝術，當時用西洋進口的琺琅彩料繪製瓷胎琺琅器，對粉彩瓷器的創造有直接影響；雍正帝胤禛十分喜愛瓷器，直接決定瓷器的造型和裝飾，詩、書、畫合一的法琅彩和粉彩的繪畫圖案是他首先提出的；乾隆帝弘歷對各類藝術的愛好，達到狂熱程度，在康、雍二朝基礎上，不惜工本追求和燒造各種新奇的製品。三朝皇帝共在位一百三十四年，他們獨佔全國最佳的能工巧匠，還有數以百計的宮廷供奉畫家提供紙絹畫案，將它們移植在瓷器藝術品上，燒造出種類繁多，輝煌燦爛、唯我國獨有的藝術珍品。

凡是明代有的工藝和品種，在康、雍、乾時代都有提高發展和創新，僅以顏色釉的品種來說，據雍正十三年（公元一七三五年）唐英《陶成紀事碑記》記載，那時燒成了大窰和爐彩顏色釉達五十七種。經古玩老行家、國家文物委員會常委、陶瓷鑑定家孫會元的多年考證，認爲康、雍、乾三朝官窰瓷器顏色釉品種有：

青色則豆青、冬青、粉青；藍色則祭藍、天藍、磚藍；紅色則祭紅、胭脂紅、雲豆紅、礬紅、珊瑚紅；黃色則嬌黃、小黃、雞蛋黃、香黃、魚子黃；綠色則瓜皮綠（大綠）、水綠、葱心綠，豆瓣綠、松石綠、孔雀綠、蠅綠、魚子綠；紫色則茄皮紫、茄花紫，其它如珍珠、烏金（黑）；醬色之米湯澆、鐵鏽花、茶葉末、鱔魚青、鱔魚黃、爐鈞、深絳、抹金、抹銀、灑金（金克郎）。還有仿古銅、仿舊玉、仿汝、仿官、仿哥、仿定白釉、仿鈞紅藍暈、仿鈞紅藍窰變、仿木、仿石、仿漆，以及粉彩派生的粉紅、粉黃、粉藍、粉黃綠、粉紫、粉白等，共計五十六種。孫會元說：「我考察出這麼多顏色釉品種，仍有遺漏，匯集不全。」

康、雍、乾三朝創製出的粉彩、琺琅彩、釉下三彩、墨彩和烏金釉、天藍釉、珊瑚紅、松綠釉、胭脂紅等彩釉瓷器，最爲珍貴。康熙郎窯紅、美人醉（豇豆紅）、釉裏紅、青花五彩，何人見到不陶醉?!雍正粉彩，秀麗淡雅，雪白的瓷面，綺麗彩花，婀娜多姿；就像澆了一層薄薄胭脂水似的、雍正官窰獨有的胭脂水瓷器，奇特艷麗，誰人見之不傾倒?!

俗稱「古月軒」的康、雍、乾琺琅彩瓷器，工藝之精美，製作之細緻，胎骨釉色之精密潔白，繪畫之工整細膩，彩色之「淡妝濃抹總相宜」，堪稱世界陶瓷藝術之最、之絕！

乾隆時期，我國製瓷工藝的新技巧高度發展。《陶說》中記述當時的製瓷業幾乎可以仿製各種手工藝品：「戧金、鏤銀、琢石、髹漆、螺甸、竹木、匏蠡諸作，無不以陶爲之，仿效而肖。近代一技之工，如陸子剛治玉、呂愛山治金、朱碧山治銀、鮑天成治犀、趙良璧治錫、王小溪治瑪瑙、葛抱雲治銅、濮仲謙雕竹、姜千里螺甸、楊塤倭漆，今皆聚於陶之一工。」僅以乾隆官窰仿戰國金銀錫古銅釉雙螭圓壺來看，如只看不上手，則很難辨認是銅是瓷，眞是惟妙惟肖，嘆爲觀止！

品種繁多，絢麗多彩的康、雍、乾三朝官窰器藝術珍寶，爲皇家所獨有，皇帝所得而私也。秘藏和陳列在皇宮、頤和園、圓明園和熱河行宮，儲藏在內務府掌管的北京南池子瓷器庫。

官窰瓷器特別是琺琅彩瓷器，始終秘藏或陳列於宮苑，不用以賞賜寵臣。光緒二十六年（公元一九〇〇年）前，琉璃廠古玩舖不買賣官窰瓷器，民間買賣和收藏官窰器屬於違法。

官窯瓷器流入民間市場

官窯瓷器是何時怎樣由御用品轉化爲商品進入市場的呢？外國的洋槍大炮打破了中國的閉關鎖國，也使皇帝所得而私的奇珍異寶飛往異國他鄉！

咸豐十年（公元一八六〇年）十月十三日，英法聯軍侵佔北京城，圓明園秘藏和陳設的傳世文物和珍貴的陶瓷藝術品，被洗劫焚燒一空。洋兵身上攜走之寶物，重到他們抬腿邁門坎都困難，侵略者飽載而歸。中國之珍寶在倫敦、巴黎大放奇光異彩，引起英法皇室貴族，豪門富紳之興趣。他們將中國文物珍貴藝術品收藏或陳設在宮廷、居室、客廳或博物館中，用以顯示其「尊貴文明」。同時展現了中國古老的文化藝術，中國文物走向了世界。在倫敦、巴黎首先產生了與我國進行古玩玉器交易的貿易商行，隨後，日本、德國、美國、俄國等不少國家有了同中國人做古玩玉器生意的古董商，在中國成立商會、洋行。

光緒二十六年（公元一九〇〇年）八月十四日，英、美、德、法、俄、日、意、奧八國聯軍侵佔北京，在北京進行瘋狂的燒殺搶掠。慈禧太后攜帶光緒帝和王公大臣離京西逃。皇宮秘藏之傳世珍寶和陳設之官窯瓷器，內偷外搶，丟失慘重。光緒二十七年，西太后回到北京，對宮室失物情況甚爲震怒，要下旨查抄全城。

西太后之親信、內務府掌管宮中陳設之官員慶寬奏請太后，「以收買代替查抄，安頓民心。」慈禧也感到戰亂後又查抄，恐逼民反，故而「恩准」慶寬之奏請，並派慶寬爲皇室負責收購佚散在民間的古玩陳設。

內務府在隆福寺設收購站，慶寬派他的管家常惠川（此人係作者之姑舅爺）負責。北京居民將流失在宮外的皇家陳設器物、古玩瓷器，送到收購站，換取少量銀兩。日後，慶寬成爲北京著名收藏家，常惠川也成了古董商。

此事，台灣郭良蕙在她的《色彩繽紛蒜頭瓶》一文中，也提及。她寫道：「八國聯軍攻入京城後，宮中被劫的器物甚多，慶寬稟奏慈禧，出價向各處收購，慈禧即令慶寬在隆福寺設站，專收流失於民間的官窰。」

慶寬在隆福寺收購佚散在民間的官窰瓷器，內務府總管文索（滿族旗人，也姓曾，住秦老胡同）出資九千兩銀子，請丁濟謙在琉璃廠開設延清堂古玩舖，專門鑑定經營官窰瓷器。不過兩年，廣東老財主出資二萬銀元，請郭葆昌的師弟賈騰雲在東四牌樓開設榮興祥古玩舖，也是以鑑定經營官窰瓷器爲主。於是，官窰瓷器便在民間公開買賣。清廷正處於危急存亡之秋，無暇顧及百姓違反禁令，而且是內務府官員率先違禁，「無可奈何花落去」！從此，官窰瓷器這株奇葩，開始在民間爭奇鬥艷，向世界展示中華民族文化藝術的光彩。

仿製官窰瓷器先驅郭葆昌之軼事

提起郭葆昌，老古董商都知道他出身於古玩行，是古玩行人中出類拔萃者。他的一生令人稱讚的有兩件大事，一是他監督燒造出居仁堂和觶齋款識的粉彩瓷器；二是他贖回溥儀抵押在日本銀行的《中秋帖》和《伯遠帖》，保護國寶未流入日本。因爲他出身古玩行，同古玩行打了一輩子交道，所以，在老古玩界人士中傳說着他的趣聞軼事不少。擇其要者而錄之，供讀者欣賞。

出身古玩行

郭葆昌，字世五，老古董商稱呼他「郭五爺」。這位郭五爺原先也是古玩舖的小學徒，他於光緒二十年前後，從河北定興縣農村老家來北京西華門一家賣舊貨和古玩的小店舖學徒。這家小古玩舖出了兩個人物：一位是在馳名中外的榮興祥古玩舖當了四十年掌櫃的賈騰雲，另一位就是郭葆昌，郭葆昌是賈騰雲的師兄。

十四、五歲時的郭葆昌，只讀過「三本小書」（《百家姓》、《千字文》、《三字經》）和一本《論語》（上），就來北京學徒。他人很聰明，愛學習，不懂就問，善於辭令。學了三年徒，懂了不少規矩禮法和一般的文物鑑定。

西華門是朝臣下朝必經之路，有的官員下朝後來逛古玩舖。郭葆昌耳濡目染，知曉了官場上待人接物的一套，又學會了侍候官老爺的訣竅。

這事兒也巧，大約在光緒二十二年的時候，袁世凱以侍郎御（清代六部即吏、戶、禮、兵、刑、工的長官，尙書爲正、侍郎爲副。相當於今日副部長級別）在天津小站訓練新建陸軍，在北京建立府第。袁世凱在西華門古玩舖買了四扇鐵鍜花山水花鳥掛屏，郭葆昌給送到袁府，並幫助其佈置客廳。袁世凱看他年輕機靈，長得體面，便把他留下當差。

開始時像侍候袁世凱的勤務兵一樣。後來，袁世凱當大總統時，郭葆昌的官也升上去了，歷任袁府總管，總統的呈啓官，總統府庶務司長，被委任爲九江關監督，燒造「居仁堂」瓷器。

升官不忘故舊

郭葆昌當了官有了脾氣，但對跟他年歲差不多的老古董商卻很和氣，他升官不忘故舊的故事一直在古玩行中傳說。

郭葆昌作了袁大總統的總管兼總統府庶務司長時，他的佈屬下級給他買了一架紫檀條案，佈置客廳。那時製作硬木傢具在東曉市附近「魯班館」一帶，有名的字號是光緒初年開的龍順成。龍順成做仿明仿乾隆作的雕花硬木傢具在京城享有盛名，老古玩行人跟他們打交道，郭葆昌學徒時和他們有來往。

紫檀條案要從京城東南角的龍鬚溝附近的龍順成木器舖運到秦老胡同郭葆昌的府上，路可夠遠的，所以僱了個扛肩的。這位扛肩的原先是在龍順成學手藝的，他手笨但有力氣，就不幹手藝，專門扛肩，誰買了傢具他給人扛家去。

扛肩的扛到秦老胡同，進了郭葆昌府第，正趕上郭葆昌在院子裏。扛肩的滿頭大汗地把條案撂下，邊擦汗邊看院裏站着的人，突然他眼一亮，嘴裏就喊了出來：「咳！這不是郭葆昌嗎？！」郭葆昌一聽叫他名，就來火了。他心想：誰他媽的這麼大膽子，竟敢直呼我的名字，除大總統誰敢這麼叫我?!那時的大官僚大軍閥都不叫他郭葆昌，而稱呼他「世五」，下邊人則稱呼他「郭五爺」，一個扛肩的直呼其名，豈不是大膽放肆?!

郭葆昌眼睛一瞪，仔細打量叫他名的人，原來是他學徒時經常跟他來往的、龍順成的李五，他馬上笑了，喊了聲：「李五爺辛苦了！」並請李五到客廳坐，又命僕人給李五爺點煙倒茶，他則陪着李五說話。

李五說：「你當官了，叫你郭五爺還行，可我是苦力，就把那『爺』字去了吧，我還是李五！」

兩人聊了一會兒，臨別時郭葆昌送給李五十塊錢，並說，「你甚麼時候有困難就來找我，沒事時也可以到我這裏來坐坐。」

收藏家中的奇特

京城裏的收藏家同古董商交往最長、不分彼此的是郭葆昌。有人計算說：「打郭葆昌學徒到他在一九四〇年去世，大約五十七年，年年都跟古玩行人來往。」古玩行裏鑑定陶瓷的三代著名人士都熟悉或認識郭葆昌：第一代人趙佩齋、丁濟謙、白五樓、郭小臣、賈騰雲；第二代人楊伯衡、安溪亭、郭靜安、蕭書農、陳中孚、范岐周、孫瀛洲、崔仲良等；第三代人就是當今中外有名的我國陶瓷鑑定專家孫會元和耿寶昌。

由於他們彼此熟悉，說話就不大注意。二十年代末，虹光閣二掌櫃曹文波給郭葆昌不斷送去字畫，請他鑑賞。郭不大懂字畫，可也收藏不少，但送多了也就看煩了，他告訴僕人說：「那姓曹的再來，你拿張紙兒，把他給我揑出去！」

半年之後，郭葆昌來到虹光閣，曹文波躲着他，不搭理他。他問掌櫃的杜華亭：「哎！我說華亭，曹文波躲着我幹甚麼?!」杜華亭說：「他怕您拿張紙兒，把他揑出去！」郭世五大笑說：「這是誰他媽的告訴他的！」隨即喊了聲：「曹文波你過來！」曹文波到他跟前，叫了聲：「五爺！」郭葆昌笑着說：「那是玩笑話，你記它幹甚麼，該上我家去還得去！」

「九·一八事變」的那年秋天，郭葆昌來到雅文齋，大徒弟楊興順給他開門，迎面說了句：「郭五爺您來啦，您吃了吧?!」郭葆昌眼珠子翻棱着他說：「他媽的我一天老是吃飯，成飯桶啦！你不會說：郭五爺您來了，您好！」郭葆昌對古玩舖的徒弟嚴格又不客氣，徒弟見到他，說話、伺候他，處處都要注意，稍不注意他就訓你，但訓得有道理。

郭葆昌同古玩行人長年交往，卻從不出資開古玩舖。而在海王村前門東頭路北，開了家鑄新照像館，專門拍攝古玩照片。他同美國鑑賞收藏家福開森博士合編的《項子京瓷譜》，內容是歷代名貴瓷器的照片和說明。

而項子京是明代嘉靖、萬曆年間的畫家、鑑賞收藏家，他所收藏的多是法書名畫，曾極一時之盛。爲甚麼瓷譜命名爲項子京，作者未聞其詳。老古玩行人介紹說：「《項子京瓷譜》在整理、鑑別、說明歷代名貴瓷器上，有獨到的見解，對鑑別古瓷有參考價值。」

仿製官窰瓷器的先驅

郭葆昌是仿製雍正、乾隆官窰粉彩瓷器的先驅者。他喜愛粉彩瓷器，特別是雍正粉彩。雍正粉彩白地勝霜雪，彩色花卉多姿婀娜，其中以胭脂紅色的秋海棠爲絕艷綺麗。而雍正粉彩不單是白地繪彩，還有珊瑚紅地、淡綠地、醬地、墨地、木理紋開光粉彩和粉彩描金等。郭葆昌仿製的以白地繪彩取勝。這是因爲郭葆昌在景德鎭的時間較短，才兩、三年。

那是在一九一三年春節後至一九一五年中秋節。辛亥革命、袁世凱竊取中華民國臨時大總統後，仿效清廷歷代皇帝在景德鎭燒造有年號款的官窰瓷器，他委任郭葆昌爲九江關監督，燒造居仁堂款識的瓷器。

傳說郭葆昌於一九一三年春節後到達景德鎭。這時，清王朝的御器廠已經散了攤子。光緒二十九年籌辦、宣統二年正式成立的官商合股的江西瓷業公司，技術力量強。郭葆昌利用江西瓷業公司的實力，在景德鎭給袁世凱燒造瓷器。他用重金聘回原御器廠在造型、上釉、繪畫、塡彩、焙燒之名手，選用精良瓷土、彩料、燃料。仿照雍、乾官窰粉彩瓷器進行實驗製作。他不惜工本，質量求精。每件瓷器入窰焙燒前，他都要過目，看不上眼的不准入窰；出窰時他件件檢驗，燒不好的，仿效御器廠的辦法，都砸碎不留。

郭葆昌監督燒造的瓷器，件件是造型端莊、胎釉精白、彩質純淨、繪畫工巧，同雍正、乾隆官窰粉彩瓷器相比，毫無遜色。而款識分兩種：一種是給袁世凱燒造的用「居仁堂」款，另一種是爲自己做的用「觶齋」款。

而有『洪憲年製』款的瓷器是不是郭葆昌監督燒造的呢？這問題至今仍有不同的見解，有的認爲是郭葆昌監督燒造的。洪憲皇帝做了八十一天就垮台了。全國聲討袁世凱恢復帝制，在聲討中袁項城憂懼而死，郭葆昌不敢承認燒造洪憲瓷。

老古董商中有人回憶說，郭葆昌曾向古玩界人士表白，他是民國四年中秋節前回家的，民國五年改爲洪憲元年的。他燒造的瓷器是用「居仁堂」和「觶齋」款，沒用「洪憲年製」款。古玩老行家講，居仁堂、觶齋款的粉彩瓷器和洪憲瓷的質量不一樣。居仁堂、觶齋款的粉彩瓷器造型、胎質、釉色、繪畫、彩色同雍、乾官窰粉彩相似，特別像雍正粉彩，只是手頭較輕些，繪畫的工整程度差點而筆法活些。有位陶瓷鑑定家講：「居仁堂、觶齋粉彩瓷器是精緻、細膩、繪工精美，彩色嬌妍，堪稱名貴，乃中國瓷業史上一朵復興之花，不過也只是曇花一現。」

而「洪憲年製」款的瓷器中精品極少，一般都是些較爲粗糙的嫁妝貨。「洪憲年製」款識的瓷器到底是不是郭葆昌監督燒造的，作者不宜貿然斷定，僅供專家和讀者參考。

保護國寶　捐獻文物

北京故宮博物院收藏一件乾隆官窰仿戰國金銀錫古銅釉的雙螭耳圓壺，是件罕見珍貴藝術品。乾隆年間製瓷工藝有了新發展新技巧，仿古銅釉也叫茶葉末釉，它具有青銅器的沉着色調，在乾隆時用來仿製三代、戰國青銅器，加之造型逼眞，釉色同青銅器顏色相像，這件雙螭耳圓壺，若不上手細看，很難辨認是銅是瓷，仿造得惟妙惟肖，令人嘆爲觀止！

老古董商都說這件珍寶是郭葆昌捐獻的。但有人說，郭葆昌是從他師弟賈騰雲手中得到的，有人講他是從琉璃廠延清堂買來的，卻都說是他捐獻給故宮了。

郭葆昌收藏瓷器較多，對法帖、書畫並不大在行。可是當他得知一九二四年溥儀將《中秋帖》、《伯遠帖》帶出宮，抵押在日本銀行，三十年代某年到期未贖時，他惟恐其失落在東洋，就花重金贖回收藏。

郭葆昌這一舉動，受到當時的收藏家和古玩界人士的稱讚，說他保護了國寶，使國寶未入東洋。因爲

《伯遠帖》和《中秋帖》的來歷不小。《伯遠帖》上有宋徽宗趙佶御題和收藏印，北宋時由宮廷收藏。輾轉六百多年，清代高宗皇帝弘歷得到《伯遠帖》，又得王羲之《快雪時晴帖》和王獻之《中秋帖》。乾隆皇帝認爲是三件稀有之物，收藏在養心殿西暖閣，名其收藏之室爲「三希堂」。

《三希堂法帖》，就是清高宗得晉王羲之《快雪時晴帖》、王獻之《中秋帖》、王珣《伯遠帖》墨跡三種之後，於乾隆十二年（公元一七四七年）命梁詩正等編次內府所藏魏、晉至明代法書，聚集工匠，摹勒上石，其中包括三種王氏墨跡，故名《三希堂法帖》，全稱爲《三希堂石渠寶笈法帖》。

郭葆昌收藏《伯遠帖》和《中秋帖》，引起古書畫鑑賞收藏家、書畫家張伯駒的注重。張伯駒想收藏，郭葆昌也想轉讓，但因抗日戰爭爆發未能如願。

郭葆昌於一九四〇年秋季，病逝在淪陷的北平。斯人已去，只有兩帖仍留人間。

尾聲

抗日戰爭勝利後，郭葆昌的後人曾想將兩帖奉送給宋子文，消息不知是眞是假，平、津、滬的古董商又有新傳說。人們看到了上海《新民晚報》副刊發表張伯駒《故宮散失書畫見聞記》文章，指名道姓地說，郭昭俊巴結權貴要將兩帖送給宋子文。之後又傳出宋子文沒敢要。

在解放戰爭時期，兩帖流入香港，郭葆昌之子將它們典當在一家英國銀行。

中華人民共和國成立後，張伯駒得知兩帖在香港英國銀行，便立即上書政務院總理周恩來。周恩來十分重視，派人專程赴港。一九五一年典當期滿之日，國家用重金將《伯遠帖》、《中秋帖》贖回。一九五一年十二月二十七日，文化部長沈雁冰決定將『兩帖』收藏在北京故宮博物院。三希堂另一幅帖：王羲之

《快雪時晴貼》，如今收藏在台北國立故宮博物院。

民間仿製官窰瓷器之興衰

清代的官窰瓷器，只供宮廷使用，滿漢貴族所使用的優質瓷器，則來自民窰中的「官古器」。甚麼叫「官古器」？藍浦在《景德鎮陶錄》中說：「此鎮窰之最精者，統曰官古。式様不一，始於明。選諸質料，精美細潤，一如廠官器，可充官用，故亦稱官。」

老古董商們傳說，琉璃廠清秘閣的東家，在光緒年間於景德鎮窰場燒造「大清同治年製」、「大清光緒年製」紅字款的「官古器」。並在西琉璃廠開設清華齋細瓷店，銷售這路瓷器，供京城富戶人家作陳設擺飾和陪送女兒的嫁妝品。當時甚爲暢銷。這路瓷器同官窰瓷器的明顯區別是「紅字款」。故而，在官窰瓷器流入民間市場之初，不少鑑定家對紅字款的官窰器有疑慮。

這種疑慮隨着時間的推移，越來越深，因爲確實出現了官窰瓷器仿製品，而其出現有其歷史淵源和其客觀條件，加之有人爲此做出貢獻。自清末至民國三十八年，明清官窰瓷器的仿製從興起到衰落，約有半個世紀的時間。這段歷史未見文字記載，而在古玩行業、平津細瓷行業中卻有不少傳說，比較眞切，今整理成文如下。

「民仿官」的第一人

我們所說的仿製官窰瓷器是指民國以來民窰仿製的官窰瓷器。「民仿官」是從「官仿官」而來。

清代康、雍、乾官窰仿燒宋代汝、官、哥、鈞釉瓷器和明代官窰瓷器不少，老古玩行稱之爲「官仿官」。民仿官爲何是從官仿官而來呢？

原來在清王朝覆滅之後，袁世凱要登基當皇帝。明清各朝皇帝都燒造有年款的官窰瓷器，袁大總統也要效仿，於是便讓郭世五去景德鎮督窰燒製。郭世五在景德鎮聘用名師，集中原燒造官窰瓷器的人才，花費了很大氣力，依照雍正、乾隆官窰的樣品，成功地燒造出書寫着「居仁堂」和「觶齋」款識的精美名貴瓷器，「不是雍乾官窰器，勝似雍乾官窰器」。郭世五在中國陶瓷發展史上寫下的一頁，至今仍爲陶瓷鑑賞收藏家們稱道！而有「洪憲」款的瓷器則大爲遜色。「洪憲瓷」是不是郭世五督造的，文物界中有不同見解，作者在此不加評說。

袁世凱倒台了，郭世五不再爲他燒造瓷器。這時，又有劉勉之去景德鎮燒造仿製官窰器。平、津古玩行、細瓷行的老人們傳說着：劉勉之亦是古玩行出身，他在郭世五鋪設的攤底上，燒造出有雍正年款的粉彩瓷盤，非常相似且精美，他把這些瓷器帶回北京給他的老主顧——某收藏家鑑賞，這位收藏家十分讚賞，指導他繼續仿製。另有傳說劉勉之從古物陳列所取出樣品，到景德鎮仿製。這類仿製極端秘密，雙方簽有合同，只准仿一、兩件，不准多仿。這是眞正的「民仿官」，由劉勉之於民國六年開始。

劉勉之仿製官窰瓷器時，已是德泰細瓷店的副經理。德泰細瓷店位於北京前門大街路東，緊靠而今郵電局南邊，於清末開設，後逐漸在景德鎮擴大營業，設立分店，建立窰上瓷莊，生意日漸興隆。德泰仿製官窰瓷器開始時是秘密，後逐漸公開，在門市上擺出製品，而且由少到多，燒造出明、清官窰瓷器的仿製品。但仍限制數量，沒成批貨。而是式樣多、色彩全，但各式各樣的瓷器件數不多。

民國十年前後，德泰瓷器店仿製明清官窰瓷器出了名，於是傳出德泰是榮興祥古玩鋪開的買賣，榮興祥賣眞的，德泰賣假的。其實不是，德泰與榮興祥沒關係。德泰的總經理姓胡，業務經理姓姚，他們名字現已無人能回憶起，而駐景德鎭燒造仿官窯器的副經理劉勉之，古玩行、瓷器行八十多歲的老人們還都沒忘記，因爲他是「民仿官」的第一人。

「民仿官」和「民仿民」

德泰燒造、銷售仿製官窯瓷器，名利雙收。官宦富紳、巨賈豪門佈置新居或聘閨女，都來德泰買仿製官窯器，用來作爲客廳陳設或嫁妝瓷器。

民國十三、四年間，琉璃廠鑑定經營官窯瓷器的大古玩舖——延清堂的大師兄任雁亭，看到德泰發財，劉勉之名聲大振，就聯絡京兆尹（辛亥革命後改順天府爲京兆地方，改府尹爲京兆尹）劉夢耕出資，合夥在前門大街開設延茂細瓷店，仿製官窯瓷器。他從德泰細瓷店請出郭峻峰當經理，由延清堂拿出官窯瓷器作樣品，到景德鎭燒造仿製品。

延茂細瓷店在前門大街路西，在德泰斜對面，兩家競爭。延茂賺錢不少，但不到三年就被東家揮霍殆盡。經理郭峻峰也不再出力，所以不到五年，延茂就倒閉了（作者的叔父陳建侯從開張到倒閉都在延茂學徒）。

德泰仿製官窯瓷器在京獨此一家，名聲很大，京城收藏家、古玩行人、故宮博物院的人士都與劉勉之有交往。劉勉之爲他們燒造了不少足以亂眞的明清官窯瓷器。劉勉之信守合同，又爲這些人嚴守秘密，所以，他甚得鑑賞收藏家、大古董商們的讚賞與信任。

劉勉之給天津古董商仿製的康熙官窯青花繪群猴嬉戲圖大鳳尾瓶，給北京最大古董商岳彬仿製的康熙官窰五彩鸚哥，惟妙惟肖，形象彩色逼眞，至今仍留在老古玩行人的記憶中。鳳尾瓶賣給了北洋政府的一位下了野的督軍，五彩鸚哥遠銷美國、日本和法國有五、六隻，國外人士當作珍品收藏至今。

仿製官窰瓷器名聲不小，流傳至今，但發大財的是「民仿民」。同劉勉之先後腳到景德鎭的有上海的秦老大和秦老二，這兄弟倆在景德鎭民窰搞起了仿康熙年代的民窰生產單色釉瓷器，瓷器行人稱之爲「一道釉」，出口法國。民國十年之後，大批向英、美、法、德、意、日、俄等國出口。在上海法租界地開設秦祥興瓷莊，景德鎭有分號，專門燒造一道釉暗花瓷器。這路瓷器沒年號或堂名、人名款識，而仿效康熙民窰的圖案標記，在底部有如「柳葉」之標記。

泰興祥瓷器店，銷售在海外的瓷器，大部分是在胎上刻繪花紋，再澆藍釉燒製。瓷器業老行家講，這路貨很似康熙民窰器，特別它的款識標記。古玩老行家說，在東南亞一帶這路瓷器中之精品，已被收藏家誤認爲康熙年代的瓷器。泰興祥因大量向國外出口瓷器而致富，秦家開起了瓷業銀行，在瓷器行業中逐漸形成壟斷，直到太平洋戰爭爆發後才趨向衰退。

同泰祥之興起

銷售仿製官窰瓷器，北京前門大街德泰、天津鍋店街同泰祥是著名商號。按時間講，德泰在前，同泰祥緊隨其後。

清末，天津鍋店街仲盛公珠寶店經理李春山和北京古玩商會會長、琉璃廠大觀齋古玩舖經理趙佩齋是好友，李春山的兒子李惠民跟趙佩齋學徒。李春山的弟弟李春生在天津一家銀行當會計、記賬員，不大得志。

民國五年前後，趙佩齋給李春山出主意，讓他弟弟春生去景德鎮仿製官窰瓷器，並向他述說了郭世五燒造仿雍、乾官窰、書寫「居仁堂」和「觶齋」款識、精美細瓷的成功和劉勉之與古物陳列所合作仿製官窰瓷器的秘密。

李春山與弟弟商議，仲盛公讓出一間門面，讓春生開細瓷店，字號同泰祥。從此李春生跑江西，在景德鎮拜會劉勉之。先照劉勉之仿的樣品搞些仿製品，等彼此的關係搞好了，再採取雙方獲利的辦法。李春生從劉勉之那裏學到了仿製官窰瓷器方法，打通了各方關係。

李春生仿製官窰瓷器與劉勉之不同之處，在於他搞成批生產，不是生產一、兩件，質量雖不如劉勉之仿製的好，可是數量多、銷路大，很快就發財了。

民國十年，同泰祥的仿官窰瓷器生意興隆，仲盛公珠寶店的全部舖面、房屋讓出來，遷往東馬路，改字號彝古齋。同泰祥的門面大了，房子多了，從江西運來的仿製官窰瓷器擺滿各處。李春生在景德鎮窰上開起同泰祥瓷莊。他是窰上有人，鎮上有儲存貨物的瓷莊，瓷器不斷從九江口用船運到天津。天津不僅是水旱碼頭，也是清室王孫官宦、下野官僚軍閥、富豪大賈麕集之處，仿製官窰瓷器正適應他們所需，同泰祥是應運而生。

仿製官窰器適逢其時

同泰祥在天津日、英租界地有末代皇帝溥儀、慶王爺的後裔、內務府總管的後代曾二爺、軍機大臣那桐、北洋政府總統曹錕、黎元洪、江西督軍陳光遠、湖北督軍王佔元、江蘇督軍李純、五省聯軍總司令孫傳芳、奉系首領湯玉麟、張作相、吳俊升等大買主。

溥儀住天津張園時，同泰祥給他燒造「水燉」和白瓷祭器。水燉是一種早已見不到的餐具，它的下部像盤子，上部有屜，屜和盤是雙層空心，可注入熱開水，用以保持菜餚常溫。白瓷祭器是在東陵盜寶案發後，溥儀在張園設靈堂祭奠乾隆皇帝和慈禧太后時所用。張園裏給溥儀當差的也去同泰祥購買仿製官窰器，有的僕人以眞換仿，蒙騙主人。

收藏官窰瓷器最多的是內務府曾家。曾二爺住英租界地，和那桐、湯玉麟是鄰居。曾家的花園、居室、客廳、走廊到處擺設官窰瓷器，每十天更換一次。比如，這十天擺的全是康熙官窰五彩器，下十天則換作雍正官窰粉彩器。這樣更換一年，曾家也不會擺出相同式樣、色彩、年代的官窰瓷器，以此在英租界地鬥富。曾二爺也派人到同泰祥去購置仿官窰器。湯玉麟不服氣，又沒收藏那麼多官窰器，便派人去同泰祥購置。他在天津英租界地安家時，用大排子車從同泰祥往自己家運仿官窰瓷器，拉了三天還沒拉完。

天津最富戶、財產超千萬（按銀元計算）者有兩家：慶王爺的後代和陳光遠，而他們都買同泰祥的仿官窰瓷器。陳家大少爺買仿官窰器是用來以贗充眞，戲耍人取樂。

天津衛還住着前清的鹽務官吏、當地的財主，著名的「李善人」、宮北娘娘廟楊家、正德店黃家、義德王家、元隆孫家，等等，這些財主家都是同泰祥的好主顧。一年，元隆孫家有位姑娘出嫁，在同泰祥訂製瓷器一百台作爲嫁妝，百件瓷器均繪有《百子圖》。財主家聘姑娘、娶媳婦，給孩子過滿月，給老人過生日，都向同泰祥訂製繪有吉祥、康樂、應時應景圖案的瓷器，這些瓷器也都帶有康、雍、乾年號款，以示其尊貴。

以假亂眞　眞假難辨

仿製官窰瓷器也爲賣贋品的古董商提供所需。德泰是給高一級人物燒造一、兩件仿官窰精品。同泰祥則是批量生產，給北京的掛貨舖、上海艾少記古玩店、香港、哈爾濱、長春、瀋陽、天津等地的古董商提供銷售所需。購買數量多的是東北、香港的古董商，他們將仿官窰器遠銷俄國、日本和東南亞各國；選購數量少而精的是北京的古董商，他們以假亂眞，使顧客眞假難辨。

而今能回憶起來的，同泰祥賣給北京古董商的仿官窰瓷器精品中，有一件仿乾隆官窰海水紅月雙耳揹壺，仿造逼眞，繪畫彩色精緻艷麗，胎釉白膩瑩潤。由鑑古齋賣給了在中國收購多年古玩珠寶的日本山中商會經理高田，高田如獲至寶，將它運到日本東京展出。

還有仿乾隆官窰琺琅彩瓶三對，是最精美的，連收藏古瓷三十年的大收藏家沈吉甫都看打了眼，誤認其爲眞品。

另有仿永樂甜白釉高足杯，書有年號款。這件高足杯釉細色白如雪，造型美，三十年代末出現在琉璃廠雅文齋，被呼玉衡、徐震伯這些明眼人看中，大古董商岳彬鑑定其爲眞品。四十年代初，岳彬的二徒弟程長新在上海把它賣給了收藏家梁培，梁培認定那是件珍貴文物，一直收藏至五十年代去香港。八十年代作者問師兄程長新這件事時，他說：「你不要瞎說，那是眞東西，香港古玩界人士都認定那是罕見的珍貴文物！」作者說：「程大哥！您是專家，我是外行，可是那件永樂甜白高足杯我知道根底，是由我叔叔仿製、我伯伯拿到雅文齋去的！」

作者問過在同泰祥當過經理的陳建侯（作者的叔父）：「同泰祥仿製的官窰瓷器，您記得最能亂眞的是些甚麼貨?」他說:「最能亂眞的是仿雍、乾一道釉瓷器;而最精美的是仿乾隆官窰琺琅彩和粉彩瓷器,還有黃地青花宮廷用器。在鑑別中容易忽略的是仿明代宣德青花瓷器,往往被人誤認爲是雍正仿宣德,看不出是民國仿的。」

德泰和同泰祥仿製出多少足以亂眞的明清官窰瓷器,無法統計,它們至今仍在海內外文物市場時時出現。

仿製官窰器之衰落

抗日戰爭烽火燃起,仿製官窰瓷器的生產基地江西景德鎭,與銷售集中地平、津、滬隔絕,景德鎭是抗日後方,而平津滬成了淪陷區。

天津同泰祥東家兼總經理李春生,於一九四〇年將在景德鎭積存的仿製官窰瓷器從九江口運往天津,共僱用大木船數十隻,載貨以包件計算近千件,包括仿明清官窰瓷器上萬件,價値數十萬銀元。其中仿製明清官窰瓷器精品居多,彩色品種齊全,乃李春生二十餘年搞仿製的心血,也是他財產的大部分。

船行至錢塘江被日本駐杭州灣海軍阻劫。李春生派經理陳建侯去杭州、上海,花錢託人要領回原物,交涉兩年,找不到下落,同泰祥自此一蹶不振!據悉,這些成千上萬的仿製明清官窰瓷器精品早已運到日本。日本投降後,同泰祥未經官方進行索取未果,這衆多精美的陶瓷藝術品就這樣白白被日本海軍強盜搶劫而去!

淪陷區的平、津,百業蕭條,民生凋敝,能有幾多人家買得起仿官窰瓷器?!德泰、同泰祥靠經營日用和嫁妝瓷器維持日常生計,偶爾也賣些官窰仿製品,但完全是吃貨底,再想補充這路貨已不可能。

日本投降後，德泰、同泰祥派人去景德鎭，幻想重整舊業，再度繁榮。但不久，內戰烽火又起，生意再度陷入蕭條，生活日趨緊困，仍以銷售日用瓷器和嫁妝貨度日。此時，那些積存的仿官窰瓷器比以前更加珍貴，古玩行人購買者多矣，眞正用戶人家買官窰瓷器的已不見了。

五十年代初，天津同泰祥細瓷店，拍賣全部貨底。同泰祥仿製官窰瓷器近四十年，貨底很厚，仿製品中夾雜着原先仿製時所用的眞正官窰瓷器，但誰也沒有顧及，論堆撮了出去，實在是太可惜了！

八十年代中期，當作者見到官窰瓷器後掛彩專家劉永清，他告訴作者，五十年代初，他曾從同泰祥撮來一堆貨，太便宜了。就是一對仿乾隆官窰茶葉末仿古銅彩釉的花觚，若存放至今，誰能看出是仿的。劉永清說：「我要不上手，還以爲是件古銅花觚呢！我才花了兩塊錢就買到手了。」

仿製官窰瓷器至五十年代初曾告一段落，隨着當今大陸上市場經濟的興起和發展，仿製官窰瓷器業已在崛起。民國年代仿製的官窰瓷器藝術品散落在海內外各地，已被國內外人士視爲珍貴文物，應該在我國陶瓷史上寫上這一頁。

官窰瓷器之後掛彩

鑑別明、清官窰瓷器，除認淸是不是民國年間的仿製品之外，還應鑑定出是不是原胎後掛彩。後掛彩的官窰瓷品難鑑別，但知曉後掛彩根底的人，也就不難鑑別這路官窰瓷器了。可是也要有些眼力，懂些鑑定瓷器的路數。

後掛彩的由來

北京城原是沒有做後掛彩活兒的手藝人。可是以前人家差不多都有瓷器擺飾或瓷器餐具。瓷器壞了有走街串巷的手藝人修理，有黏瓷器的，有鋦盆鋦碗的，沒有在素胎瓷器上塡彩繪畫的。琉璃廠古玩舖裏的古瓷口上掉了碴，請黏瓷器的給黏修好，或請銀樓給鑲上銀口。沒有在古瓷上掛彩的。

光緒二十六年（公元一九〇〇年）後，官窰瓷器逐漸從御用走入市場公開買賣時，淸廷內務府的人管理着北城瓷窰廠，那裏存放着歷朝選剩下的官窰瓷器未上釉、彩的胎子，被琉璃廠古董商發現了，他們便開始在這上面做文章。從江西景德鎭請來繪畫、塡彩技師，架設小窰，燒造舊胎後掛彩瓷器。故而，古玩行人亦稱後掛彩瓷器爲「小窰瓷器」。

後掛彩，就是在官窰瓷器素胎上掛上各種圖案和各種彩色，也可將素胎燒製成靑花瓷或靑花釉裏紅，將青花瓷器掛上黃彩變爲黃地青花，還有個別的是鬥彩套粉彩。要求後掛彩的手藝高技術巧，既會繪畫、又會塡彩、還會掌握爐窰火候。

詹遠廣的好手藝

清末民初，由景德鎮來北京兩位姓詹的，一位手藝好，「全活兒」，繪畫、塡彩、上釉、焙燒全能拿得起來，而且繪畫的藝術水平高。另一位的手藝不全面，焙燒有拿手，原先做修補掉碴瓷器活兒，後才學掛彩手藝。詹遠廣是江西景德鎮人，自幼在窰上學繪畫、塡彩等手藝；詹興祥是安徽婺源人，是景德鎮瓷廠燒窰的，也偷學塡彩、上釉等知識。

詹遠廣來到北京居住東城，給榮興祥、延清堂做手藝活，是極端秘密的事，不准向外洩漏做甚麼活計。況且又是給內務府官員做後掛彩手藝，更是不准向外說。他專做細活，不做修補或套彩手藝，繪畫、配色塡彩是他的絕活。他的繪畫有「院畫派」紙絹畫的品味，故而會做後掛琺琅彩的手藝；配色是關鍵，彩色是由各色顏料配製而成的，用甚麼顏料，用量多少都有一定的比例，配不好則彩色不像官窰器，配好了焙燒火候不對，色氣又不像官窰器。詹遠廣配製顏色、繪畫、塡彩、焙燒出的後掛彩官窰器與原品一模一樣，色調、色氣完全一致。後挂掛彩瓷器剛出窰跟新燒造的瓷器一樣，有「浮光」、「彩刺」，用眼看用手摸就能感覺到。詹遠廣有一套處理辦法，使人看不出、摸不着，感覺就像出窰多年的古瓷一樣。他製做的後掛彩官窰瓷器很難鑑別。

他的手工費很高，做一對琺琅彩小瓷碗，要四百現大洋。那時的四百銀元能在京郊置十二畝好土地。有技能的手藝人差不多都有怪脾氣。他的怪脾氣是，做活時室內只能是他一個人，別人不准進；焙燒時按窰場的老規矩，女人不得靠近，叫「火中取金」，怕女人衝破財氣；請他給掛彩不能限定時日，他甚麼時候幹完甚麼時候算。他有吸鴉片嗜好，在京幹了幾年，手頭積攢了點錢，就不大願意幹活了。由於他收費高，做件東西一年半載幹不完，所以琉璃廠和東四牌樓的古董商一般不找他做手藝活。傳說他給有錢的收藏家做過一些琺琅彩或雍正粉彩瓷器，但件數也極少。

詹遠廣的後掛彩藝術作品，傳留下來的只知有對乾隆官窰琺琅彩碗，是榮興祥經理賈騰雲的後人在「文革」時上交的。經賈騰雲的徒弟司仁甫鑑別是詹遠廣的手藝，是當年賈騰雲花四百元請詹遠廣做的。這對碗做得惟妙惟肖，不知根底的人恐怕很難鑑別出是後掛彩的琺琅彩瓷器。傳說，這對碗曾存放在當時的北京首飾業公司，後調撥到哪裏去了，則不知矣。

詹興祥的活兒

詹興祥於宣統元年來琉璃廠，住在東南園。有的書中記載說：「琉璃廠東南園有小瓷窰，燒造仿製官窰器。」其實，詹興祥來京時是修補瓷器的，甭說仿製，就是後掛彩也是後來的事。後來，他搬到東珠市口石虎胡同去居住。

琉璃廠哪家古玩舖裏的瓷器碰壞掉碴，就找詹興祥給過火補上。這路活兒也不好做，胎釉和原件要差不多，配料配色也有一套技巧，焙燒火候若掌握好，燒出來，補碴的那塊和原件混成一色，看不出破綻。

民國以來，詹興祥也做後掛彩活兒，但他的繪畫手藝不行。他做活基本上是原青花瓷器上加黃彩，稱之爲黃地青花。這路官窰瓷器明清兩代都有，青花五爪雲龍、海水江崖瓷器，若掛上杏黃色彩，就成爲黃地青花雲龍，是宮廷陳設器皿，身價就高了。詹興祥掛這路彩較多，老古董商看到這路瓷器，就說：「這是詹興祥的活兒。」而不直說是後掛彩。

詹興祥在作者的印象中是位瘦而矮的老頭。他和善勤快，沒不良嗜好，做手工活收費低，活堆手，天天幹也幹不完。三十年代初，他收了位徒弟叫劉永清，幫他幹活兒。

詹興祥的後掛彩瓷器活做了不少，今天能見到的不多。作者於八十年代後期，聽朋友講，某古玩舖經理的後代人手裏有一對雍正官窰粉彩加鬥彩的五寸盤，甚覺奇特。未做愼重考慮便去找這位老弟，開門見山地說，要看看他手裏的這對盤子，結果碰了一鼻子灰，人家沒給看。作者同范岐周師叔講了這事，范老說：「他不給看，你也不用看，那是詹興祥後掛彩的。」

三十年代時，某家古玩舖買了四對雍正官窰鬥彩五寸盤，盤的外部繪鬥彩花卉，盤的裏面是素白。掌櫃想賺錢，請詹興祥在盤裏面給掛上了彩。鬥彩是釉下青花和釉上彩色相結合的一種彩瓷工藝，詹興祥做不了這手藝，所以在盤子裏畫了五朵粉彩花卉。看起來粉彩加鬥彩很是別致，可是懂行人一看就明白，粉彩是後掛的。

這四對盤子賣了三對，剩下一對落到這位少掌櫃的手裏了。這也是而今能見到的詹興祥的藝術作品了。這對雍正官窰粉彩加鬥彩五寸盤，八十年代後期見價三萬人民幣，九十年代初有人給他港幣五萬元，他不賣。最近又聽說，有人給十萬人民幣，他仍不肯出手！可能沒人知道，這是對後掛粉彩瓷盤，他不給作者看的原因恐怕也在這裏。

劉永清的絕活

詹遠廣沒收徒弟，技藝未傳下來。詹興祥於一九三一年收了位徒弟劉永清。劉永清繼承和發展了師傅的技藝，成為仿製明清官窰瓷器和舊胎後掛彩特種技能的一代名師。

劉永清，河北安平人，生於一九一六年，一九八九年去世。他十四歲跟詹興祥學徒，除給師傅做飯幹零活外，還學寫年號款、練習繪畫，照《芥子園畫譜》摹仿，在油燈下寫字繪畫，眼睛近視了。他鑽研配色，試驗比較，摸索出仿製青花、粉彩、鬥彩、五彩和一道釉瓷器的色料比例；掌握了青花加彩、塡彩、染彩、點彩、覆彩等技巧；找出燒造各類彩瓷和青花瓷的爐溫火候。他告訴作者，他下了十年苦功夫，才有了這點本事。他在瓷器上繪畫出的花鳥很細緻，也很生動，眞是功夫不負苦心人！

他從三十年代末，便自己獨立耍手藝，給北京古董商做後掛彩活計，老古董商們很少有不認識劉永清的。但在舊時代，他不能出頭露面，古玩舖裏來了做後掛彩瓷器的，恐有傷名譽。他製作的藝術品，人們稱之為「小窰瓷器」，若被買主發現，是要退貨的。

三十年代末至四十年代末這十年，是他的技藝發揮最好的時期。他繪製、焙燒出仿明清官窰彩色和青花瓷器上千件，但這些作品一件都不屬於他的，他只不過是位後掛彩的手藝人而已。

給人們留下印象較深的劉永清的藝術作品有：

明萬曆官窰素白大盤上添繪的五彩鷺鷥臥蓮，蓮花鷺鷥形象逼眞，彩色濃艷，誰人能看出是後掛彩?!這是給某著名陶瓷鑑定家做的，傳說現在作為一級文物收藏在某博物館。

乾隆官窰花瓶，添繪開光粉彩花卉描金。其花卉清雅而細膩，開光的藍圈與描金搭配得體，四面四季花開，觀之感受若花香撲鼻，美哉！眞正官窰粉彩描金也不過如此！作者年輕時見到這對花瓶時，曾問劉永清是怎麼畫的?劉永清舉起右手說：「你看！這可跟在紙上畫畫不一樣，要邊畫邊用手指敲打筆管，敲打的輕重要合宜，彩色才會適度。」一九四一年，這對花瓶經作者伯父陳中孚之手，賣給了在上海的收藏家岳篤周，才合中國聯合準備銀行的票子三千元。若今天在香港拍賣，恐不止三百萬港幣。而劉永清是一生清貧。

雍正官窰素白碗四對，添繪粉彩牡丹。雍正粉彩牡丹花卉是最難仿繪的。在彩繪畫面上的一些部位要先用玻璃白粉打底，採用我國傳統繪畫中的沒骨畫法渲染，才能突出陰陽、濃淡，給人以立體感。這四對碗是給寶古齋邱震生做的，邱震生給他一百元日僞時的票子。邱震生以每對碗四百元的代價賣給了日本山中商會經理高田，這是一九四三年的事。高田在中國收購古玩珠寶四十來年，是位鑑定老手，也沒看出是後掛彩。

劉永清以添掛粉彩、鬥彩、五彩花卉見長；以仿製康熙官窰青花、青花釉裏紅、雍正粉彩、乾隆天藍釉瓷器出色。一生之佳作不少，個人卻未能留一件。

五十年代，劉永清轉到北京首飾公司工作。一九五七年曾被打成右派。香港有人請他去巴黎獻藝，他因不捨得離開祖國、離開北京而沒有去。

改革開放後，劉永清被通縣一家社辦陶瓷廠聘爲工藝師，燒造仿官窰瓷器，統由出口公司包銷，銷往國外。由於他脾氣不好，沒幹幾年就辭職了；一九八二年又被通縣徐辛莊鄉辦仿舊瓷廠請去，也沒幹多久，就回家休息了。

作者於一九八六年見到他，相互已有三十八年沒見面了，劉已是七十歲的人了，老態龍鍾，步履維艱，雙手顫抖。但人老心未衰，他還想爲國家出力，將幾十年積累下來的仿製和後掛彩官窰瓷器的技藝與經驗傳留下來，要求作者幫他寫出他的絕技。作者告訴他，不身臨其境，不親眼看、親手去做，很難寫出他的絕活。

劉永清是技藝高超，脾氣倔犟，技術保守，他的絕活從不傳人。他在社辦、鄉辦企業中，將繪畫、塡彩、寫款等一般技藝敎給徒弟。而配料、搭色、焙燒和仿製康熙官窰青花、青花釉裏紅瓷器的技術絕活，則保守秘密。他在夜間關窗閉戶，獨自一人做好顏料配製的比例，配好了交給徒弟；焙燒時他守在爐旁，甚麼時候出爐，甚麼時候離去。仿製官窰瓷器從做胎、繪畫、塡彩、上釉、焙燒，他一直跟到底，產品出來了才算完畢。在這一系列中的關鍵活不准別人插手。

他愛喝酒，有時喝醉。有人「灌」他喝，喝醉了也不說出自己的絕活，喝酒忌聊活計。他的腦血栓、手抖步艱同他長期飲烈酒有關。

一九八七年，爲使劉永清的技藝、絕活能傳留下來，作者向各方呼籲，並會同《中國文物報》主編、國家文物局副局長彭卿雲、北京大學化學系辦公室主任胡俊才、中國歷史博物館館員王玉蘭爲之奔走推薦。但由於當時我國的市場經濟尙未興起，加之一些國營企業對仿製官窰和後掛彩瓷器不瞭解，更不知國外文物市場的需求情況，而劉永清又要兩萬元技術轉讓費，人家見他手都發顫，還能幹甚麼？怕他不久於人世，白白投資。故而此事未能如願。

一九九〇年，商品、市場經濟興起，投資辦企業的如雨後春筍。這時，不斷有人向作者詢問，想請出劉永清傳授仿製官窰瓷器和後掛彩的技藝。但爲時已晚，他已故去。

一代名師身懷絕技，其藝術作品存放在海內外各地，但他本人勞苦一生，無聲無息，而他的絕技失傳，則更令人嘆惋！

仿製者談鑑別仿製和後掛彩官窰瓷器

鑑別官窰瓷器是門專業學問，是專家們的事。專家們寫起來或講起來是「成本大套」，滔滔不絕，有理有據，考證十足。仿製者聊起鑑定仿製和後掛彩官窰瓷器來，則同專家著書講課不同，是實打實着，說眞格的，就事論事，具體而實際了。

作者同仿製官窰瓷器三十餘載的陳建侯和後掛彩藝術大師劉永清，多次聊過仿製和後掛彩跟眞正官窰瓷器的區別在哪裏，他們是親眼見、親手製作的，佛語有「解鈴還是繫鈴人」，由他們解開這個謎是實際而可靠的。但他們都一再囑咐作者不要寫出去，這是行業中的秘密，也是舊時代混飯吃的本錢。現在時代不同了，沒必要再向讀者保密，寫出來供參考是有必要的。

仿製官窰瓷器難以同眞

自清末以來至民國三十八年，景德鎭給北京德泰、天津同泰祥燒造的仿製明淸官窰瓷器不知多少，只說一九四〇年同泰祥被日本海軍劫走的就有上萬件！仿製中的精品也不少。

同泰祥仿製最好的官窰瓷器，陳建侯能回憶出來的有乾隆官窰琺琅彩瓶三對、乾隆官窰粉彩郎世寧繪「春耕圖」膽心瓶二對、乾隆官窰黃地青花九龍瓶兩對、乾隆官窰菩薩瓷像三尊。這些仿製品是李春生於二十年代按照古物陳列所在武英殿陳列的眞品製造的。膽心瓶陳列在武英殿的進殿大門裏的中央二層雕花硬木格上，九龍瓶陳放在武英殿北後門進門處的中央櫃子裏。

李春生託人給照像，又請來技師照原樣繪畫，甚至稱了原物的重量。然後拿到景德鎮去仿造，而劉勉之往往拿着原物去景德鎮仿造。別的不說，只說他用岳彬的眞康熙官窰五彩鸜哥，仿造出鸜哥，連原物的嘴上掉塊瓷都仿出來了，跟眞品是一模一樣。

但細看起來，沒有一件是同原物一模一樣的。原因很多，總的來說是原材料、繪工、焙燒的原因。再找那個時代的瓷土、顏色料找不到了，成份配比多少，誰也不清楚；繪畫、塡彩的藝術工匠不同時代，怎會一樣；焙燒的燃料、瓷窰的構造也不完全相同了，想焙燒出同眞官窰瓷器一模一樣的器皿已不是可能了。

「民仿官」趕不上眞「官窰」

爲甚麼郭世五仿製的官窰瓷器那麼好，人們說它「不是官窰，勝似官窰」？

郭世五是於一九一三至一九一五年在景德鎮給袁世凱燒造「居仁堂」款識粉彩瓷器，給他自己燒製「觶齋」款識粉彩瓷器的。那時，官窰瓷器廠已解體。光緒二十九年（公元一九〇三年），在景德鎮有了官商合股、辛亥革命後改由商辦「江西瓷業公司」，先進的工廠企業和守舊的大小作坊並存。

郭世五利用原官窰場的技術工匠，先仿雍、乾官窰粉彩，再燒造「居仁堂」和「觶齋」款識的粉彩瓷，從做胎造型、繪畫塡彩、焙燒出窰，各個環節他都監視審查，選料加工極其愼重。同時，不惜重金聘請名匠高手，一爐沒燒好再重來，何時燒好何時算，工本多少從不計較。給大總統燒造瓷器是實報實銷，沒有成本這一說。

說它不是官窯，也是官辦窯廠燒造瓷器的那一套。所以，才燒出「不是官窯，勝似官窯」的瓷器來。民國初年，陶瓷藝苑中開出了這朵絢麗的曇花。

德泰和同泰祥在景德鎮燒造仿官窯瓷器是商業性的，講本圖利，不顧工本去精益求精不行。他們兩家細瓷店當然沒有皇上家和大總統那麼大的權力，集中全國人力、物力、財力之精華。沒那麼大的實力，製作不出那麼精美的藝術品。可有時也偶爾會仿出「假賽眞」的好瓷器。

留暗記改年號以示區別

同泰祥仿製官窯瓷器中的精品，大部分用篆書「御製」款而不用「年製」款，仿乾隆官窯瓷器底款是六字篆書「大清乾隆御製」。恐怕年久，魚龍混雜分不出眞、仿，故而在篆書「御」中「缶」處少半筆，不仔細看看不出來，一同眞品的款識比較就能發現。

明代官窯瓷器的款識，長期以來有個評價和說法，老古玩行人有個順口溜：「永樂款少，宣德款多，成化款肥，弘治款秀，正德款恭，嘉靖款雜，萬曆款花。」作者問過他們甚麼叫「花」？古玩老行家講：「花者花哨也，意即樣多。」

同泰祥仿製明代官窯瓷器，永樂、宣德、嘉靖、萬曆的款識多，但不按順口溜上的說法去做。本來永樂甜白高足杯是「永樂年製」四字篆書款，他們卻用「大明永樂年製」六字楷書款，而永樂瓷器多數沒款，他們仿製的都寫款。宣德的瓷器款多，他們仿的宣德青花瓷器寫款的少，有的碗盤款寫在碗口盤邊，有的瓶罐青花瓷器的款識寫「大明宣德年製」六字楷書款，不照眞品那樣將德字少寫一筆，寫成「徳」，而是很工整的「德」。以前不少古董商將這路民國仿的宣德青花鑑定為「雍正仿」。

仿康熙官窰豇豆紅瓷器較多大部是筆洗、印盒、水盂等文房用具。而眞正康熙官窰豇豆紅器皿是很少的。據陳建侯估計德泰和同泰祥仿的豇豆紅瓷器要比眞東西多出許多倍，而其中同泰祥仿的較多。李春生在仿康熙官窰豇豆紅時，故意寫「雍正年款」，以示區別。也有不少筆洗是用雙藍圈六字兩行「大清康熙年隻」楷書，但字不十分端正，「清」字的「月」，一撇撇得遠：「月」。

仿瓷佛像區別在眉毛。乾隆官窰瓷菩薩的眉毛是千筆畫，一根根的眉毛畫得很細緻，跟長上眞眉毛一樣。而仿製的大多是一筆抹眉，偶爾有畫眉但也不細。

仿乾隆官窰郎世寧繪「春耕圖」的膽心瓶，與眞品比較，總體看畫面看出不像眞品那樣生動活潑，春意盎然，畫面有立體感，但顯呆板。細看，郎世寧畫的農夫腿上的汗毛似乎是毛茸茸正在出汗，而仿畫的汗毛粗，並沒畫出這種意境。

這些區別不是他們有意留下的，而是仿不到家，在年款方面則是他們有意做下的。要鑑別是眞是仿還要從多方面去看。

全面鑑別才知眞仿

鑑別眞仿除了看年款，還要掂手頭。一般來說，老古玩行人看瓷器是拿在手中看，手一拿心裏就有眞假。因爲看瓷器講究手頭，手一掂量，重了叫「打手」，輕了叫「發飄」。重了輕了的根據是甚麼呢，全憑個人的體會經驗，現在看來是缺乏科學根據。但老古董商經手的東西多了，一件官窰瓷器根據它的造型大小、年代和產地，心裏確實有它應該是多少重量的譜兒。而德泰、同泰祥仿製官窰瓷器精品，都稱過眞品的分量，仿製出的東西和眞品的重量差不多，用手頭掂是掂不出來的。

胎釉。明、淸官窰瓷器的瓷胎是在底足部位沒釉之處露出來，一般都是潔白細潤，不細看仿製品胎骨跟眞品沒區別，但細看則看出仿製的是過白欠潤。

關於「欠潤」還有件小事：有位四十來歲的女陶瓷鑑定家當着作者的面說作者師兄的壞話，她說：「耿老先生看瓷器，常說這東西胎釉細潤，或者說欠潤，甚麼叫欠潤只有他知道！」作者說：「這可不是他一個人知道，老古玩行人都知道。」她又說：「都知道可誰也說不明白。」作者說：「這只能意會，不能言傳。」

說仿製的官窰瓷器胎釉「欠潤」，是指它胎釉雖然潔白勻淨，但都趕不上眞品胎釉之精細，密度不夠高，特別是釉面有細小棕眼、氣泡。造成這種狀況的原因是胎釉的原材料精選差，配比不當，再加燒窰火候、時間掌握上有缺欠。

繪工。繪工是瓷器裝飾的最主要部分，明淸官窰瓷器的靑花、釉裏紅、三彩、五彩、琺琅彩、粉彩和鬥彩各個品種，都用不同色料繪製各種圖案畫面，圖案裝飾有單純紋樣和以花卉、花鳥、山水、人物故事等爲主題的圖案畫面，這類畫面特別講究畫工，欣賞這路官窰瓷器主要是看畫，畫面粗糙，繪畫欠佳，也就欣賞乏味了。而仿製的官窰瓷器以花卉、花鳥、山水、人物故事爲主題的圖案畫面較多，其中亂眞的不少。

看圖案畫面的繪工，有年代、題材、筆法諸多不同，按一個標準衡量眞和仿不行。但行家裏手說，眞的和仿的不是同時代的人，繪畫功底不同，仿製品畫的比眞品似有新意而工筆不夠端莊嚴謹。特別是琺琅瓷器的畫面更是講究，出自名家之手，仿是仿不了的，只能是貌似神離，畫不出那種意境來。只要懂繪畫，不難看出其似描非畫的摹仿之作。

彩頭，是老古玩行人的話，是指色彩而言。一般來看眞品的色彩濃淡柔和適中，仿製的達不到這種程度，往往一看就有點刺眼。後掛彩的瓷器亦如此。行家說「這是爐火未退的反應」，上手摸能摸出色彩的毛疵。這是仿製或後掛彩出爐或出窰後，未做處理的原因，處理後則摸不到也看不出來了。五十年前出產的東西，而今也見不到了。所以看彩頭必先認準眞品的各種色彩，進行比較才能辨出眞仿。甭說「民仿官」，就是「官仿官」，雍正仿宣德青花，由於青料不同，也就仿不出那種色澤濃艷、極爲幽雅美麗的產品來。據老行家講，永樂、宣德青花瓷器所用的青料，是鄭和出航西洋從伊斯蘭地區帶回的「蘇麻離青」，這種青料在雍正年代就沒了。可想而知，在民國年代，清代官窰所用的彩料能剩下多少？又能複製出多少？

老行家看彩頭分辨眞仿，靠的是多年經驗，眞品的彩色看多了也看慣了。仿的和後掛彩的瓷器，用眼一望就覺得「扎眼」，用他們的話說是：「不像那玩藝，怎這麼扎眼！」意思是彩頭不柔不潤。譬如，嘉靖、萬曆官窰五彩，眞品是濃翠紅艷，日本人叫它「赤繪」，但看上去不刺眼，艷麗而柔和。民國仿的和後掛彩的則不同了，紅色發賊，賊紅賊紅，看着不順眼。劉永清掛的那對鷺鷥臥蓮盤，則紅色適當，又用淤泥處理過了，所以至今仍作爲一級文物收藏在某博物館。

捅破鑑別後掛彩瓷器的「窗戶紙」

鑑別後掛彩瓷器有層「窗戶紙」，隔着窗戶看不到室內，捅破了窗戶紙就看到了。問題是多年來誰也不去捅，老古玩行人也不往下傳，誰知道了誰憋在肚裏不講。

作者記得他青少年時的一段故事：那年他才十六歲，日本還沒投降。劉永清給作者伯父做一件乾隆官窰青花後掛黃彩帶補口的梅瓶。活做完後，瓶口掉瓷處補好看不出破綻，成爲一件完整無缺的乾隆官窰黃地青花梅瓶。這件東西被中國聯合準備銀行總裁汪時璟買去送給日本人了。

這事被張雲岩知道了。張雲岩鑑定官窰瓷器的眼力好，二、三十年代曾先後當過虹光閣、大觀齋的掌櫃。他是作者伯父的師弟，作者稱呼他張伯伯。他來到作者伯父開的古玩鋪裏，見了些官窰瓷器就用手敲擊，敲完用耳朵細聽。作者看了很奇怪就問他爲甚麼要敲？張雲岩說：「眼看爲明，耳聽爲聽，耳聽目明，才能鑑定。」那時作者覺得他說得有道理，又不知道從聽聲之中怎麼去辨別眞贋。再問他，他不耐煩地說：「小孩子！你還不懂，說多了也沒用。」

這件事留給作者的印象較深，故而四十多年後作者見到劉永清，聊起他做的後掛彩黃地青花梅瓶時，跟他說了這段往事。他笑了拍着作者的肩膀說：「老弟！爲甚麼要敲，張黑兒（張雲岩的綽號）沒告訴你，你伯父也沒告訴你？」作者說：「我沒問過他。」劉永清說：「『話不說不透，砂鍋不打一輩子不漏』，這層窗戶紙不捅破，你就永遠不知道鑑別後掛彩的絕招！」

「甚麼絕招？」作者問。

劉說：「聽聲兒就是絕招。」

「能聽出甚麼聲兒來？」

「發悶的聲兒十之八九是後掛彩！」

「爲甚麼？」

「焙燒好的瓷器，又在小窰裏燒，出窰的瓷器敲起來就不那麼清脆了。張黑兒去敲官窰瓷器，就是要鑑別是不是後掛彩的。可是，後掛彩的瓷器也不是個個的聲響發悶，不是後掛彩的也不是沒有聲響發悶的瓷器。」

他還告訴作者：「鑑別仿製和後掛彩瓷器全面看東西才能看準。不能用一點就斷定它眞贋，從總體上看才能看出眞門道。從一點上突破是有可能，如聲音發悶，再全面仔細看，就有可能鑑別出眞僞。」

後　話

作者聽了仿製者和後掛彩工藝師講了這些鑑別官窰瓷的知識和揭露出當年的秘密，就想：我們的前輩爲甚麼製作出這麼多仿製品和後掛彩，使後人難辨明淸官窰瓷器之眞假?也正因爲有了這麼多仿製品和後掛彩，才有了明淸官窰瓷器的鑑定家。

一對康熙官窰豇豆紅柳葉尊自皇宮流出

豇豆紅和郎窰紅都是康熙官窰中最著名的瓷器釉色。古董商若得到這兩種釉色的官窰瓷器，則如獲至寶有利可圖。

豇豆紅和郎窰紅不同，郎窰紅猶如初凝牛血那樣猩紅，也叫牛血紅；豇豆紅酷似豇豆的紅色，並帶有綠色苔點。有人用「綠如春水初生日，紅似朝霞欲上時」的詩句形容描述它。由於它的色調幽雅清淡，柔和悅目，人們又叫它「桃花片」、「娃娃臉」、「美人醉」、「海棠紅」，西洋人稱它爲「peach」，即是「桃花」或俚語「漂亮姑娘」之稱謂。

燒製豇豆紅瓷器比燒製郎窰紅的難度大，因而豇豆紅瓷器沒大件，大多是些文房用具，如印色盒、筆洗、水盂等。而燒製出的柳葉尊、太白尊、菊瓣瓶也就一拃來高，不超過二十釐米，這樣小的瓶尊又極少，僅供皇室內廷陳設或收藏。

柳葉尊形似柳葉，口腹大底足小。在深而小的底足內，書寫「大清康熙年製」六字楷書款識，非常工整，實屬不易。柳葉尊要配紫檀雕花座，將底足插入座內，陳設起來才有安全感。

康熙官窰豇豆紅柳葉尊燒製極少，至雍正年間已屬罕見之珍貴宮廷陳設文物。曾有人講：「在雍正年代，康熙官窰豇豆紅柳葉尊已絕跡。」恐怕這種說法不準確。雍正年代江西景德鎮御窰廠不再燒製豇豆紅太白尊、柳葉尊、菊瓣瓶，則是史實。

這樣稀有珍貴文物只在皇宮裏才有成對的傳世珍藏。熱河行宮收藏一對康熙官窰豇豆紅柳葉尊，是傳世珍品，到了袁世凱當臨時大總統時，熱河行宮被盜，丟了一件柳葉尊。這件柳葉尊落在誰手，那件柳葉尊又何時出現，其中有甚麼故事發生呢？

丁濟謙對簿公堂

民國初年，琉璃廠延清堂收購一件康熙官窰豇豆紅柳葉尊。以前說這件柳葉尊是在內務府瓷器庫裏存放的東西，古玩行人叫它「庫貨」。

沒過兩年，延清堂經理丁濟謙、韻古齋經理韓少慈和曾在內務府慶寬門下當過差的常惠川吃了官司，說他們三人買了熱河行宮失盜的贓物。對簿公堂，丁濟謙鐵嘴鋼牙聲言：「做買賣就是有買有賣，有賣的就有買的，我不能去追查人家的東西是從哪裏來的。行宮失盜是熱河督統熊希齡的責任，不追查責任者，卻審問做買賣的人，豈不是混淆是非?!」

推事（民國年間初堂審問的官員叫推事）一拍驚堂木喊聲：「丁濟謙！你好大膽，竟敢誣陷當今的國務總理。」丁濟謙說：「膽子不大，敢言實情，見到熊希齡當他的面我也敢說這話。」丁濟謙在光緒年間便認識熊希齡，他有恃無恐。這場官司，花些錢也就了了，退了些贓，值錢的東西根本沒退。關於那件深藏在行宮的康熙官窰豇豆紅柳葉尊，延清堂是如何買到手，經這場官司退沒退貨，一直沒向外透露。傳出去的只是丁濟謙對簿公堂的兩段「堂辭」，令古玩行人稱讚叫絕，而傳說多年。

丁濟謙將康熙官窰豇豆紅柳葉尊珍藏起來，從來不給外人欣賞。當他離開延清堂時，將這件貨像其它一般貨一樣交給大徒弟任雁亭。任雁亭也沒當回事將柳葉尊和其它官窰瓷器一樣收藏。從一九一三年到一九二六年，十三年來這件康熙官窰豇豆紅柳葉尊，在延清堂無聲無息地收藏着。

俞淮清獲寶隱居

民國十五年，延清堂關了張，俞淮清拿出十萬銀元將全部貨底倒到手。在他清點貨底中發現了這件皇家珍藏八代而後失落的康熙官窰豇豆紅釉色絕品，喜出望外。

俞淮清是做法國莊生意的古董商，賣給日本山中商會一尊北魏鎏金佛像發了財，出資支援岳彬，岳彬發了大財，自己十多年來平平淡淡，積攢下的錢，全用在倒買延清堂貨底上。他是位有心機之人，早就聽說，延清堂買熱河行宮被盜之珍品吃官司之事，但柳葉尊的下落不明。他一直認爲這件珍品必定在延清堂深藏。花十萬元倒貨底，全壓在這個估計上。他這估計對了，十萬元沒白花，有了更多的賺項。但這麼多的貨一時很難銷售出去，這些貨又不對自己賣貨的銷路，法國人不大喜愛這些官窰瓷器，貨多又沒處存放。正趕上祝續齋從盧吳公司分了出來，手中有錢，他去找祝續齋，願分文不賺，將延清堂全部貨底讓出。

祝續齋有錢正要多買貨，毫不遲疑，拍板定案，十萬元分文不少給地將貨底倒了過來。俞淮清要求拿件柳葉尊作爲紀念和酬勞，祝續齋粗心大意，看不起「清水瓷器」，馬上答應可以，再拿幾件也沒甚麼了不起。俞淮清躬身致謝，一件柳葉尊就足矣！

將延清堂的全部貨底倒給祝續齋後，俞淮清從狗尾巴胡同興隆店搬了出來，將淮誠古玩店也關了張，退居在蒜市口的標桿胡同，逐漸地退出了古玩行業，過着安閒的生活。他對買賣古玩，爭奪財富產生了厭倦，坐吃早先賺取的十幾萬塊錢，珍藏着那件康熙官窰豇豆紅柳葉尊留作紀念。

做後掛彩手藝的劉永清是兪淮清的同鄉，都是河北安平縣人，在北京又住在同一條胡同。一九四五年後他們二人來往較多。除古玩老行家外，文物界人士對兪淮清早已淡漠，因爲他早在一九二六年之後，就退出文物市場過隱居生活。

一九八七年，作者從劉永清口中得知兪淮清是一九五九年去世的。當問及那件康熙官窰豇豆紅柳葉尊時，劉永清說：「這件珍貴文物他一直珍藏着，但秘不示人。他最忌諱別人問他這件東西的來歷。」兪淮清去世後，柳葉尊落在誰的手中？劉永清說：「這可是沒人知道的事了！」

祝續齋拉縴說項

當兪淮清從祝續齋手中得到酬勞品柳葉尊，將之珍藏二十年之後，祝續齋已貧困到做不了古玩生意，只能給買賣雙方牽線拉縴，使點傭錢過生活的地步。

一九四六年初，剛過了陰曆年，祝續齋到文古齋來串門，同經理陳中孚閒聊。他說：「師弟！你知道二十年前，我從兪淮清手裏倒過延清堂貨底的事吧？兪淮清要走了件康熙官窰豇豆紅柳葉尊作爲我給他的酬勞。」陳中孚說：「祝大爺！您說的這件事，古玩行老人誰不知道，只是他們年輕人不知道。」

祝續齋說：「以前我們『吃銅器的』（做青銅器生意的），就知道彰德府，陝西出土銅器。說到官窰瓷器我看它年代近不值錢，至於這件皇上家的東西，怎麼從宮裏弄出來的，我根本不問。最近我才聽說，我給兪淮清那件柳葉尊，原本是咸豐皇上住熱河行宮時，行宮裏擺着一對兒，不是一件。民國年間，熊希齡當熱河都統時，被盜走了一件，就是延清堂的那件，現在在兪淮清手裏。還有一件柳葉尊，你知道哪兒去啦？」

陳中孚說：「這我怎麼會知道。」祝續齋說：「師弟！你不知道聽我講給你聽。」接着，祝續齋結結巴巴敘述起這對柳葉尊的來歷與去向：

英法聯軍進攻北京時，咸豐皇帝奕𬣞住進了熱河行宮，行宮裏擺着這對柳葉尊，皇上看了非常喜愛，還讓懿貴妃觀賞，但她不喜愛這種玩藝，所以一直存放在行宮。

民國初時，這對瓶被一位太監偷走了一件，隆裕太后和小宣統都住在北京皇宮裏，聽傳說行宮被盜走不少古玩，派太監去找袁世凱，讓他追查。大部分東西都沒追查回來。丟了一件柳葉尊，另一件則被送回宮裏。

民國六年，張勛擁護溥儀復辟當皇帝，他自稱爲直隸總督、議政大臣、北洋大臣。隆裕太后拿出這件柳葉尊讓小宣統賞賜給張勛，並承認他自己任命自己的官爵。他們沒想到張勛只幹了十三天，辮子兵被段祺瑞打敗了。張勛跑到東交民巷荷蘭使館躲起來了。之後，段祺瑞特赦了他，委任他做熱河林墾督辦，他沒到職便跑到天津英租界地閒住了。民國十二年張勛死。

陳中孚問：「那件康熙官窰豇豆紅柳葉尊歸誰了？」祝續齋說：「東西落到他的管家手裏了，這位管家六、七十歲了，一直住在北京，他要賣這件柳葉尊，找到了我。我已不是當年了，沒錢買這件好古玩了。」

陳中孚喜後失望

陳中孚知道祝結巴沒錢買貨，可是自己手裏的錢也不多，便說：「祝大爺！這貨咱們夥着買。」祝續齋說：「現如今可不是二十年前的祝大爺了！夥不起嘍，人家要二十兩黃金，我哪去弄一條金子?!」並說：「你想買，我先帶你去看看。」陳中孚很高興地說：「謝謝您帶我去開開眼。」

六十來歲的祝續齋領着五十多歲的陳中孚到騎河樓一套四合院的住宅裏，見到七十來歲的張勛手下老總管。祝續齋介紹說：「這是我師弟陳中孚，他是做官窰瓷器生意的，您那件東西給他看看，讓他開開眼。」老總管拿出柳葉尊，陳中孚戴上花鏡仔細看，一拃多高，造型如柳葉，姿態柔美，釉色鮮艷，幽雅清淡，柔和悅目。底足內的三行六字青花楷書款「大清康熙年製」十分工整，掂掂手頭輕重適度。陳中孚說：「皇上家的珍品，確實讓我開了眼。」

老總管說：「這是辮帥賞給我的，不是這個年頭，我還要留作紀念呢，不想賣，可沒法子！賣了它好過日子！」陳中孚說：我聽祝大爺說您要二條金子，值是值，可兵荒馬亂的年月，沒人出二十兩買這東西。」「我等錢用，不然不會賣它。這個年月還不知道將來是甚麼樣子，留着它又怕壞了丟了，爲它擔心，賣了，少了這份心思。」祝續齋、陳中孚聽老總管這口氣，知道他急欲賣掉，說來說去，十兩金子他同意賣了。先交一兩定錢，交齊十兩取貨。

往回走的路上，陳中孚喜出望外，他跟祝續齋說：「這東西買的是便宜，可我手裏沒十兩！」祝續齋說：「你去找岳彬，告訴他祝大爺說啦，讓他出錢。」

「岳彬他能聽您的，三十年前他聽您的，現如今他發大財啦，不再聽您的了。」

「他是你的東家，他不出錢誰出錢？」

陳中孚找岳彬說了這件事，岳彬哼哼哈哈，不吐口出錢。他怕十兩金子拿出去算給文古齋增了股金，賺了錢他撈不到手，文古齋這坑他會塡不滿。

東家不出錢，就找自己的家。那時，作者家是個大家庭，作者的伯父、叔父和父親都在一起過。本來十兩金子可以拿出來，可是家父說甚麼也不肯拿，他認爲岳彬是東家，自家沒字據入股，恐怕日後這筆賬算不清；伯父也不同意收藏。

拖了半年，祝續齋來說：「師弟！你那一兩金子算是扔了，這麼長時間不去拿九兩取貨，可算是吹啦！」陳中孚說：「吹就吹了吧，我也沒轍！」

柳葉尊價值千萬

五十年代初，岳彬經常去文古齋跟陳中孚閒聊，當陳中孚提起買柳葉尊這件往事時，岳彬說：「你就甭說啦！那時候我給你拿出十兩來，買下來擱到今天，恐怕五兩也賣不出去了。解放了誰還買古玩，咱們守着金碗要飯吃的時候到了。」

五十年代，中國文物在國外市場上，也不那麼值錢。可是，後來逐漸升值，特別是官窰瓷器到了七、八十年代，其價格令人吃驚地暴漲。

一九八七年，作者遇到位入了美國籍的老古董商，他認識作者的伯父，說起了四十多年前陳中孚買柳葉尊，買賣沒做成，白給了人家一兩定金的往事。他說：「康熙官窰豇豆紅柳葉尊是稀有珍品，現在若在紐約拍賣，千八百萬的價錢也能賣得出去！」作者不大相信，問岳彬的徒弟、國家文物鑑定委員會常委程長新。他說：「那件柳葉尊若配成對，把俞淮清手中那件湊到一起，在拍賣說明書裏詳細寫上來歷，從康熙傳到宣統，宣統又賞給張勛……我看一千萬美元，也能有人買去收藏。」作者聞之驚嘆不已！國家興盛，太平歲月，中國文物豈止價增十倍?!

真、假康熙豇豆紅柳葉尊之鑑別

民國二十年（公元一九三一年），北平古玩商會竄貨場上擺出一件康熙官窰豇豆紅柳葉尊，是六十多歲的老古董商劉子恭從山西太谷買來的。劉子恭事先請各家古玩舖掌櫃的去竄貨場，宣揚他買到珍貴的康熙官窰瓷器豇豆紅柳葉尊。這件貨是器物小名氣大，引得衆多的古董商來看貨。不料，看貨的人不少，都只是看，沒人問價。劉子恭納悶兒：這是怎麼回事？難道我買了打眼貨？劉子恭的確買了打眼貨，還自認為是珍品，拿到竄貨場上來賣。他覺得自己在大庭廣衆下丟了人現了眼，一氣之下就離開古玩行返回老家，不到半年就故去了。

劉子恭是怎麼吃虧上當的，是誰騙的他，他受騙後為甚麼傷心到如此程度，眞的和仿的康熙官窰豇豆紅瓷器區別又在哪裏？

劉子恭是個老實人

劉子恭是河北衡水縣人，十五歲進京在狗尾巴胡同興隆店——一個外地古董商開的舖子學徒。民國初年自己夾包做古玩生意。之後，他跑山西買來雕漆、法花、古銅、瓷器，在北京川行，有時在竄貨場賣貨。

他有眼力會做買賣，買貨不把價錢壓得過低，賣貨不把價錢抬得過高，總讓別人過得去，從他手中能賺到錢。所以，他人緣好，歲數又大，同行人官稱他「劉大爺。」

劉子恭靠勤來勤去跑山西，自己省吃儉用積攢錢，在衡水鄉下老家蓋了房子置了地。到了民國二十年，人老了眼力也不行了，本應休息。兒女勸他回家養身體，他不服老，還去跑山西。

舊時代有的人是靠欺騙別人吃飯、發財致富的。後門大街有位姓梁的，專門幹插圈弄套騙人的事。他看劉子恭年老了還不休息，想辦法要「吃他一口」。

梁某人設下騙局

梁某人是專門吃古董商和收藏家的。他有一套辦法，就是「摸底、選貨、卧底、造成別人疏忽他取利」。要吃誰了，先摸好誰的底；摸到底去選貨，找到對路的仿製品，做裝潢；將貨卧在大戶人家或舊王府裏；被騙的人一看這架式，再看貨的裝潢似是皇宮裏編號收藏的東西，看貨若疏忽大意，受騙無疑。

古玩行人都罵他缺德，「養活孩子沒屁眼兒」。也眞巧，他生個兒子肛門狹小，去了醫院開刀，不久便死掉。從此就沒再生兒子。人們又罵他「絕戶頭」，是「天報應」，「斷子絕孫」！

梁某人通過後門大街（即地安門大街）一家舊貨鋪裏跑外的夥計，知道劉子恭去山西太谷買貨。舊貨鋪的夥計也跑太谷進些古玩零碎舊貨，和劉子恭熟悉，稱呼劉大爺。梁某人同舊貨鋪的夥計說：「咱們試試劉子恭的眼力，他要是看走了眼，咱們兩人就算走運。」夥計問：「梁先生！咱們怎麼去試他的眼力？」梁某人說：「你聽我的，照我說的去做，事辦成了少不了你百八十的！」夥計一聽辦件事能給百八十塊現洋（銀元），精神頭兒來了，滿口答應。

梁某從前門大街德泰細瓷店買來一件仿康熙官窰豇豆紅柳葉尊，是劉勉之在景德鎭仿製的，仿得好，外行人看不出是仿製品。他找人給柳葉尊做好裝潢，交給了舊貨舖的夥計。

夥計將這件仿製品帶到山西太谷。太谷有家開票號（中國沒有銀行時，山西太谷人在清康熙年間就開票號，全國各省設分號、搞匯兌、儲蓄、放高利貸）的老財是孔祥熙的本家，孔祥熙發了財做了大官，而這家姓孔的衰落了。大少爺吸鴉片，缺錢花就賣家裏的陳設和破爛舊東西。舊貨舖的夥計買他的零七八碎舊貨，就跟大少爺熟悉了。夥計給大少爺出主意弄點錢花，並教了他辦法，把柳葉尊放在他的家裏，由大少爺出面賣貨。

夥計找劉子恭說：「劉大爺！孔家有件康熙官窰瓷器，給我看我不懂行，您是老行家，您給他看看，合適您就留下。」劉子恭聽說是孔家有官窰瓷器找他看看，心裏很高興，他想孔家是太谷開票號較早的老財主，家裏珍藏古玩珠寶很多。

到了孔家，大少爺從裏屋拿出一個黃錦匣、匣上有黃綾子標籤，還有編號，找開錦匣，在軟囊中卧着柳葉尊。大少爺說：「您老先生是京城裏來的老行家，幫我鑑定鑑定。」

劉子恭邊看柳葉尊，邊聽大少爺介紹說：「這是我家老太爺當道台時，從一位太監手中買的。」劉子恭聽了這句話心想，孔家上輩人是開「票號」的，怎麼還有當道台的？道台在省裏是專管一個事，是糧道、河道還是鹽法道？他也不好打聽，就聽他說吧。他說：「是光緒年間買的，宮裏的東西，我們是多少年來也沒拿出來給外人看。眼下已是民國二十年了，也沒人追究這事兒了。實不瞞你，我是背着我老娘請你來看的，她不准我賣這件寶貝，可她又不給我錢花，我只可背着她賣！」

劉子恭是既看貨又聽他說話，看裝潢是宮裏，聽他介紹似乎是太監偷出來的，便覺得東西錯不了。用昏花的老眼看了看貨，沒注意仔細觀察琢磨，便問道：「大少爺！你想換多少錢用？」大少爺說：「我等

五、六百塊錢用，你看值你就拿走。」

劉子恭覺得這位大少爺不懂行，要價不高，但又不肯他要多少錢給他多少錢，就給了他四百元，問他能不能賣。大少爺看了看那位夥計，問道：「喂！四百元錢賣給他，還是你跟他夥着買，我得先問問你。」夥計說：「我是買賣舊貨的，古玩瓷器我買不起，也不夥貨，您就把東西讓給我這位劉大爺吧！」

這四百元錢，大少爺白得一百，夥計也撈一百，姓梁的落二百，除去本錢和裝潢錢，他得了一百六十元。這是姓梁的設的一個小騙局。還有一個大騙局，騙了一位大收藏家，作者另章再表。

買假貨憂悒致死

劉子恭在北平古玩商會竄貨場將仿製的康熙官窰豇豆紅柳葉尊當作珍品展出，而無人問津。他愣了一會兒，心想這麼好的東西怎沒人伸手問價？是不是我買了打眼貨？想着想着順手從口袋掏出老花鏡，戴上眼鏡仔細看這件貨。突然如夢方醒！我上了人家的當，買了打眼貨還一直認爲是珍品。他低着頭一聲不吭地趕緊把柳葉尊收拾起來。

同行人看到劉子恭的神氣和動作都明白了。他是個老實人，不會用假貨來矇騙同行。他上了當上了火，但誰也不去勸，怕引出誤解。

古玩行人一旦買了打眼貨，經濟損失承擔得起，可是這人丟不起。特別是在大庭廣衆下出現這樣的事，更令人難堪。劉子恭是同行人公認的有眼力的老實人，他吃這個虧是因爲他年老眼花，反應遲鈍，大家都同情他，沒人把這件事當話料去議論或譏笑諷刺。

可是他自己卻跟自己過不去。賣貨的那一天，他晚飯也沒吃，覺也睡不着，躺在床上思前想後，自己在古玩行裏幹了三、四十年，從沒丟過人現過眼，今天算是丟人現眼到家了！第二天一大早兒，他收拾一下東西，到前門火車站，坐火車回衡水縣鄉下老家了。

回到老家，他剛進門就找把錘子把柳葉尊砸得粉碎！家裏人看這老爺子是怎麼啦?!回家來也不說話，拿錘子就砸瓶子。往常老頭子沒脾氣，今天是怎麼啦?!劉子恭在家中悶悶不樂，飲食減少，睡不好覺，家人勸說也無濟於事。他憋氣窩火又不能發作，憂憂悒悒，神色癡呆，沒過半年就故去了。

鑑別眞假有實據

劉子恭的這段事，作者在青少年時就聽家伯講過。那時家伯陳中孚因岳彬不出資，家裏不拿錢，想買宣統賞給張勛的那件康熙官窰豇豆紅柳葉尊，而未到手，傷心睡不着覺時跟作者講的。四十年後，當作者要寫《古玩史話》時，范岐周又向作者叙述了這段往事。

當年，作者伯父是希望作者學會鑑定，他講了劉子恭這段往事，又告訴了作者鑑別眞的、仿製的康熙官窰豇豆紅柳葉尊的要點。四十多年過後，作者仿佛還記得他說：仿製品的豇豆紅釉色不活；淡紅釉色中摻雜的綠斑不是星星點點，而是洇染成片，很不自然；三行六字的楷書青花款，雖然工整，但顏色較淡，趕不上康熙青花之濃艷。而今天要把這些寫在書中，將鑑別要點轉告廣大喜愛和研究官窰瓷器的讀者，則要慎重，故而作者返回故里，向仿製過康熙官窰豇豆紅瓷器的八十多歲的叔父陳建侯請教。他說：

「仿製康熙官窰豇豆紅釉色，仿好了很難，主要是焙燒的火候掌握不好。據景德鎮瓷窰場的老人講，康熙豇豆紅釉面上的綠色苔點，是焙燒時掌握火候上技術欠缺，燒出星星點點的綠斑。可是看起來非常幽雅，綠色苔斑和淡紅色的桃花片相映成趣，又像不十分熟的紅蘋果上帶有青翠綠色那樣十分誘人。傳說，康熙爺十分喜愛這種釉色，可是再燒出這樣的釉色來就困難極了！但皇帝喜愛就還要燒製，不知燒製多少窰次才有幾件那樣的產品，技術無法掌握，廢品太多，皇家雖然燒得起，沒過幾年也就不燒了。雍正年代根本不燒製這種釉色了。所以，眞正康熙官窰豇豆紅瓷器極少。（而仿製品則超過眞品不知有多少倍！）開始是民國十年前後，北京前門大街德泰細瓷店在江西景德鎭仿製，拿的是北京古物陳列所的眞東西，照樣去燒製，同樣燒不出康熙爺喜愛的那種釉色來。德泰燒製這種東西跟古物陳列所有合同，不准多燒，三、五件頂多了。但沒聽說哪一件是跟眞品完全一樣的。之後，是我們天津同泰祥細瓷店在景德鎭仿製，數量就多了，質量趕不上德泰燒製的。

「德泰劉勉之、同泰祥李春生是民國初以來專搞仿製官窰瓷器，我是民國二十年以後搞仿製的。他們仿製豇豆紅釉色瓷器，有的仿得好，可不寫康熙款，而寫『大清雍正年製』的款識，怕後人分辨不清，落這個款以示區別。但後來則有人以仿製品爲證，論證雍正年代也燒豇豆紅，這就錯了！

「仿製的康熙官窰豇豆紅釉色瓷器，雖然比眞東西的數量超出多少倍。但比較起來說仿製的不算多，仿出來的釉色細看起來是各色各樣，不細看則是一樣貨色。所以，你說的，也是你伯父告訴你的那幾點特色，也不完全能概括。區別仿的，必須知道眞的是甚麼樣釉色的。可是眞的太稀少誰又能見到呢?!市場上有的，在半個世紀前大部分是仿的，何況今天。要看眞的得到北京或台北故宮博物院。

「仿製官窰瓷器最多的是青花和粉彩瓷器，不但多而且仿的質量好，有的確實分不清是眞是仿。而豇豆紅釉色則較爲容易分清眞的和仿的了。因爲仿得特別好的已寫上雍正款了。」

陳建侯說了這些之後，又囑咐作者：「你知道就行啦，可不要寫出去。因爲你是我親姪子，要是別人問我，我爛在肚子裏，死後帶進火葬場也不說。說它幹甚麼?!」老人覺得這些老事兒早已過去了，今天重提沒有用了。其實，用處大矣！起碼能提供給愛好古玩的讀者和陶瓷鑑定家們一點參考，有助於今後的研究工作。

康熙青花群猴嬉戲鳳尾瓶的鑑定與經營

一九三一年，在下野督軍王佔元公館客廳，擺着一件康熙青花群猴嬉戲鳳尾瓶。這鳳尾大瓶是康熙官窰還是民窰生產的？古玩界人士有不同的見解，大部分人認爲沒年款就是民窰貨，而有人則說，沒「大清康熙年製」的款，也不見得不是官窰燒造的。從造型、胎質、釉色、青花的顏色和繪畫的圖案來看，這是件官窰器。這件鳳尾瓶是不是官窰器？東西是怎麼到王佔元手的？這裏邊還包含着有趣的人和物的故事，我們今天把它挖掘了出來。

鳳尾瓶的主人

「九·一八事變」前，天津英租界地住着位寓公王佔元，字子春，河北館陶人。他爲人和氣豪爽，但仍有舊軍人習氣。他行伍出身，自幼當兵，很有來歷。光緒年間他入天津武備學堂，參加過中日甲午戰爭。民國二年他當了北洋軍第二師師長兼豫南剿匪總司令，鎮壓白朗起義，後升任湖北軍務幫辦。民國九年他出任兩湖巡閱使兼湖北督軍，第二年便被吳佩孚的聯合湘軍把他驅出湖北。民國十五年他出任孫傳芳的訓練總監，聯絡張作霖、張宗昌，企圖共同抗拒北伐軍，失敗後逃入天津英租界地，蓋洋樓修花園當了寓公。

那個年頭，失敗和下台的軍閥官僚，大部分人住進天津租界地，就是吳佩孚不住租界地，他還有點骨氣。他們有了洋樓花園，就要裝飾，大量購買硬木雕花家具和仿古瓷器。天津鍋店街同泰祥細瓷店就是做這些人的買賣而發財致富的。同泰祥先派人去幫助佈置設計，花園裏擺繡墩、魚缸、花盆，客廳裏擺瓶尊硯洗……主人喜愛甚麼，他們根據主人的喜愛出主意，讓他們購買大量的仿官窰瓷器。

王佔元客廳裏的大鳳尾瓶不是從同泰祥買來的，是天津的一位古董商賣給他的。

青花群猴嬉戲引人注目

王佔元客廳中央擺的大鳳尾瓶，瓶高二尺四（八十釐米），口大而外撇，腰腹鼓圓，底部外撇小於口部。配上紫檀雕花大座，放在紅木八仙桌上，壯觀氣派！

引人注目的是大鳳尾瓶上的青花群猴嬉戲圖案。這瓶上的青花顏色純藍鮮艷，又有層次分明的特點。這特點是由於繪畫、塡彩工匠運用多種濃淡不同的青料，有意造成多種不同深淺層次色調，給人以層次分明的感受。甚至一筆之中能分出不同的濃淡筆韻，用這種顏色典雅而一筆多變的青花繪畫，繪製出的《群猴嬉戲圖》生動活潑，耐人尋味。

鳳尾瓶上畫滄江斷峽，枯籐纏絡群松上，景物幽絕。有大小不一的八十一只猴穿插在絕妙的景物中。群猴姿態各異：行走坐卧，立跪倒懸、滚地爬石、攀樹食果、相撲相抱、嬉笑打鬧、扳危石自崖下跌、母乳子於懷、寂坐洞中、自捉蝨、爲他猴捉蝨、自上往下走、自下往上爬、婉姿相親昵、喁喁似對語、四猴抬一巨猴、執竿而舞……千幻萬態，有的姿態筆墨是難以形容的。

奇妙之處在於瓶的上端青山石嘴上長一斜松，一猴以一爪攀松幹，另一爪握另一猴爪，十三只猴各以爪握爪，垂入滄江之中。觀之若飛龍翔空，如修綆之汲，下臨巨浸。此圖案取意「飲水之猿，千臂相接」，又有「短綆難汲深，衆志可成城」之深遠寓意。

還有更妙的畫面：江溪之中繪有一猴立水中抬頭竦顧，看另一猴攀躋而墜下，若從天空飛來；竦顧之猴爲其擔憂的情貌被刻畫得出神入化，二猴之形態神色可稱絕妙！傳說，有位秀才到王佔元家作客，觀賞鳳尾瓶，見到瓶上這個畫面時，大發感慨曰：「關切之心，猴皆有之，何況人乎?!」

王佔元說這位秀才是窮酸，唸書人就會胡謅！他說：「我看這大瓶上的畫，把猴都畫活了，又活潑又熱鬧，看着舒坦！別的沒那麼多說道。」

八十一歲要「封侯」

王佔元買這瓶時，卻有說道。他不懂瓶的畫面裏的詩情畫意，更不知其中的寓意，賣瓶的古董商也不懂。但他們卻編出另一個說道，令人啼笑皆非。

買瓶的那一年，王佔元已是六、七十歲的老人，寓居天津十來年。天津古董商摸到了他的底，琢磨這位老人的心理。老年人懷舊的多，而他戎馬生涯、叱咤風雲大半生，當到督軍便窩了回去，老來時他的心理不可能那麼平靜，有所寄託才能保持平衡。這位古董商賣給王佔元鳳尾瓶時，有段對話，在古玩行人中傳說：

某古董商拿去青花鳳尾瓶給王佔元看時說：「請您看看這瓶子上畫的猴，個個都活！這不是《西游記》水簾洞裏的猴，這猴是另有說道。」王佔元說：「要是眞有這麼多活猴，把我家都要鬧翻。猴就是猴，還有甚麼說道?」「您數數，這瓶上畫着八十一只猴，這隱含着人活到八十一歲時，還會封侯掛帥！」古董商說完這話，給王佔元作個揖，又說：「預祝您老人家封侯、掛帥再出山！」

王佔元笑了說：「好噢！老子打了一輩子仗，當過督軍，沒封侯。」

「您活到八十一歲時，準能封侯。」

「藉你吉言，這瓶子我要了，擺在客廳，我天天看猴。等到猴年馬月，我去封侯。」

可是，王佔元沒活到八十一歲。他在七十四歲那年就去世了。那年是一九三四年，死後就沒人再提起他。但是在天津古玩行、瓷器行裏的老人，到今天還在說他這段故事。

瓶子是仿製的

王佔元買康熙青花群猴嬉戲鳳尾瓶六十年後，才弄清這瓶子既不是康熙官窰，也不是康熙民窰，而是民國十年前後仿製的。

一九九一年清明節，作者返故里掃墓，同八十四歲的叔父閒談。他說：「我看你寫的《古玩史話與鑑賞》裏有段康窰群猴大鳳尾瓶，怎麼只寫物，沒寫人和故事？這瓶我可見過。」作者告訴他，只見書中有這件東西的記載，還沒聽說和這件東西有關的人和故事。他說：「你不早問我，我知道啊！」

於是，他向作者敘述了前面我寫過的這段故事。這件鳳尾瓶的眞品也沒「大淸康熙年製」的款識，是古物陳列所裏的收藏品。北京德泰細瓷店拿到景德鎭仿製的，據說只仿了一件。由於德泰劉勉之請了兩位名手，一位畫師，一位是塡彩的師傅，加上選的青料好，據說是由廣州來的青料，所以繪畫出的《群猴嬉戲圖》達到「假賽眞」。

天津勸業場裏的一位古董商從德泰花兩千元買到手，轉手賣給王佔元上萬元。所以，招來平、津、滬古董商去王佔元家觀賞，出現了不同見解，是官窰還是民窰？那時，劉勉之不說誰也不知道是仿製品。後來，劉勉之跟李春生說了，同泰祥才知道。

六十年過後，康熙青花群猴嬉戲鳳尾瓶的眞面目才揭露。這件東西今日落到何方？就是仿製品也是有價值的珍貴文物了，特別是《群猴嬉戲圖》寓意深遠，繪畫精良，堪稱上乘！

元鈞碗、太白尊、青花盤和鏤空套瓶之買賣

元代鈞窰大碗、康熙官窰天藍釉太白尊、乾隆官窰豆青釉鏤空套瓶和萬曆青花纏枝蓮八寸盤，是一九四五年抗日戰爭勝利前夕，陳中孚帶到上海去銷售的主要文物，其中青花盤是翡翠大王鐵巴在船上揀來的。這四件文物中有三件眞品，一件是仿製品。一件眞品賣給上海達仁堂東家樂篤周，另一件賣給了中南銀行總裁胡惠春，那件仿製品被當時的上海同行，今日在港台名聲很高的收藏家仇焱之買去。仇焱之買去的康熙官窰天藍釉太白尊，時至九十年代初還是個謎，今天總算能揭開這謎底了。樂篤周收藏元鈞碗、胡惠春買鏤空套瓶、仇焱之買青花八寸盤，其中都有鑑賞知識與時代遺痕。

賣大碗談國寶論宋元鈞瓷之區分

日僞統治時的上海，古玩業蕭條，出口英美法的路被割斷，大古董商葉叔重、戴福葆、張雪耕、仇焱之、洪玉琳、張仕冠等人都不大進貨了。日本一投降，他們又活躍起來，準備好貨向外出口或賣給「接收大員」、重慶來的「貴客」。

陳中孚到上海時，日本還沒投降，同行人看他帶來的貨都說不錯，但不給價，只看看而已。日本一投降，一些人又搶着要買，但價錢不高。所以，他不在同行裏賣貨，卻拿着元鈞碗和乾隆官窰黃地青花九龍瓶去見達仁堂東家樂篤周。樂篤周是他的老主顧，每次他到上海都先給樂五爺送去好古玩鑑賞，樂五爺不

買也給他介紹好買主。因而，他們的關係較好。

樂篤周見元鈞碗的顏色好，有六塊紅，釉色是青中帶紅，青色近於藍，有如藍天中朵朵紅霞。他說：「中孚！你這大碗的顏色可眞好，可惜是元鈞，要是宋鈞可就值銀子了！」陳中孚說：「宋鈞窰的好瓷器，讓美國人福開森買去不少。現如今在北平，只有岳彬和鐵巴手裏還有好宋鈞窰瓷器。」

樂篤周收藏有宋鈞窰洗子，釉色也好。他想知道北平最大的古玩商和珠寶商手中有甚麼好鈞窰器，他問：「岳彬、鐵寶亭有甚麼好鈞窰，你說給我聽聽。」

陳中孚說：「鐵寶亭的那對鈞窰花盆，是玫瑰紫顏色，通體天青色與彩霞般的紫紅釉相互掩映，美極啦！釉層肥厚，胎質堅密。特殊之處是盆底刻有『九』字，還有盆托。成對帶托的宋鈞窰花盆，民間沒有，是皇家的東西。行家鑑定是南宋宮廷貢品，傳世珍寶，明代時就在故宮收藏，到了清代深藏宮中，甭說黎民百姓，就是王公大臣也難得一見。庚子年皇宮丟東西不少，民國初鐵巴從一位大太監手中得到了這個花盆。」

鐵寶亭收藏南宋鈞窰帶托花盆一對，民國十年後才傳揚出去。收藏家和古玩巨商多次找他商議，願出高價請他出讓。勸他說，你做翡翠珠寶生意，收藏宋鈞窰花盆幹甚麼，不如賣掉。他說，這比收藏珠寶鑽翠的價值高，一旦出手，再想看到就不可能了。所以鐵巴是一直自己收藏着（作者按：關於這對鈞窰花盆，在北京的古玩、珠寶老行家們都說，鐵巴於一九四八年把它們帶到台灣去了）。

樂篤周說：「鐵寶亭的那對鈞窰花盆，我聽說過沒見過，大家的評價很高。是在國內的鈞窰器之王，是罕見的國寶，最好由他收藏爲妙，可別再出口，不然好鈞窰器都將收藏在美國了！」

「岳彬的那件宋鈞碗雖說好，比鐵巴的花盆就差遠去了！它是宋鈞，我這碗是元鈞，成色更差了。」

「元鈞和宋鈞有甚麼不同，怎能看出是元是宋？」

「樂五爺！您這是考我，您可比我知道的多。」陳中孚拿起元鈞碗說：「您看這碗上的曲蟮走泥紋，不怎麼明顯。宋鈞窰器上的曲蟮走泥紋可比我這元鈞碗好多了，走得深入淺出就好像蚯蚓爬過的一樣。再看這碗的胎質、粗鬆，顏色發白，而宋鈞窰器的胎質是堅密的深灰色。還有這碗的釉面上有棕眼，施釉不到底，碗底圈足內外沒釉，而宋鈞窰器的釉面平潤光澤，比這碗可美多了。這碗好就好在紅多。」

樂篤周說：「這碗是紅多，不說滿紅也有六塊，顏色好，是玫瑰紫，釉面和胎質就差勁兒了，這是元鈞趕不上宋鈞的明顯之處。元鈞的顏色也沒宋鈞好，你這碗的顏色好。衝着這幾塊紅顏色，我留下這碗。」

樂篤周看乾隆官窰黃地青花九龍瓶，覺得黃彩發嫩，他懷疑是後掛黃彩，用手敲敲聽聽聲兒，不發悶，而是「噔噔」的清脆聲音，不是後掛彩，仿是仿不了這麼好的。他一時看不準，琢磨不透，便說：「這瓶放我這兒，我再仔細看看。」

後來，日本投降後，樂五爺給了陳中孚五千元法幣。九龍瓶經樂五爺介紹賣給張群，張群用它給蔣介石祝六十大壽去了。

售太白尊有人挨罵有人珍視

上海有位收藏家梁培，廣東新惠人，青年時代在法國留學，回國後寓居上海。梁培的岳父是清末澳門著名紳士蕭瀛洲，愛好古玩，梁培也喜愛文物。陳中孚做他的古玩生意多年。這次陳中孚到上海時，梁培在江西路北口路東，開了家藝林古玩店，由陳中孚的師姪劉秉昆和羅伯恭主持業務。

陳中孚給梁培送去康熙官窰天藍釉太白尊和乾隆官窰豆青釉鏤空套瓶，梁培很高興。當時沒講妥價錢，東西放在梁培家裏。

梁培此時正籌劃與香港大古董商潘溪、上海的葉叔重三人聯合，請范岐周主持擔任總經理，開辦京、滬、港聯營古董大企業公司，所以他想先買點好貨。

梁培請范岐周出任總經理，范岐周不願出山，梁培的籌劃落空了。五十年後，作者同范岐周說起這件事時說：「範叔！您那時若是出山當了總經理，這家聯合古董大企業在中國是獨一份兒，岳彬就不在話下了！」八十八歲的范岐周老人笑了，他說：「這叫時也、運也、命也！岳彬在一九五四年就死在監獄裏，今年是一九九四年，而我還活着。他一生貪財，死時分文帶不去。人不要總想發財，積德才能長壽！」作者說：「是啊，仁者壽。」老人又笑了，閉目養神。

那時，梁培想買好貨，將陳中孚送來的兩件官窰瓷器給劉秉昆看，讓他說說價錢。劉秉昆說：「先甭說值多少錢，陳中孚是出了名的小窰瓷器，買他的東西不能不留神！」

「你看這太白尊底下寫着『大淸康熙年製』六字青花楷書款，不會錯吧?!」

「您光看款不行，我看這太白尊的胎子、釉色都不像是康熙的。」假若梁培問他，怎麼不像？劉秉昆是說不出一二三來。梁培沒問，覺得把握不大，自己以前從陳中孚手裏買到過贋品，買貨的迫切心氣下去了。

當陳中孚再見梁培時，梁培那股買貨心切的勁兒沒啦，並且跟陳中孚說：「你這太白尊，秉昆說他看不準！」陳中孚一聽就明白是劉秉昆踢他的買賣，馬上罵道：「劉秉昆這小子，眼長屁股上了！他能看準甚麼?!他學徒時我就說他成不了氣候，幹了二十來年了，他還練不出好眼力，您幹脆散了他，叫他回家吃去！」

罵了一頓劉秉昆，陳中孚從梁培家裏出來，到崑山路去找仇焱之，仇焱之不在家，他便回南京路榮寶齋了（這次陳中孚到上海住在榮寶齋上海分店，他同分店經理梁子衡是同鄉又是好友）。榮寶齋經理梁子衡告訴他說：「剛才仇焱之來找你。」陳中孚說：「我也找他去啦！眞是褲襠裏放屁，兩岔了。」「你去哪兒找他去了？」梁子衡問。

「我到崑山路他家去找他呀！」「他給留下的地址可是愚園路公寓啊！」陳中孚到愚園路公寓見到仇焱之，向他講了劉秉昆踢生意的事，又罵了劉秉昆一頓。

仇焱之說：「陳二爺！看古玩的眼力是各有不同，你不要罵他，誰也保不住有時一眼高一眼低。」「他不是眼力高低問題，誰看不出來那是件眞東西?!他是故意地踢我的買賣，這小子良心大大地壞了！」陳中孚還在生氣。

仇焱之說：「你不要再生氣了，那兩件官窰瓷器匀給我，你說個價兒。」「我跟梁培要五萬元，他給我三萬我沒賣。」「你把這兩件分開說，每一件多少錢？」「鏤空套瓶你給我四萬，太白尊給我一萬。」

仇焱之一聽覺得這個人是被劉秉昆氣糊塗了。康熙官窰天藍釉太白尊是稀有的傳世珍貴文物，乾隆官窰豆青釉鏤空套瓶雖屬工藝奇特、罕見珍品，但它的名聲沒康熙天藍釉的高，誰不知道這種官窰瓷器傳世之作極少。仇焱之想到這些，笑了，說：「陳二爺！你可要說準，這太白尊一萬元錢！」「沒錯！一萬，你要我就賣給你。」「我要！咱們行裏規矩不一口價咬死，我給你八千，賣，我就留下。」

陳中孚賣給仇焱之一件康熙官窰天藍釉太白尊的事，在上海同行中傳開了，有不少人說：「仇焱之揀了陳中孚的『漏』兒！價錢賣低了。」是陳中孚漏了貨，還是仇焱之打了眼?半個來世紀還一直是個謎。

揀萬曆青花盤，鐵巴仗義爲人

仇焱之買太白尊時，是日本投降後幾個月了。接收大員到達上海，美英等各國人也紛紛來到這十里洋場觀光遊逛，古董、珠寶生意在上海開始復甦。北平的翡翠大王來到上海。陳中孚聽仇焱之說，上海有的報上登了《翡翠大王歷險記》，鐵巴到上海了。

一天晚上，陳中孚會同梁子衡去見鐵巴。陳中孚知道鐵巴來上海必定住惠中旅館，他們在惠中旅館見了面。三人都是京東人，同鄉在外地格外親近，何況又是三十來年的老朋友。

陳中孚、梁子衡跟他一見面就說：「您受驚了！報上都登了您的歷險記，記者晚上沒來採訪？」

鐵寶亭說：「我一下船就被記者等上了。我一看事兒不好，就捂着臉出了碼頭，轉了個圈兒，來到惠中旅館。他們想不到我會住這小旅館，也想不到我是這個『德性』（作者按：「德性」是北京土語，即這個打扮、這個樣兒的意思）。你們別向外說我住在這兒，過幾天我要換地界兒住。」

接着，鐵寶亭向他的同鄉敘述了在輪船上遇到的新鮮事兒：「我這次到上海請馬鴻逵給辦個軍人執照，弄了套中校軍裝，跟我來的小任穿了套少尉軍裝，可坐的是三等艙。我怕在船上出事才換了這麼個打扮，怕出事怕出事還是出事了！

「從天津上船，到膠東半島擱了淺，八路軍和民兵上了船。土八路見我穿中校軍服，走向前一個立正，給我敬個禮，我急忙給他作揖還禮。」

「鐵巴！您這不是漏兜了嗎？哪有中校給士兵還禮作揖的?!」

「你們還別說，那土八路沒看出來，見我給他作揖，他連忙用手拉我手問我：你這麼大官爲啥坐三等艙？我說：我沒錢呀！他說：這樣大的長官沒錢，是位好人哪！他挺和氣地走開了。可我犯嘀咕，怕丟了東西。自己找不到自己的藍寶石帶扣。小任提醒我在腰帶上繫着哪。我一摸可不就在自己的褲腰帶上掛着呢嗎！」

說到這兒，三人都笑了。鐵巴說：「別笑我。跟我一起上船的有位同行，船擱淺時他被八路嚇跑了，開船時找不到他了。」說話時，鐵巴順手拿出件萬曆青花纏枝蓮八寸盤，指着盤子又說：「這盤子就是他落（là）下的，中孚你看看，幫忙給他賣了。賣多賣少，你留二成，剩下的八成我回北平時給他。這事兒我當着子衡的面拜託了。」

陳中孚受人之託，去找仇焱之，問他要不要鐵巴揀來的萬曆青花纏枝蓮八寸盤。仇焱之說：「先給我看看，咱們可都知道萬曆青花瓷沒嘉靖青花濃艷，產品多，粗糙的也不少。」陳中孚給他看盤子，他邊看邊點頭說：「這盤子上的青花纏枝蓮顏色還不錯，不如嘉靖的，反而藍中微微泛灰，給人以沉靜之感。」

陳中孚聽仇焱之的口氣，知道他看上了眼。兩人講好了三千元成交。一個星期過後，陳中孚把二千六百元給了鐵寶亭。鐵寶亭問，「你賣多少錢？我聽小仇說他給了三千，你給我兩千四就對了。」陳中孚說：「那二百元是給您的酬勞。」鐵巴急了說：「別看我捨不得吃、捨不得穿，跟鄉下老趕一樣，二百、二千、二十萬我可都不在乎，這二百你拿去花，別給我添噁心！」

鐵巴講交情講義氣，寬厚待人，回北平後將二千四百元交給了丟盤子的人。這事兒傳出去，鐵巴的人緣更好了。

評套瓶憶往事，揭開太白尊謎底

仇焱之沒買陳中孚的乾隆官窰豆青釉鏤空套瓶，陳中孚拿着鏤空套瓶去給中南銀行行長胡惠春看。胡惠春的父親胡筆江是中南銀行的老行長，父子倆都喜愛古玩，陳中孚做了胡家兩代人的古董生意，胡家是陳中孚老主顧好買主。

胡惠春看鏤空轉心瓶造型工藝奇特，釉色好，便直率地說：「我家兩代人都搜集古玩，官窰瓷器見過不少，這鏤空套瓶還沒見過，你說個價我留下。」

陳中孚跟他要五萬元，他給四萬，這貨便出手賣掉了。這次買賣做得很順利痛快。

一九四五年下半年至一九四六年的上半年，是陳中孚在上海做古董生意做得最好的一年，給老古玩行人留下了印象，而給人印象最深的則是太白尊和鏤空套瓶。

一九八九年春節，作者給岳彬的徒弟、當時的國家文物鑑定委員會常委程長新去拜年。倆人聊起了仇焱之，程拿出前幾年的一張法文報說：「你看，現在法國還把我們掌櫃的（指岳彬）和仇焱之等人的三十年代的合照又給登出來了。」他把報刊上的這幅照片給了作者（作者按：這幅照片與香港《龍語》文物藝術雜誌十九期刊登的拙作《大古董商岳彬之始末春秋》一文一同刊出）。

程長新講：「仇焱之買陳中孚的太白尊時我也在上海，同行人都說，是仇焱之揀了漏。那時值一、兩萬元，你伯父才賣了八千！擱到現在，這東西可不得了，拍賣個一、二百萬港幣不成問題。」作者問他：「您聽沒聽說，仇焱之在香港拍賣古玩中有沒有康熙官窰天藍釉太白尊？」「這我可沒聽說。」作者又問：「四十三年前，您在上海親眼看過這件東西嗎？」他說：「我們爺兒們（他稱作者伯父「爺兒們」，表示他是晚輩）能不給我看。我看那東西不錯。不只我說東西好，當時上海同行都說好。」

作者當時沉默了片刻，想：這話說不說呢，說了是當面撅這位七十五歲的師兄；不說又覺得憋得慌。所以，作者先說這太白尊在他的記憶裏也有，但說不準了。再往下就不說了。程長新繼續說：「那件鏤空套瓶也是好東西，就算不上國寶也夠一級文物。當時你大爺賣了四萬不算少。可是擱到現在，拍賣四百萬港幣也有人收藏。」

作者聽他一講，覺得有點不着邊，因爲那時作者還沒跟港、台文物報刊和出版界有甚麼接觸，還是「封閉式」的。直到一九九〇年拙作《古玩史話與鑑賞》一書出版後，逐漸接觸了幾位港、台人士，看到了一些文物刊物，才相信程大哥說的是眞的。

一九九〇年清明，作者返故里，同八十三歲的叔父陳建侯說起太白尊的事。他告訴作者：「太白尊和九龍瓶都是民國十年左右李春生在景德鎮仿製燒造的。你大爺從我手拿走的是民國三十三、四年的事，我還在同泰祥當經理。他賣給仇焱之八千，才給了我們四百塊。九龍瓶經樂五爺賣給了張群的管家，張群將九龍瓶作爲送蔣介石六十大壽的壽禮了。」

寶熙的古銅簋和天藍釉石榴尊

寶熙是滿洲貴族，淸末曾任淸廷內務府大臣、學部侍郎，溥儀當僞滿洲國皇帝時任命他爲內務府大臣。在淸政府官員中同古董商交往多、時間長的要算寶熙了，他給古玩行人留下很深的印象，至今古玩界仍在傳說着他買古玩的故事。

寶熙買羅振玉的古銅簋

寶熙收藏銅器和古玉較多，他同琉璃廠尊古齋、大觀齋、式古齋各家古玩舖交往多，人們稱呼他「寶二爺」，他也稱呼大觀齋掌櫃趙佩齋「趙四爺」、尊古齋掌櫃黃興甫「黃大爺」，因爲他們的年齡相差不多。

宣統二年，北京古玩商會成立時，會長趙佩齋請寶熙書寫「北京古玩行商會」七字匾額。寶熙的書法在京城是有名的，自成一家、獨具風格。他的字在今天的東琉璃廠還保留有「悅古齋」三字匾額。

寶熙做學部侍郎時，羅振玉是他的部下，任學部二等咨議官，參事官。羅振玉自稱是寶二爺的學生，他們都是琉璃廠古玩舖的常客。

民國八年（公元一九一九年），寶熙、羅振玉都成了「淸遺老」。寶熙住北京護國寺街，羅振玉剛從日本回來，住在天津。這一年，寶熙請式古齋掌櫃孫秋颿給他賣件西周靑銅簠。這簠是長方形，有蓋和雙耳，花紋清晰，鏽色翠綠，是件珍品。孫秋颿勸他不要賣，好東西賣了就買不回來了。寶熙說：「我等錢用，你幫忙給我賣了它吧！」

「您用錢幹甚麼？」

「我是賣簠買簋！」

「簠、簋都是商周時盛黍、稷、稻、粱的祭器。圓曰簋、方曰簠。您不喜歡方的，想要圓的啦？」

「嗐！你說哪兒去啦！方的圓的我都喜歡，古人說：『智欲圓而行欲方』，我是二者不可得兼，賣方而買圓也！」

「那就是圓簋比方簠的造型、花紋、鏽色好，銘文多嘍？請您給我開開眼。」

寶熙拿出古銅簋給孫秋颿看，是圓口、圈足，有兩個獸頭耳子，帶蓋。看這造型和花紋都平常，鏽色也一般，沒銘文。再仔細看銅質，敲聲一聽，孫秋颿就咧嘴了，忙說：「寶二爺您老了！這東西是『濰坊造』（清末以來山東濰坊仿製青銅器較多，故有「濰坊造」之稱）！您怎能賣了眞東西，買件假東西收藏?!」

「我是老了，但也沒老到分不出青銅器的眞假來！」

「那您爲甚麼要用眞的換假的？」

寶熙說：「這事兒我也不瞞你。最近，羅振玉從日本回來，到我家來看我，拿這簋給我看，非要讓給我不可。」說到這兒，孫秋颿插話說：「他這簋裏有鬼，您千萬不能要它。」寶熙繼續說：「我怎能不要?!他在日本這麼多年，如今回來，手頭不會富裕，他缺錢花，就是張口向我借，我也得給他，何況他還拿件東西來。你幫我將這件西周青銅簠賣了吧，也算是幫了羅振玉一把。」

孫秋颿答應了，送給寶熙兩千銀元，買了這件古銅簋。而寶熙用這兩千元買了羅振玉的仿西周古銅簋。

這件事很快就在琉璃廠傳開了，廠商讚揚寶熙憨厚，說羅振玉不應欺騙「恩師」。

崇古齋賣給寶熙石榴尊

羅振玉在考古、研究甲骨文方面，在國內外的名聲很高；寶熙在老古董商的心目中，人品很好，他信奉的格言是「忠厚傳家久，詩書繼世長」。古玩行人知道他是位忠厚長者，沒人拿假古玩去矇他。一九三四年，瀋陽崇古齋經理李卓卿賣給他一件雍正官窰天藍釉石榴尊是仿製的。這件仿製品是李卓卿從北平買去的。

這一年李卓卿從瀋陽回到北平，他到東四牌樓椿樹胡同同益恆古玩店去看貨。同益恆是鑑定經營金石類古玩，基本上不做官窰瓷器買賣。李卓卿買了幾件銅器，同益恆的陳鑑堂拿出康熙官窰天藍釉石榴尊給他看。李卓卿很奇怪地問：「你們從甚麼時候又做起官窰瓷器生意來了？」陳鑑堂說：「我們還是不做這路生意，因爲買了件銅器，侃價兒時卡住了，賣方給外搭這件瓷器，貨就買下來了。」

李卓卿看了看這件瓷器說：「這東西可不地道，是仿製的不是眞東西。」陳鑑堂：「我不當眞地賣給你，你給我六十塊錢，你拿到奉天去賣去。」李卓卿同意了。

李卓卿回到瀋陽，拿幾件銅器到長春去看寶熙，寶熙託李卓卿給他買幾件禮貨，打發日本人。李卓卿給他送去幾件瓷器，其中有這件天藍釉石榴尊，並告訴他這東西是仿製，是六十塊錢買的，給日本人送禮，像樣就行，不管它眞假。寶熙說：「我留下它，給你一倍的賺頭，從北平大老遠拿來不容易。」寶熙花一百二十元買的石榴尊，一直留着，禮沒送出去，他去世了。他的兒女將他收藏的古玩，包括這件石榴尊，都運回北平。

石榴尊的交易經歷

到了一九四〇年，寶熙的後人生活困難，悅古齋經理韓博文同寶熙的後人算是世交，韓博文的父親韓懿軒開悅古齋時是請寶熙寫的匾，所以他想幫寶熙子女一把。

韓博文自己會寫會畫，他鑑定經營字畫，對寶熙收藏的金石不在行。當時，買古字畫的買主少了，買瓷器的多了。雖然韓博文對瓷器也不大懂行，但他知道瓷器比字畫和銅器好賣。便從寶熙後人的手裏把石榴尊拿到琉璃廠幫助賣。

他先拿給韻古齋經理韓少慈看，韓少慈也是看字畫有眼力，看瓷器不行。但他僱了位瓷器把式徐少山，專門幫他看瓷器。徐少山說：「這貨我看不好，你拿別處看去吧！」

韓博文想新開張的協記古玩店中謝君忱、司仁甫、劉尊三都是榮興祥的徒弟，他們看官窰瓷器是一流人物。便把東西拿給他們看。這三位看出是贋品，但不直說，只說：「這貨我們不好賣出去，你另找主兒去吧！」韓博文碰了兩家，兩家都把他支出去了，他洩了氣，又把東西送回。

墨寶齋馬寶山爲人仗義，他知道寶熙後人生活困難，有東西賣不出去，想幫這個忙。便約請韞玉齋經理范岐周去看貨，看好了兩家夥着買。墨寶齋雖是做碑帖、字畫生意的，可寶二爺的後代人生活困難了，也想幫他們一把。

范岐周是大觀齋趙佩齋的徒弟，早聽掌櫃講寶熙爲人厚道，自己也曾做過寶熙的生意，很願意幫這個忙，又聽說是件雍正官窰天藍釉石榴尊。雍正天藍釉使他回想起在一九三二年時，他在雅文齋當副經理，掌櫃的蕭書農在廊房二條聚珍齋代鹽業銀行拍賣封貨，封了件乾隆官窰天藍釉花觚是三千銀元，得標到手。一九三八年，經他手將這件花觚賣給上海梁培六千銀元。寶熙的這件雍正官窰天藍釉石榴尊，一定錯不了，買到手再賣給梁培，不會有甚麼問題。

馬保山和范岐周到寶熙後人的住處，這時他們住在東直門大街路南一個大四合院裏。寶熙的兒子拿出石榴尊給范岐周看。范岐周心想寶二爺的東西錯不了，沒人騙過他，僅用手掂量一下，沒細看就給了四千元（中國聯合準備銀行的票子）。賣主十分高興，深感寶熙雖已去世這麼多年，北平古玩行人還對他們盡力相助。因爲這個時候，日僞出的四千元的票子還能買到一千袋洋白麵，每袋四十四市斤，夠他們生活好長時間。

范岐周將石榴尊拿到韞玉齋，準備先給上海梁培寄張照片去，請來鑄新照像館的人來拍照。那時只有黑白照片，臨照之前先在石榴尊上抹點油，照出來才顯得物件光亮明眼。就在照像館抹油的一霎間，范岐周的眼睛一亮，「啊」了一聲，但他甚麼也沒說，相照下來了。

相片寄不寄給梁培？寄去給他看，這石榴尊跟他要六千元，他準能買。可是，將來他看出是仿的，多年的主顧可就砂鍋砸蒜——一錘子買賣！不寄照片，將東西收起來不賣是上策。

仿雍正官窰天藍釉石榴尊，在韞玉齋收藏了五年，「紙裏包不住火」，同行人都知道范岐周買了打眼貨。

日本投降了，美國人先來北平，國民黨派人來接收。法幣一元換僞聯幣五元，這一下就從淪陷區老百姓身上砍下一刀肉！不久，法幣不如當年僞幣值錢了，物價飛漲，民不聊生。

做外國人古董生意的劉宜軒來到韞玉齋，勸范岐周把那件石榴尊賣了，並說：「我給你找外國買主，一萬塊錢，我拿走幫你代賣。」范岐周將石榴尊賣給了他，這時的一萬元頂不上日僞票子四千元了！因爲是跟馬保山夥貨，又給馬保山送去四千元，剩下六千元只夠一個月的挑費（生活費）。劉宜軒將石榴尊買到手是現買現賣現得利，他精通英法兩國語言，又有點經濟頭腦。他將石榴尊賣給一位美國人，他要美元不要法幣，賺了一筆錢。

據香港來北京的老古董商說，雍正官窰天藍釉石榴尊在香港文物市場上曾出現過幾次，一些人鑑別不出眞仿，經過多次交易，最後不知落在誰的手裏！

雍正天藍釉石榴尊眞仿之鑑別

這雍正官窰石榴尊在抹上油時，范岐周怎麼突然看出是仿的呢？作者曾請教於他，他說：「那時我三十四歲，眼睛好，老遠一望猛然看出是仿的。」

「您在遠處一望就猛然看出是仿製的，從甚麼地方看出來的呢？」

「這只能意會了。這麼說吧，先前你認識一個人，幾年後有人裝扮成你認識的那個人來見你，開始時你以爲眞是那個人。當你跟他一對眼神時，突然發現他的神氣不像。那石榴尊抹上油，我一望跟眞的釉色不一樣，粗糙不潤，釉子發鬆。假如你沒看過眞的，你腦子裏對眞的沒印象，就甭說一望，就是細看，你也看不出是眞是仿來。」

當作者繼續問他時，老人閉目養神，沉一會兒，睜開眼說：「那東西是建侯他們仿的，你去問問他就明白啦！」

作者見到家叔陳建侯聊起范岐周五十四年前買的石榴尊時，他說：「雍正官窰天藍釉石榴尊是民國十年前後，李春生在景德鎮仿製的，不是一對而是成批仿製。存到現在也算是古玩了，現在仿不了那麼好了。」

他告訴作者：「同泰祥李春生仿製康熙豇豆紅、雍正天藍釉都是成批貨。這兩種釉色淡雅悅目，各具特色，而雍正石榴尊的造型又獨具一格。從眞的東西來說，康熙天藍釉瓷器只有文房用具小件，雍正時在景德鎮才燒造出瓶、罐、尊等大件。雍正天藍器物的造型，取材花果形態的多，如海棠式、蓮蓬式、石榴式，我們都仿製過。」

當作者問他眞的和仿的區別在甚麼地方時，八十七歲的陳建侯反覆囑咐作者，你知道了就算了，不要往外說，也別寫出去，砸了賣古玩的飯碗。作者說：「都甚麼時代了，您還怕砸別人飯碗。」他說：「不管甚麼時代，我們仿的官窰貨只要在人世上有，在誰手裏當他知道是仿的，他能不窩火?!還是糊塗點兒好。

「我告訴你，眞的和仿的我比較過，有四點不同：仿製的手頭比眞的略輕，這是瓷土不同，胎子略薄；胎子不如眞品細膩，看起來粗鬆；釉色不如眞品瑩潤，顏色略淺浮，趕不上眞品那樣自然飄灑似藍天；款識。如篆書款，『御』字少半筆，如楷書款，『清』字中的『月』一撇撇得長。這是李春生作的標記，不可外傳。」

最後他說：「北京德泰，天津同泰祥仿製官窰瓷器，都是按仿製品出售，沒一件是按眞品賣出的。以假充眞那是古玩行或其他人幹的事。我們不是以假充眞，製造僞劣產品，而是仿的要跟眞的一樣，所仿製出的器物可稱是民國年間的陶瓷藝術品。再過若干年，也將同『官仿官』的雍正仿宣德靑花瓷一樣都是古玩，不過應稱之為『民仿官』的陶瓷古玩。」

陳建侯所談區分雍正官窰天藍釉瓷器之眞仿，算為各抒己見，是否準確，有待海內外陶瓷收藏家、鑑定家從實物比較中驗證。

明清官窰瓷器作為商品在市場交易價格昂貴，人們鑑別眞偽是愼而又愼，對一些鑑別訣竅則諱莫如深。甭說寫出文章來，就是口傳又豈肯輕易為之，故而陳建侯一再叮嚀。今日公佈於衆，作為鑑定官窰瓷器學術研究的一家之言，留傳下來，尚請讀者指正。

兩對雍正官窰粉彩大盤的故事

康熙、雍正、乾隆三朝的官窰粉彩瓷器，老古董商有個評價說：康熙粉彩是初創，比較粗糙仍有五彩味道；乾隆粉彩發展成多樣，錦地、藍地、黃地帶描金開光，較爲繁縟；雍正粉彩居其中，雖有白地、珊瑚紅地、淡綠地、醬地、墨地開光粉彩和粉彩描金，但秀麗淡雅。人們喜愛的是雍正粉彩瓷器。

光緒二十六年前，官窰瓷器只供皇上家享用，臣民不得私有。清末民初、由內務府瓷器庫流入市場兩對雍正官窰粉彩碧桃過枝大盤，它們在市面流通交換中各有「千秋」，有着人物歷史故事和當時的市場價格，今日觀之有趣有樂，是史實絕不是虛構。

兒子買貨父親要退

民國初年，北京古玩商會竄貨場上擺出一件雍正官窰粉彩蝶戀花圖案的碧桃過枝大盤，口徑二市尺四寸（八十釐米）。雪白的瓷面繪畫着春意盎然的粉色桃花，一雙蝴蝶上下飛舞，生動活潑、細膩動人；淡雅的彩色，富有詩意。這樣好的彩頭，這麼大的盤子，在當時是很難見到的。

古玩商們都圍着看，有人用手摸摸，感到彩面有毛疵扎手，細看像是剛出窰的有浮光刺眼。所以，大夥兒誰也不伸手問價。

東西牌樓天和齋的少掌櫃的郭靜安，年輕有衝勁，買賣貨不猶豫，只要是他看上眼的好貨，就敢出大價錢收購。賣大盤子的是位行商。那時古玩行人分行商、坐商，坐商在北京開有古玩鋪，行商是外地人來京跑古玩買賣的。這位行商叫劉桂亭，他說這盤子是從外地買來運到北京的。郭靜安心想：這樣大的盤子，胎子又薄，從外地往北京運，劉桂亭沒那麼大本事保證盤子不磕不碰。再說，這官窰瓷器是皇家的，怎麼從外地往北京運?!恐怕這盤子另有來路，賣貨人不便直說。他看沒人想買這貨，很快他把手伸入劉桂亭的大袖子裏，用手式講價錢，二千現大洋講妥成交。

郭靜安小心翼翼將大盤運到天和齋，老掌櫃郭小臣一看發了火，叫兒子過來看看，把着他手讓他摸，大聲申斥說：「這明擺着是出窰不久的新東西，你怎能按雍正官窰的價錢買這個?!眼瞎啦，還是有錢沒處花?!」郭靜安的腦袋耷拉下來了，心裏有話不敢說。「父為子綱」的封建思想，兒子不准駁老子，老子說對說錯，當兒子的都要唯唯諾諾。郭小臣說：「明天咱爺兒倆到商會去『砸漿』退貨！」

兩任會長出面交涉

郭小臣領兒子去找商會會長孫秋颿，孫秋颿是「吃銅器的」，官窰瓷器他不大在行。郭小臣找會長說：盤子是新仿的；劉桂亭向會長講：這盤子是雍正官窰眞東西。孫秋颿無法斷定，他想出個辦法，把行裏懂官窰瓷器的人都請來，大家鑑定，投票決定。

人來了不少，七嘴八舌說甚麼的都有，輪到投票決定時，只有二十個人寫了票，可也眞巧，十人寫眞，十人寫仿。劉桂亭吃不住勁兒了，眼看賺到手的錢就要退回去了，滿頭大汗找孫秋颿說：「會長！十對十，您做主吧！幫我一把，那可是眞東西啊！」孫秋颿說：「我可怎麼幫你，你讓我想想。」沉了一會兒他說：「有了！把前任會長趙佩齋找來，請他出頭說說話。他年紀大，說話管用。」趙佩齋說：「鑑定古玩是每個人有每個人的看法，我不能強迫人家。可我有我的看法，我投一票，秋颿你再說句話，這事兒就妥啦！」趙佩齋寫個「眞」字，孫秋颿說：「多數人認定是眞東西，貨不能退了！」會場哄嚷了一陣子，大夥兒也就都回去了。

劉桂亭趕忙給趙佩齋作個揖，叫聲：「四大爺！我謝謝您了，您這一票救了我啦！沒這一票我就丟人了，往下也就不好混了。趙佩齋說：「我看你那盤子是眞的，不是仿的。」劉桂亭在激動的心情下才說出來：「內務府瓷器庫裏庫存的大盤子，怎能是仿的?!」

郭小臣紅脹着臉找趙佩齋說：「佩齋！你這一票把我坑苦啦，您怎麼也把仿的說成是眞的？」趙佩齋說：「你兒子買的貨不假，那是庫貨，二百來年沒出庫。剛出庫的東西跟新出窰的一樣，有彩刺、表面上像窰火未退似的耀眼。現在，誰能仿官窰瓷器仿得這樣好。是眞東西，你的眼力不如你兒子了！」說完了兩人都笑了，郭靜安走過來給趙佩齋作個揖，喊聲：「四大爺！我謝謝您了！」

沈吉甫得盤一個

西交民巷懋業銀行董事長沈吉甫，收藏古玩瓷器有癖好。聽說古玩商會投票認定一件雍正官窰粉彩蝶戀花圖案的碧桃過枝大盤是眞是仿，笑得前仰後合，說鑑定哪能靠投票?!他想看看大盤的彩色和繪畫，就到大觀齋跟趙佩齋說。趙佩齋問他：「你是想收藏，還是看看就算了？若想收藏我向你交實底，那是件庫貨。」沈吉甫說：「你問我這爲甚麼？」趙佩齋說：「你若想收藏，我讓郭靜安給你送到府上，若想看看則自己到天和齋去看。沈吉甫說：「我跟郭小臣不熟悉，不便找他去看貨。」趙佩齋說：「這盤子是大件胎又薄，搬運時一不小心，出了道紋就毀了東西，不能隨便往收藏家府上送貨。」沈吉甫表示，「只要他送去，我給他幾百塊錢賺頭，貨歸我。」

趙佩齋把沈吉甫的意圖向郭小臣直說了，郭小臣叫兒子給沈吉甫送貨。郭靜安僱了位「扛肩的」，窩着脖子扛着個大錦盒，打東四牌樓走到鑼鼓巷的簑衣胡同。一路上郭靜安緊隨其後，惟恐有了閃失出了錯，安全到達沈吉甫的府上。

沈吉甫欣賞大盤，頗有感觸，他對郭靜安說：「耳聞不如目睹，人們都說雍正粉彩比康熙粉彩前進一步，而乾隆粉彩又走過了頭，雍正粉彩適得其中。見到實物得到了驗證。」他問道：「這大盤子既然給我送來了，我就留下，你想跟我要多少錢？」郭靜安說：「我們是多少錢買的，您全知道，您看着賞吧。您多賞我們多賺，少賞少賺，您說了算！」沈吉甫聽這小伙子很會說話，一高興便說：「我讓你賺五百，回去跟你父親好交待！」這號買賣二千五百銀元成交了。五百元錢，郭靜安的全家八口人，一年的生活費用有富裕。

賈騰雲給配對成雙

沒過兩年，主持大觀齋日常業務的大師兄蕭書農得到消息：天津陳九家裏的雍正官窰粉彩大盤跟沈吉甫買郭靜安的那個盤子一模一樣。便向掌櫃的趙佩齋建議說：「咱們花個七、八百塊把陳九那個大盤買下來，給沈吉甫配成一對大盤，咱們能賺他一、兩千元！」趙佩齋看了蕭書農一眼說：「文田（蕭書農的名）！咱可不做這路買賣。一是這路官窰大盤是庫貨，陳九是從甚麼地方弄來的？一旦犯了案可要吃官司！二是盤子大，胎兒薄，從天津往這裏運，一不小心出道紋，本錢就扔了！」

東四牌樓榮興祥賈騰雲也得到這個消息，立即派他的大徒弟謝蘊軒去天津。謝蘊軒知道陳九是天津的財主秧子，吸鴉片而破落，他對市面上的事不清楚，所以只給了他七百元錢就將大盤子買到手。賈騰雲很高興，想把盤子賣給沈吉甫，給他去配對成雙，但又不知這倆盤子是不是一個樣。他便去沈吉甫家探望。

沈吉甫在客廳接待了賈騰雲。賈騰雲跟沈吉甫聊岳乾齋給皇家辦抵押借款的事，他說：「小宣統押在鹽業銀行的一百箱玉器和官窰瓷器，到期贖不起，岳乾齋要給他拍賣，委託廊房二條聚珍齋代他在玉器行、古玩行中封貨。」「賈大爺！你留點意，有好官窰瓷器給我買幾件來。」

「沈二爺！您是我的老主顧，我有好貨一準兒先給您看。聽說您從天和齋買了件雍正官窰粉彩大盤，我看準了東西，說不定能給您配成一對。」

「天下那有那麼巧的事，雍正到如今有二百年了，那麼大的盤子不好保存到今天。」

「無巧不成書，說不定宮裏或南池子瓷器庫還能有。」

「那我就拜B076你賈掌櫃的、賈大爺了！」

賈騰雲要求看看沈吉甫收藏的大盤子，沈吉甫說：「你不在古玩商會竄貨場上看過了嗎？」賈騰雲說：「您不知道，我們榮興祥不加入商會，照樣做古玩生意。我不靠從商會的竄貨場進貨。好官窰瓷器在皇家，我從鹽業銀行、北城的王公、太監的手裏買貨，比別的地方的東西好多了。」

沈吉甫說：「那我就給你看看。」他領着賈騰雲走進西廂房，打開放在八仙桌子上的大錦盒，看了看這大盤子。說也眞巧，這大盤跟他從天津陳九手裏買的盤子一模一樣。賈騰雲心裏有了底，嘴裏跟沈吉甫說：「沈二爺！讓我給您尋覓、尋覓，我見到跟這一樣的盤子，一定給您送來。」

過了半年，他才把盤子送給沈吉甫看，他說：「這是庫貨，好不容易我才找到賣主，人家聽我的信兒，聽聽您給他多少錢。」

「這你全清楚，那盤子我是兩千五買的，這也給他兩千五！」

「您給他兩千五，我給您白跑腿了?!」

「我不能讓你白跑，我給你三千塊錢，再多了我可不要了。」

賈騰雲哈哈一笑說：「五百塊辛苦錢，可真不少，我謝謝沈二爺！」說完了給沈吉甫作個揖，沈吉甫一笑，拱手還禮。

沈吉甫收藏的這對雍正官窯粉彩蝶戀花圖案碧桃過枝二尺四的大盤，「九·一八事變」後，被日本山中商會經理高田買走。高田花二十四萬銀元，買走了沈吉甫收藏的全部硬木雕花家具和古玩，其中包括這對大盤。

當初，雍正年代在景德鎮燒造的這路瓷盤不是一對，據老古玩、珠寶商講，天津大財主陳光遠從北京琉璃廠延清堂花八千銀元買了一對和沈吉甫收藏的一樣大盤。延清堂是從慶小山手中得到的。老行家們推測說：這樣保存完整的雍正官窯粉彩大盤，在民國之初，八成兒是從北京南池子由原內務府管轄下的瓷器庫流落出去的。

陳光遠和他的大盤

民國十年之後，天津最大的財主是陳光遠，都說他稱（chèn）九千萬銀元。如今很少有人知道他了，可是，老珠寶、古董商說起陳光遠就眉開眼笑，說他給「北京人增了光」。他們說：光緒年間，天津有位走街串巷賣布頭兒的當了大總統，北京有位給婦女做梳頭用的攏梳篦子的作了督軍，一位叫曹錕，另一位就是陳光遠。

在民間特別是在珠寶古玩行業的人士中，述說着陳光遠這位歷史人物的傳奇：陳光遠是河北武清縣的鄉下人，他十三、四歲時離開鄉下老家來北京，在花市四條一家製作攏梳篦子的小作坊裏學徒。十六、七歲時他長了個大個子，說話聲音宏亮，鼻子大，顴骨高，一雙獾眼，兩隻大耳朵，很像個男子漢樣。他脾氣有些暴躁，作坊裏的徒弟們不敢惹他。

光緒十五年（公元一八八九年），也就是慈禧太后「撤簾歸政」，退居頤和園的那年春季的一天，陳光遠同師弟抬泔水桶往護城河倒泔水，兩人抬桶吵起嘴來，泔水桶抬在護城河邊上，他抽出扁擔，一扁擔把師弟打暈在地不知死活。陳光遠見人命關天，慌忙逃跑，由花市跑到天橋。正趕上有人手舉着小白旗招兵，他便跟着去了，加入了北洋常備軍。

光緒十八年，他入北洋武備學堂學習，畢業後受到袁世凱、馮國璋的賞識，當過北洋常備軍學隊統領，第四鎮統制、陸軍十二師師長、京津警備副司令。民國七年，他當了江西督軍。他同江蘇督軍李純、湖北督軍王佔元，被合稱爲「長江三督」。民國十一年被孫中山的北伐軍打敗，解甲歸田，返回武清，旋即住進天津英租界地，經商開當舖，成爲天津衛最大的富翁。

陳光遠收藏古玩珠寶最豐，跟老珠寶古董商有交往，他自己的身世，就是同老珠寶商李仲五閒聊時說出去的。他的大客廳有兩張雕花紅木八仙桌，陳放着一對雍正官窰粉彩蝶戀花圖案的碧桃過枝大盤。

大盤的內外繪成過枝碧桃，這種圖案是受西方畫的影響，在雍正以前，沒見瓷面上有內外合一的圖案。盤子的外面繪碧桃根莖主幹，兩枝主幹伸入盤中；旁邊岔出的兩幹，垂在盤子的外面。盤裏盤外渾然一體，盤面上碧桃枝葉碧綠，桃花有初放、中放、大放，還有含苞待放，數朵綺麗彩花，婀娜多姿。兩隻蝴蝶上下飛舞，一隻恰似採蕊完畢向上飛；一隻好像尋覓花蕊向下飛，生機勃勃，春意盎然。秀雅柔麗，濃淡明暗有不同層次，給人以立體感是雍正官窰粉彩的突出特點。白勝霜雪的瓷面上彩繪出如此動人的圖案，眞是鮮艷誘人、耐人尋味。

大盤的款識是雙藍圈內，「大淸雍正年製」六字楷書，字體工整，適居其中。

老珠寶、古玩商傳說着陳光遠和他收藏的這對大盤的事，而關於大盤的下落，則無任何傳言。

兩對雍正官窰粉彩大盤，剛從皇家瓷器庫流入市場時是民國十年前後的事。那時，一對的價格是八千銀元，另一對是七千五百銀元。

七十多年過後的今天，再看其價格，確實令人驚嘆！一九九〇年三月二十日在香港克裏斯蒂拍賣行拍賣的雍正官窰粉彩玉堂富貴過枝大盤，只是一件不成對，盤子的口徑是五十點八公分（合中國原市尺是一尺五寸多點），標價是三百五十萬至四百五十萬港幣。而成雙成對二尺四寸口徑的雍正官窰粉彩大盤，每對恐怕要標到上千萬元港幣！

中國的康、雍、乾官窰瓷器隨着歲月的增加，社會財富的增長和人類文明程度的提高，其歷史、藝術價値將不斷受到人們的關注，也必將成爲無價之寶！這是我們中華民族引以爲自豪的事情。

雍正官窰青花梅瓶掛黃彩之前後經歷

清代青花瓷器，康熙青花最佳。《陶雅》：「雍、乾兩朝之青花，蓋遠不逮康窰。然則，青花一類，康青雖不及明青之穠美者，亦可以獨步本朝矣。」康熙青花呈寶石藍色澤，極爲鮮艷，藍色透底，瑩澈明亮。而且是層次分明，是運用多種濃淡不同的青料，造成多種深淺不同；同一種青料由於繪畫、塡彩時它的濃淡不同，色調的深淺也形成層次。所以康熙青花有「青花五彩」之美譽。

雍正青花不如康熙青花艷麗了，而雍正仿宣德青花器較多，在仿宣德青花的黑疵及釉下氣泡方面又十分相像。古董家在鑑別雍正仿宣德青花上是個難點，有時以眞當仿，也有時以仿當眞。古董家還認爲雍正官窰器中以青花黃彩和青花金銀彩器最爲名貴。

一九四四年夏季，在日僞統治的北平時，百姓生活困苦，原先的豪門大家，不少人家都靠賣古玩珠寶度日了。一位督軍之女、總統之兒媳拿出一件雍正官窰青花梅瓶和一只宣德青花碗出售。梅瓶掛黃彩，經古董商之手賣給僞中國聯合準備銀行總裁汪時璟；印發鈔票的銀行總裁不知小米麵多少錢一斤，成爲笑談。這故事從名門女賣古玩展開。

考行家論青花做成生意

民國三十二年七月二十四日，北平日僞當局爲「關心」居民生活，特研製一種「混合麵」（用庫存各種雜糧磨成）配售，色如煙灰，聞有異味，人吃後多患腸胃病。老北京人不會忘記吃混合麵那年頭。十二月七日僞市長劉玉書「勸告」各舖戶拆門環和摘銅招牌獻銅獻鐵。糧價飛漲，貨幣貶值，流傳民謠：「孔子拜天壇（僞幣十元票面有孔子拱手面對天壇圖像），十元變一元。」怨聲載道，民不聊生。到了民國三十三年的夏季，市民生活更加困難，原先的富戶豪門也靠典當、賣古玩珠寶度日了。

琉璃廠怡文齋經理王致中來到文古齋，約請掌櫃的陳中孚去看貨，這正是民國三十三年夏季的一天。他們到達地安門學院胡同，一家朱門深院，只能在前廳等候，不能進入後面宅院。主人是位五十來歲的婦女，雍容端莊，大家風度。她命僕人拿出兩件官窰瓷器：一件是宣德青花碗，一件是雍正青花梅瓶。王致中是鑑定經營金石和陶器的，對官窰瓷器不大內行，他讓陳中孚先看。

陳中孚先看雍正官窰青花梅瓶。這瓶約有三十五釐米高，是小口梅瓶。胎白釉細潤，釉下青花泛藍，清淡而不濃艷，圖案是纏枝蓮。「大清雍正年製」六字青花楷書款。他鑑定認爲是雍正官窰瓷器，而且造型美，繪畫規整，青花顏色淡雅。美中不足之處是口部掉了手指肚大小的一塊瓷釉。小口梅瓶的口部掉了塊釉子，就不大受歡迎了。再看這宣德青花碗，碗的口徑約有二十釐米，青花的顏色深有黑斑，圖案是團龍海水江崖，「宣德年製」四字楷書款。看碗的樣式是明代宮廷使用的碗，完好無損。陳中孚看完遞給王致中看。王致中說：「今天是請你來看看，我看過了。」

女主人問：「你們看完了，我聽聽你們對這兩件官窰瓷器的見解。」王致中說：「中孚！你說說。」陳中孚聽這位女主人的口氣，似乎她有點懂行，說話可不能隨便囉嗦。他先說梅瓶，認定是雍正官窰瓷器，只是口上掉了塊釉，屬於殘品。再說青花碗，雖然有宣德年號款，但不是明代宣德瓷器，是雍正仿宣德。

「何以見得？」女主人問。陳中孚說：「宣德青花瓷器釉層肥厚晶瑩，這碗的釉層薄釉面呈微青色，不夠瑩晶透亮。宣德青花色澤幽雅而美妙，這碗的青花色氣混濁帶鐵鏽瘢黑斑。一般人們認爲青花中有黑斑是永樂、宣德青花之特徵，其實也不盡然。宣德青花瓷器中也有沒黑斑的，有黑斑的則不傷其幽雅。而這碗的青花黑斑和釉下氣泡不像自然燒成，像是燒製前塡彩故意做的，形不成自然的幽雅美。」

女主人說：「我這碗有人說是眞宣德，有人說是雍正仿宣德，還沒人說是民國仿的。今天聽你說的是雍正仿似乎有些道理。但不知青花瓷是怎麼燒造的？」

「青花瓷是先在胎上繪畫塡彩，彩是用青料畫成淡黑顏色，入窰用高溫（約一千三百度）燒造，顏色變藍，再上釉。所以叫釉下青花。」陳中孚回答。

女主人聽後讚道：「你很在行，連繪畫、塡彩、燒造都知道。」王致中介紹說：「他弟弟在景德鎭燒造仿官窰瓷器，他到窰上看過。」女主人表示相信那碗是雍正的了。所以她說：「這兩件瓷器，一件是殘的，一件是仿的。我不想再收藏保存這路東西了。你們拿去給我把它賣了好了。」

「您打算賣多少錢？」王致中問。

「怎麼也要夠我家的一個月挑費吧！」

陳中孚想，誰知道你家一個月要用多少生活費?!圖個痛快，張口給了一千二百元，還問人家夠不夠一個月的挑費。女主人說：「夠用啦！東西你們先拿走，過後可得把錢給我送家來。」

這號買賣做成了，可是王致中覺得價給高了。他認爲頂多値八百塊錢。當着女主人面，他不好說甚麼。二人拿着梅瓶和碗，回到了琉璃廠。

講賣主說往事，後人勝前人

王致中跟着陳中孚進了文古齋，兩人聊了起來。「那位賣梅瓶和碗的太太，我不認識。她對官窰瓷器還懂點，出題考我。她沒看咱是幹甚麼的，在古玩行裏混了三十多年啦，這點事還能問住我?!」「京、平、滬誰不知吃官窰瓷器的陳中孚你?!你可還有個外號叫『小窰瓷器』。」「你賣的陶俑歌舞人都是眞的?不是也有祝茂群給你仿作的，李煥章給你修配的嗎!」

王致中聽陳中孚反口說他時，他笑了轉話題說：「你不認識那位太太，我一說你就知道了，她是王佔元的閨女，襄武將軍的女兒。」陳中孚說：「袁世凱還封王佔元爲壯威將軍，他們倆是兒女親家。民國十年前，王佔元當過兩湖巡閱使。民國十年後他下野了，在天津、北京都買過古玩，我做過他的生意。買瓷器都要大件、大瓶、大罐、大魚缸還有瓷繡墩，大路貨多。」

王致中說：「我沒見過王佔元。這位太太是袁世凱的兒媳婦，這年頭連他們都快沒轍了。」「我見過王佔元，是個山東大老粗，在李鴻章手下當過兵，後入武備學堂，行伍出身，不懂古玩。他買的康熙青花群猴嬉戲鳳尾瓶是仿的，可眞好。他喜愛那個大瓶，見誰都誇他這個瓶。他的這位女兒，比他懂行，跟他可不一樣，聽說話、看作派是個有文采的人。」

王致中聽陳中孚講這往事不大愛聽，便說：「咱們說正經的。一件破口梅瓶、一個仿宣德碗，我看頂多值八百，你怎麼給了人家一千二百塊?!」「一千二是多了點，我估計少了她不能賣。」「多了你壓在手賣不出去，這年頭誰壓得起?!」陳中孚聽王致中的口氣是不想夥貨了，便直截了當地問他：「價是高了些，你夥不夥吧?」「我不夥啦!算是跟你白跑一趟。賺了錢請我客就行啦。」王致中退出了這兩件貨的買賣。

補瓶口掛黃彩，完整添色

陳中孚要在梅瓶上作作文章，他找來劉永清說：「永清！我買來件破口雍正青花梅瓶，你給我補好口，掛上黃彩，黃地青花，你看行嗎？」

劉永清沒少給他幹後掛彩這路活兒，他們爺兒倆關係不錯。礙於情面，劉永清往往不說手工錢，有活兒就去做。這回他說話了，他說：「咱們爺兒倆交情是交情，錢是錢，活幹好了，您得給我二百塊錢。這年頭窩頭都快吃不上了，不說價兒可不行了。」

「你幹好了這活兒，我給你多加五十！就是口這個地方，鑲口不好看，再說也沒梅瓶鑲口的，人一看就知道口壞了，是殘品。你給它補塊釉，釉色要和原來的釉一致，再掛上黃彩，可黃彩的顏色不要太嫩，也不要太老。你看着辦吧，把活兒做好，甭說窩頭，就是餃子也能吃得上。」陳中孚囑咐劉永清說。

這一年的秋季，北平的糧價飛漲，糧店沒糧，每天天不亮，南城的居民就要到珠市口西大街大和恆糧店門前排隊，等着買小米麵。市僞經濟局長竇以銳下令，在先農壇祿長街恢復現糧市場，由商會會長鄒泉蓀任理事長。不久，鄒泉蓀和他老婆跟日本人山本共乘一輛小卧車，汽車跑在路上被人開槍擊中，可惜未打死日寇和漢奸，可開槍人被他們看見了，是位麻臉人。這就開始可街抓麻子！弄得面上有麻子的人好長時間不敢上街。

文古齋有位徒弟叫曹德福，臉上有麻子，掌櫃的叫他到劉永清家去取雍正青花梅瓶，他不敢去，便哀求作者幫他忙，代勞去取。那時作者才十五、六歲，見到劉永清，劉把活兒拿出來給作者看，看完後作者說：「劉大哥！您的手藝可眞好，口上那塊補釉地方我找不到了。」因爲補好釉又上了黃彩，就很難看出破綻了。

原來雍正青花梅瓶掛黃彩後則稱之爲雍正官窰黃地青花纏枝蓮梅瓶。劉永淸告訴我說：「雍正官窰青花瓷器中，有豆青地青花、灑藍地青花、礬紅地青花和黃地青花，以黃地青花最爲名貴，有宮廷風格。」修補好掛好彩的梅瓶，配製雕花硬木座，做軟囊錦匣，匣上有深黃色絹籤，上書「大淸雍正官窰黃地青花纏枝蓮梅瓶」，字體工整。收藏起來待價而沽。

僞總裁買禮品送往東洋

這一年冬天的一天下午，一輛小汽車在文古齋門前停下，先下來位穿着整齊，長得也體面的年輕人。年輕人拉開車的後座旁門，裏面出來位四十多歲的中年人，中等個，白胖子，戴金絲眼鏡，頭上水獺帽，腳下牛皮靴，身穿水獺領子的皮大氅。

年輕人拉開文古齋的門，請中年人往裏走，他跟着隨後進來。陳中孚走向前迎接，叫了聲：「汪總裁！說您今天有空兒來琉璃廠看看，請後屋坐。」說話的聲音高，這位汪總裁說話聲也不低，他說：「陳掌櫃！我老沒見你啦。聽說你跑上海去伺候南方的大買主，我那裏你也不去啦！」

邊說邊走、穿過小院來到小樓下的貨房客廳。汪總裁摘下皮帽脫下大氅，坐下跟掌櫃的喝茶聊天。

「不是我不願到您府上去，因爲我手裏沒您喜愛的好田黃、雞血印章，去也白去，還給您添麻煩。」

「我聽說上海財政、銀行界的人士中有你的好買主。有人告訴我，周佛海市長從你那裏買去雍正官窰粉彩牡丹觀音瓶，他把這瓶子送給日本朋友了。你知道嗎？」

「我在上海做古董生意，各界的顧客都有。上海買古玩的人比北京多，特別是銀行界人士。周佛海我還沒做過他的生意。您說那件官窰瓷器是我賣給上海同行的，可能是他們轉手賣給周佛海了。」

「我到你這兒來，想淘換件官窰瓷器，作爲禮品送給一位朋友。你這裏有合適對路的東西嗎？」

「有！有！就怕您看不上眼。」

「拿出來給我看看。」

陳中孚從雕龍紅木大櫃裏取出錦匣，打開匣子給他看雍正官窰黃地青花纏枝蓮梅瓶。汪時璟看了梅瓶說：「這東西不錯，黃地青花少見，是宮廷陳設，皇上家擺的好瓷器。」陳中孚說：「我只知您研究、收藏古墨硯、石章。原來您對官窰瓷器也有研究。以後有好官窰瓷器，一定給您送去，請您欣賞。」

汪時璟笑了，點點頭說：「這就對了。你有好官窰瓷器，不要忘了我，送去給我看看。這梅瓶勻給我吧，我給你多少錢？」

「您看着賞！可我是少六千塊錢不能勻給您。」

「哪兒來的？這麼貴！」

「您知道小米麵多少錢一斤啦？」

「我不知道。可你這瓶子超了半萬，也太貴啦！」

「比起小米麵來，這瓶子算是便宜貨了。」

「我不管糧食的價錢，只說這梅瓶，你讓我看着賞，我賞給你五千元，多了我可不賞了！」

「好！好！我謝謝您。」

這位汪總裁沒看出是後掛彩，瓶口上的傷殘更沒看出來，便把瓶子買走了。不久，傳出消息說，他將這梅瓶拿到東京，送給日本政府的財政長官了。

汪時璟聲音高，原來是因爲這位中國聯合準備銀行總裁是個耳背的人。古玩行人知道他注重保養，天天喝雞湯，甭說小米麵，麵肉他都不吃，光喝湯，吃海味、熊掌。

當漢奸買古玩，焉知百姓疾苦

汪時璟到文古齋買走雍正官窰黃地青花梅瓶，送給日本政府財政長官的事，作者向魏旭東老師講了。魏老師是前清舉人，同吳佩孚同科，吳考取個秀才，可是他當了大帥。魏老師書法有名聲，北平的店鋪匾額，有不少出自他的手筆。他教書鬻字爲生，老來喪妻，撫養獨生子生活。兒子魏龍驤高中畢業學醫，成爲著名中醫，解放後曾擔任全國政協常委，是位上了世界名人錄的人物。

當魏旭東聽作者說汪時璟不知小米麵多少錢一斤時，他生氣地說：「汪時璟在去年四月十日發表的談話登在報上，他說：『關於華北通貨與日本金票始終保持等價比率。勿再輕信謠言。』可是今天準備銀行的票子越來越不值錢。汪時璟當漢奸是腦滿腸肥，他哪能知道小米麵多少錢一斤和百姓疾苦?!」他還說：「我不贊成吳佩孚，可是他不當漢奸，我是贊成。吳佩孚被老百姓稱爲『吳小鬼』，編順口溜：『吳小鬼兒眞敢幹，抄起飛機扔炸彈。』是說他在直奉戰爭中用外國飛機和炸彈，殺害自己的同胞。可是，吳佩孚最終還是沒當漢奸。民國二十八年他死在北京，出殯那天街上有『路祭』。他沒當漢奸，我才加入『路祭』給他送殯的。」

魏老師一輩子不爲官，官場上的事兒看不慣，更不做日本人給的官，教書賣字，心地坦然。當作者拜別這位老師時，他寫一幅對聯送給作者家父，他說，對聯雖然是送給你父親，這句話可是咱們師生的臨別贈言。他贈給作者的話是「官如草木吾如土，舌有風雷筆有神」。這幅對聯作者保存至今天，已有五十多年。

一九九二年，作者將這幅對聯展現在魏龍驤面前時，八十歲的師兄感慨萬端，他說：「老人家的書法，啓功當我面讚揚過，可惜我沒保存他的墨跡條幅中堂。你保存了，很好。」他囑咐作者，要學老師那樣寬厚，淡泊名利。

夏山樓主唱《秦瓊賣馬》售雍正粉彩盤紀實

清末民初時，老北京人知道打磨廠「倉韓家」，是給皇家看管糧倉的。有位韓麟閣，人稱「韓五爺」，經常到琉璃廠跟古玩舖的掌櫃聊天，去大外廊營譚鑫培老闆家裏串門。到了光緒末年，他領着腦後梳有小辮的娃娃、兒子韓德壽逛琉璃廠，譚老板的琴師，譚派唱腔設計者陳彥衡指點德壽學唱京戲的歷史往事，卻在老古玩行人士中傳說至今。陳彥衡收了三名弟子余叔岩、言菊朋、夏山樓主，皆是鬚生泰門。

民國十年前後，韓德壽，字愼先，雅號夏山樓主，既有眼力看古玩書畫，又有好嗓子，唱出譚鑫培的原聲韻味，成爲京城有名的鑑賞收藏家、譚派鬚生名票。百代公司灌了他的唱片，今天我們仍可以在中央廣播台老唱片節目中，聽到夏山樓主的聲腔韻味，一飽耳福。

三十年代，韓愼先遷居天津，在英租界達文波路開達文齋古玩舖，請來北京古玩商王幼田、劉竹波幫他經營。「盧溝橋事變」，日本侵佔天津，他關了達文齋，閉門不出，以明志。靠變賣家產度生活。

一九四二年，淪陷區人民生活困苦，韓愼先的日子也不好過，從天津帶來古玩求售，住在琉璃廠文古齋小樓，作者少年時有幸認識了夏山樓主。回想當年夏山樓主巧遇桂月汀，合唱《秦瓊賣馬》，出售雍正官窰粉彩碧桃蝶戀花瓷盤時的情景，歷歷在目，遏雲繞樑，餘音在耳。今書成文，以表懷念。

巧遇桂月汀

一天，桂月汀來到文古齋在樓下客房裏坐，陳中孚拿出一件秦鼎和一對雍正官窰粉彩碗，請桂三爺欣賞。

桂月汀看這件秦鼎有五十釐米高，圓形三足，少紋飾，俗稱「西瓜鼎」。他說：這鼎大而少紋，不是祭器而是炊具。他又細看了雍正粉彩碗，這對碗彩色鮮艷，繪工精細，配有詩文，詩、書、畫配合得體。他說：「雖說這是對碗，不是尊、瓶、罐，可也是好古玩。」

陳中孚聽桂三爺誇這對碗，便說：「三爺！您看好了這對碗，請您留下，明兒我打發人給您送到府上去。」桂月汀說：「這年頭兒，窩頭都快吃不上了，聽說配給市民混合麵吃，吃了拉肚子！好古玩你先擱擱兒，等年頭好了再賣，準比現在賣値錢。」

他們兩人正在聊，韓愼先從樓梯下來了，一開樓門看見了桂月汀，抱拳拱手喊聲：「桂三爺！」桂月汀一看，叫了聲：「夏山樓主！」起身還禮。落座後兩人便聊了起來。

桂月汀愛玩古玩、愛聽京戲，是位老票友，那年他已六十一歲了。他和老供奉王瑤卿是同齡，都是光緒七年（公元一八八一年）生人，又是好朋友。他每到琉璃廠必去煤市街大馬神廟古珺軒看望王瑤卿。韓愼先巧遇桂月汀，他們有共同愛好，談起話來除評論古玩，就聊梨園見聞。

他們談論桌上的秦鼎，認爲戰國、秦、漢的年代很難分，一件器物的斷代是專門學問。他們說清代官窰粉彩，是康熙年代創製的釉上彩新品種，是在康熙五彩的基礎上，受珐琅彩的影響而創製的。都說康熙粉彩「粗」、乾隆粉彩「繁」，雍正粉彩淡雅適中，別有情趣，令人觀賞不厭。

他們還聊起民國十九年，溥西園、袁寒雲、張伯駒參加義演。說袁寒雲和王鳳卿、王幼卿合演《審頭刺湯》，袁二公子演的是湯勤（作者按：袁二公子即袁世凱的二兒子袁克文，字寒雲）。還說那天壓軸戲是《戰宛城》，紅豆館主演曹操，張伯駒演張繡，九陣風去的嬸娘。戲演到後半夜三點才散，是在第一舞台。

他們談的內容較多，現在能回憶得較詳細的是譚鑫培之死。

悼念譚鑫培

桂月汀說：「以前是『無生不學譚』，余叔岩也是譚派，後自立門戶叫余派。馬派老生是後來的事兒。韓先生得小叫天（譚鑫培藝名）之親傳，在學譚派老生中可說是韻味唱腔十分相像，別人比不了。」

韓慎先講：「我學得不到家，余叔岩是學到家了，又有新創。桂三爺您誇獎了。」

「余叔岩唱的韻味好，嗓音稍小，張伯駒唱戲聲兒更小。」桂月汀說完這句話又說，「余叔岩比我小十來歲，目前他病了。譚鑫培比我和王瑤卿大三十多歲，他是民國六年去世的，那年我已經是三十出頭的人了。」韓慎先說：「那年我是十六歲。」於是，他們悼念譚鑫培，敘述一代宗師之謝世原因。他們都說譚鑫培是病上加氣死的。

民國六年，袁世凱死不到一年，黎元洪當總統。廣西都督陸榮廷趁袁世凱之死，派兵進了廣東，自封為廣東督軍，又進兵湖南，佔領長沙。當時段祺瑞執政，委任陸榮廷為兩廣巡閱使。陸榮廷來北京答謝段祺瑞，北京軍警各界人士歡迎陸榮廷在東城金魚胡同那家花園（作者按：那家花園原是清廷軍機大臣那桐的花園，即今日和平賓館美食城所在地）。演京戲招待兩廣巡閱使。

陸榮廷，原名陸亞宋，廣西武鳴人。鹽販子出身，早年投入綠林。光緒十九年受廣西提督蘇元春招撫，當了個管帶，後任清軍分統，因鎮壓孫中山領導的鎮南關（今友誼關）起義，升任廣西提督。辛亥革命時他宣佈獨立，當了廣西都督。繼而被袁世凱收買，反對孫中山起兵討袁。袁死後他乘機攻佔廣東、湖南，成爲桂系軍閥首領。此時的段祺瑞對他已無可奈何。

北京政府的官僚軍閥請陸廷榮看京戲，打發人去請陸大人點戲，去的人是位戲提調姓張。陸榮廷不懂京戲，可他知道譚鑫培、王瑤卿、楊小樓、梅蘭芳是唱京戲的大名角兒。他點戲要譚鑫培、王瑤卿合演《武家坡》、楊小樓的《挑滑車》、梅蘭芳的《貴妃醉酒》。主持這場招待演出的戲提調張某人着了急，別的名角都能請，唯獨譚老闆是不能請，因爲他病了。張某住在小外廊營，離譚老闆家近，便硬着頭皮去求見。譚鑫培託張某向陸大人辭謝，說重病在身不能登台。

戲提調向陸榮廷稟報說：「大人點的戲，角兒我都請到。只是譚鑫培卧病在床，出不了台，請大人再點個角兒，我再去請。」

此時的陸榮廷是割據兩廣又佔了湖南，兵權在手，黎元洪、段祺瑞都不敢惹他。而當時的譚鑫培是京劇界最負盛名的名角。陸榮廷來到北京要聽譚鑫培的戲，現在聽不到了，他覺得太失他的體面，像是窩了脖子，豈肯容忍。他馬上發了火，拍桌子大喊大叫：「他媽的！一個戲子架子眞不小，不要給臉不要臉，他能來得來，不能來也要來給我唱！」嚇得戲提調退身兩步，急忙作揖拱手說：「啓稟大人！我看譚老闆可是眞病了，確確實實是來不了。」

陸榮廷的眼珠子一瞪，把手往上一揚，厲聲說：「他來不了，打發人去抬！把他給我抬來，我看他唱不唱?!敢不給我唱戲，誰有這麼大的膽?!」

戲提調向譚鑫培回了話，譚老闆深感軍閥陸榮廷之霸道，可又惹不起，只能帶病去給他唱，對戲提調說：「我帶病給他唱，可病人怎能演薛平貴在武家坡前與結發妻王寶釧見面呀，一演就得砸！你跟他去說咱們唱出《洪洋洞》吧！」

譚鑫培帶病演唱《洪洋洞》，楊延昭的病容不用化妝。他唱：「宗保兒攙爲父軟榻靠枕，怕只怕熬不過尺寸光陰，……」宛轉悠揚，傷感凄涼悲憤。聽衆爲之動容而嘆惋。眞是「遏雲繞樑，三日不絕」，一出《洪洋洞》成爲譚派宗師的絕唱！

桂月汀講：「我記得譚老板給陸榮廷唱了這出《洪洋洞》後不久，帶病唱戲又累又氣，那年陰曆三月十七日他就與世長辭了。」韓愼先說：「這事兒我全知道。軍閥土匪加上今天的日本鬼子眞混帳！眞霸道！根本沒人性，是禽獸畜牲！」陳中孚說：「韓大爺！您有學問比我知道事兒多，您這話就在這兒說，可別到外邊去說，千萬別惹禍。」

一時，大家都默然。

唱《賣馬》悲歌一曲

沉默一會兒，桂月汀先說話了。他說：「譚鑫培去世已二、三十年了，打那以後我聽不到他唱的戲了。我小時候曾進過宮裏頭，聽譚鑫培給太后老佛爺唱戲，民國初年也沒斷在戲園子裏頭聽他唱戲。」

這時，陳中孚接上話茬兒說：「桂三爺！您是王公貴族，前清時我學徒，見到您先給您請個安。」桂月汀說：「我們旗人禮兒多，男人請安，女人萬福。現在早就免啦！今兒個，見到了夏山樓主，請給我們唱一段，飽飽耳福。」

室內氣氛活躍了，韓愼先笑着說：「桂三爺想聽我唱，就是沒胡琴也要哼上幾聲兒。」「不行！不行！怎能就這麼乾唱。中孚！你打發人把楊寶忠請來，他就住在西河沿，離這兒不遠。」桂三爺發了話，陳中孚照辦了。

於是，他們都上了樓，在樓上等候楊寶忠。不一會兒，楊寶忠提嘍把胡琴來了，見到桂月汀便拱了拱手說：「桂三爺！聽說您在這兒，我就趕緊來了，堂弟寶森不在家，不然他也會來看您。」桂月汀風趣地說：「鄙人在此有勞大駕，謝謝光臨。」楊寶忠又說：「韓大爺住在這小樓裏，近日來不斷到寶森家去，我們常見面。桂三爺我可好長時間沒見到您了，您身體好？」桂答話說：「託福！託福！我們請你來玩一玩，有勞你給韓先生操琴，咱們過過譚派戲癮。」

韓愼先唱了段《捉放曹》，只有胡琴沒鑼鼓點。琴聲清脆悠揚，歌聲宛轉嘹亮。桂月汀評這段唱說：「我合上眼，聽韓先生唱得跟譚鑫培唱得一樣，特別是『聽他言嚇得我心驚膽顫……馬行到狹道內，我難以回馬……』這幾句唱兒，活脫兒譚派宗師的韻調，多年聽不到這樣的好韻味了，韓先生的嗓子好，寶忠的胡琴好。請再給我們唱一段。」

在座的人都知道，桂月汀在前清時跟王瑤卿唱過《女起解》，演崇公道，也請桂三爺來一段兒。桂三爺點戲說：「請夏山樓主唱《秦瓊賣馬》。」楊寶忠說：「您給他配個店主東吧！」桂月汀笑了說：「我來！我來！」大家拍手歡迎。

韓愼先喝了口茶又唱了起來：「店主東帶過了黃驃馬，不由我秦叔寶珠淚灑下……」桂三爺演店主東，道白的口齒清楚、語言幽默，身段利索而有神采。韓大爺越唱越深沉淒涼，將秦瓊落魄神情都表現出來了。

這段戲唱完，大家都說桂三爺把店主東演活了，身子骨兒可眞好，慶八十不成問題。桂月汀開心地笑了，他說：「寶忠的胡琴眞好，托腔過門是嚴絲合縫，悅耳動聽，不玩花活，在板眼上眞有功夫。」接着，他評論這段戲說：「韓先生把『兩淚如麻』，改爲『珠淚灑下』，改得好！唱得字正腔圓，悠揚宛轉帶有傷感，就是唱悲了點。秦瓊是英雄，英雄落魄，壯志不減，唱《賣馬》要掌握這個火候。」

韓愼先說：「桂三爺演文醜不比蕭長華差，您對戲有研究，說的都對。可我在今天唱《賣馬》是在民不聊生，國土淪喪，當亡國奴的情況下，生活維艱，怎不令人悲傷！」

一席話說得大家的高興勁兒都沒了。桂三爺把話岔開，他說：「韓先生！咱們說唱戲，不想那麼多。你說我不比蕭長華差，可過講了。他比我大兩歲，是唱戲的『祖師』。蕭長華和梅蘭芳演《審頭刺湯》把湯勤演活了，他戲演得好，人品也好，梨園行人誰都尊敬他，我可比不了。我早就不演戲了，今兒個獻醜了。」

賣古瓷解救燃眉急

韓愼先說：「不怕大家笑話，我來北京是想賣點東西，好過日子。現在的日子不好過，有東西都賣不出去。」陳中孚接着說：「韓大爺有件雍正官窰粉彩過枝碧桃盤子，玩膩了想勻出去，我一時給他找不到買主。」桂月汀說：「拿來給我開開眼。」陳中孚從櫃裏把盤子拿出來放在桌上，楊寶忠看了看說：「這玩藝兒我看着是好看，要問我這是眞的還是仿製的，我可說不出一二三。」

「拉胡琴你是咱北京城的第一把手，看古玩就不是第一鐵眼了，這叫各有所長。可是看長了看慣了你也能看懂。」桂月汀說完走到桌旁看瓷盤。他戴上老花鏡仔細看，看完了坐下說：「我看是件好東西。畫面好，過枝碧桃，還有兩隻蝴蝶飛舞，一上一下蝶戀花。彩色搭配對比得當，鮮艷柔和。」

楊寶忠聽桂三爺評說瓷盤很感興趣，便問道：「桂三爺！您對官窰瓷器有研究，能給我們說說這瓷盤上的圖案畫面嗎？」

「我聽景德鎮窰上的人跟我講，雍正粉彩瓷器的彩繪畫面是先用玻璃白粉打底子，所畫的花卉、人物、山水等是直接用彩色描繪，不用墨綫勾勒。畫面突出陰陽、濃淡，從花心兒到花瓣越往外越淡，看起來有立體感。」桂月汀說到這裏，站起來走到桌旁，拿起盤子說：「你們看這盤子，從盤外到盤內畫的是過枝碧桃，這種畫法據說是雍正年代學外國人的繪畫。採用了這樣的過枝畫法，一個盤子是一幅完整畫卷。雍正年間才開始有這路畫法的官窰瓷器。」

陳中孚說：「您看好了就請留下吧！」桂月汀說：「剛才在樓下看雍正粉彩碗，你就讓我留下，這盤子你又讓我留下。我不是說了嗎，等太平盛世，這樣好的雍正官窰粉彩瓷器，可就值銀子啦！甭說太平盛世，就是軍閥混戰的民國十二、三年，天津的陳光遠買這樣的盤子，還花大洋八千塊，將來就不知能值多少錢呢！」

韓愼先說：「桂三爺說的話我相信，可遠水解不了近渴。我在這兒住二十來天了，家裏還等用錢。我總不能守着盤子去挨餓呀！」

桂月汀看了看韓愼先說：「就憑咱們韓大爺，還缺錢缺到這份兒上？你沒花的咱們接濟。你想用盤子換多少錢花？」

「還不値個三、五千的！可就是賣不出手。」

「我給你想想辦法，三、五千咱取其中，四千元錢，我幫你賣了，解救你的燃眉之急如何？」

「那就謝謝桂三爺了！」

陳中孚打發徒弟將瓷盤送到桂三爺府上。沒過五天，桂月汀差人送來四千元錢。據說這錢是桂月汀東借西湊的，幫助夏山樓主解決了眼前困難。

自一九四二年韓愼先離開文古齋返回天津後，作者就很少見到他了。一九九五年，作者才聽到范岐周、李卓卿、孫會元等八十多歲的古玩老行家們講韓愼先保護文物珍寶的事情。

收文物爲國存珍寶

一九四九年，天津解放後。韓愼先在五十年代初時常來北京，買些古董文物，同琉璃廠老古董商交往。那時，北京的古玩字畫珠寶都是價格一落千丈，解放了古玩沒人要。可是，香港和國外，中國的文物仍吃香，有人就往外運文物，後來，政府開始制止文物外流。

韓愼先在北京收買文物，運往天津，由天津藝術博物館收藏。他買了不少古玩瓷器字畫，能回憶出來的具體東西有兩項：

原先炭兒胡同大古山房的靳咨軒解放後沒轍了，推車去賣冰棍，可是家裏堆着舊磚舊瓦，石頭瓦人瓦馬。這些東西原是秦磚漢瓦、唐三彩人和馬、石佛頭和石雕。五十年代初沒人認這些東西了，靳咨軒又捨不得捐獻交公，便託琉璃廠韞玉齋代賣掉。

這些文物經范岐周之手賣給了韓愼先，由天津博物館收藏。

還有一對宋鈞窰雞心杯，原由老翰林袁勵準收藏。袁勵準是在民國初年從博韞齋楊伯衡手中買到的。楊伯衡拒絕美國福開森收買這對宋鈞窰雞心杯後，賣給袁勵準的。韓愼先知道這段歷史，設法從袁勵準家買到，收藏在天津博物館中，爲國家保存了珍寶。

韓愼先曾擔任過天津藝術博物館副館長。他雖然去世多年，古玩老行家們還在懷念他，都說他愛國、保護國家文物，學譚鑫培的唱腔學得像，看文物的眼力也強。夏山樓主這名兒是他獲得元王蒙《夏山高隱圖》後，自己起的雅號。

給乾隆皇帝祝壽的兩件官窰瓶

乾隆時期，我國官窰瓷器的發展達到高峰。太平盛世的皇帝窮奢極慾，燒造官窰瓷器精益求精，不惜工本追求新奇。皇帝六十和八十大壽時，景德鎮御器廠爲他燒造的祝壽瓶，質地精良，釉面瑩潤，圖案奇異，繪工細膩。一瓶繪「兔兒爺坐金鑾殿當皇帝」，另一瓶畫貓蝶相撲，帶御題，描金粉彩，淡雅深邃。兩件精製的御窰瓷器，先後在琉璃廠古玩市場出現，曾引起一時的評議，未能使人給以足夠的注意。今日回憶，老行家們仍嘖嘖嘆息！

兔兒爺當皇帝引起的評議

民國初年，琉璃廠延清堂有件乾隆官窰描金粉彩瓶，畫面別致：兔兒爺坐金鑾寶殿當皇帝，兔兒頭戴皇冠，身穿蟒龍袍，坐在寶座上旣像兔又像人。霽紅地粉彩描金，顯出高雅珍貴。繪工細膩工整，兔兒的眼炯炯有神；皇冠上的金絲珠寶像是眞的；蟒龍袍和玉帶，錦紋織龍的走綫和玉石鑲嵌，都能看出來。精細艷麗，筆墨描述不出來。下首有描金篆書「辛卯」二字。

兔兒爺做皇帝的圖案，引起古玩行人和收藏家們的評議。有人看了覺得畫這圖案的人，膽子可眞不小，敢把皇帝畫成是個兔子！也有人覺得這不算甚麼新玩藝兒，兔兒爺上了月宮，皇宮也能住，它坐金鑾殿有甚麼稀奇?!

一位老翰林學識淵博，引經據典說明兔兒爺坐金鑾殿是比喻皇上勤政。他說：辰星的別名叫兔星。兔過太白，皇帝上朝來。這在《史記》天官書上有記載。

翰林袁勵準評議說：「比喻勤政的說法是牽強附會。」經他考證乾隆爺是屬兔的，辛卯年生。六十年一甲子，瓶上的「辛卯」二字證明是乾隆皇上六十大壽時的貢品。

收藏家袁翰林的評議，博得古玩界人士的同意。延清堂經理丁濟謙按袁翰林的說法，向比利時的一位收藏家講解，這位國外金融界人士收藏中國古玩不少，還沒有搜集到給皇帝祝壽的珍貴官窰瓷器。他出八千銀元的高價收購。不久，又傳出這位比利時人將這件乾隆官窰霽紅地粉彩描金兔兒爺坐金鑾殿瓷瓶，賣給了一位英國收藏家是兩萬英鎊。國內古董商得知這個消息，非常驚奇，覺得英國人素稱老練穩當，怎麼上了比利時人的當?!

今天回憶這件七十年前的往事，八十八歲的范岐周說：「英國的那位收藏家還是有深謀遠慮。這件歷史文物，今天若在倫敦拍賣，兩百萬英鎊也能賣出去。」

火神廟玉器攤上的幌子是珍寶

琉璃廠火神廟和廠甸一樣，每年陰曆年正月初五至十六日逛火神廟和廠甸的人很多。所不同的是火神廟裏珠寶玉器攤多，都是廊房二條和花市的著名珠寶玉器商號出攤，珠寶鑽翠五光十色，耀眼奪目，美不勝收。

民國二十四年（公元一九三五年）陰曆正月初六，火神廟二道門的東邊攤上，擺有白玉瓶罐，翡翠插屏，中間突出一件乾隆官窰窰變粉彩描金貓蝶相撲大瓶，瓶上有金字乾隆御題詩文、七言絕句一首二十八個行書字。還有「乾隆御題」四字，下押篆書「八徵耄念之寶」陰文印璽。這件乾隆官窰窰變大瓶招來遊人顧客，人們都愛看粉彩描金貓蝶相撲的畫面。一些古玩商找攤主商談，出價收買，攤主拒絕說：「我是做珠寶玉器生意的，不賣古玩。這件官窰瓶是我招攬生意的幌子，不能賣！」

用上等官窰瓶作幌子招攬遊人顧客，就只有他一個攤，這幌子從一九三五年一直打到一九四二年。這一年春節，這個珠寶玉器攤在火神廟不見了，幌子自然也就沒了。琉璃廠古董商惦記這件乾隆官窰窰變大瓶，到處尋覓、找攤主詢問，人家避而不答，眞是「上窮碧落下黃泉，兩處茫茫皆不見！」

岳彬不要罕見珍品

三年過後，人們淡忘了這件乾隆官窰窰變大瓶。作者的一位表叔是大陸銀行襄理，他介紹來了位金融界知名人士趙貫一，拿着這件大瓶來找家伯陳中孚。

原來那位珠寶玉器商在一九四一年買了打眼貨，賠了錢，將瓶抵押在銀行借款五千元，過期不贖，趙貫一找陳中孚要將東西賣掉。陳中孚喜出望外，確是「踏破鐵鞋無覓處，得來全不費功夫」，所以很快成交。

這瓶約有五十釐米高，瓶底有「大清乾隆御製」方塊雙藍框篆書款。當時人稱窰變，實際是霽紅地粉彩描金，釉面光潤，色彩明媚，畫面生動，一隻金黃色帶綠色斑點的大蝴蝶，雙鬚伸展向下，後尾翹起，雙翅搖動，形似自然俯衝，悠然自得。一隻金黃眼睛的花貓，後雙腿略坐欲起，腰挺向上，前雙爪一舉一半舉，形似向上撲捉。貓鬚和嘴眼，顯現出急躁、憤怒的神色，而蝴蝶恰似在戲貓，貓蝶相撲，如此傳神，實爲罕見！尤爲可貴的是繪工之細膩無與倫比，貓的眉鬚細微之處畫得根根分明、有毛有絨；蝶雙翅上的花紋的美麗圖案，筆筆清晰。整個圖案是細膩傳神。瓶的畫面妙趣橫生，詩文的字跡瀟灑清秀。詩文在畫面的上首，五行共三十二個金字，七言絕句一首和「乾隆御題」四字。詩文已記不清了，詩的原義乃乾隆皇帝自詡年高德劭，創業維艱，守業亦難。下押是篆書「八徵耄念之寶」御璽。從詩文和印璽中推斷出：這是乾隆八十大壽之貢品，貓蝶相撲乃「耄耋祥福」之諧音，是件罕見珍品。

陳中孚買到給乾隆皇帝上壽的貢品，送給東家岳彬看看。岳彬從煙榻上爬起來說：「中孚！你抽兩口。」他拿起大瓶看兩眼就放下，躺下跟陳中孚對着臉，用一盞煙燈，又抽起大煙來。岳彬懂得的文物門類較多，就是不懂詩文，對書畫的興趣不大。他是位古董大亨，但缺少文采。

陳中孚說：「岳二爺！你看了那貓和蝴蝶畫得夠細膩的了。貓蝶相撲，人家說是『耄耋祥福』的意思。」

「你甭聽他們瞎說，貓就是貓，蝶就是蝶，哪兒來的貓蝶享福，琉璃廠人愛胡謅，沒那麼多說道。」

「您是吃金石的，銅器石雕、陶器、唐三彩那裏不也有不少說道嗎。乾隆時期的官窰器有不少奇特的東西，那裏也有講究。」

「有甚麼講究？你說說。」

「你忘了早年那件兔兒爺坐金鑾殿的霽紅粉彩描金瓶，那不是袁翰林考證出是乾隆爺六十大壽的貢品，丁濟謙賺了一筆大錢，比利時人賺英國人的錢就更多了。」

「你說的是咱倆學徒時的事。老黃曆看不得啦！那時，外國人買中國古玩是甚麼希奇買甚麼。而今的洋鬼子講究買年代遠的東西。乾隆時的東西，他們認為年頭近，考古價值不高。」

「這東西不是洋莊貨，賣給上海銀行界和暴發戶滿可以賺錢。」「在北平城裏的外國人，除日本人還有德國和意大利人，英、美、法的買主沒啦！這瓶你也只能賣給咱們中國人。再說兵荒馬亂的年月，誰買誰窩在手裏！」

他們倆躺着聊，又坐起來講。說來說去，陳中孚讓岳彬出六千銀元買貨，岳彬就是不吐口出錢。陳中孚說：「東西歸你，你拿出六千來。」岳彬說：「我哪兒來的那麼多洋錢（銀元俗稱）存那路貨，你得了吧！」

陳中孚一聽這事兒沒門兒了，抽完大煙漱漱嘴，喝口釅茶走了。回到文古齋大罵岳彬這小子不出血，只認錢，不認東西不認人。正罵着的時候，他的外甥董祖耀來了。祖耀是岳彬的徒弟，跟岳彬學了六年徒了。

寧肯埋藏銀元　不存乾隆官窰珍寶

祖耀見舅舅生氣罵街，不敢上前。可他舅舅叫他一塊兒上樓坐去。到了樓上，爺兒倆說了這檔子事，祖耀說：「我們掌櫃的不是沒洋錢，他用票子換了很多『袁大頭』、『站人』、『雙龍』的銀元。」於是，他說了下面的事：

一九四五年四、五月間，美國B29飛機在北平上空盤旋，平民百姓紛紛議論，岳彬心急如焚。他盼望美國人來了好做古董生意；又怕日本敗了，中央軍遠在大西南，八路軍進城共了他的產。

岳彬想辦法大量收購銀元，還買了一百多袋船牌洋白麵及大量鴉片。鴉片存入地窖，留他吸用；白麵堆在廚房的裏屋，唯有銀元不好辦。

一天，岳彬的小太太翠雲跟祖耀說：「祖耀！你跟岳二爺學了五、六年，他可對你不錯。」祖耀說：「是啊！師母，師傅對我是不錯。」

「我沒娘家，我可把你看成我的娘家人一樣，你小子可不能沒良心。有點事你要幫我辦，辦完了可不能往外說。你先起誓不往外說，我再告訴你幹甚麼！」「師娘！現在這年頭是『起誓當白玩兒，罵人當笑話』。甭起誓，您讓我幹甚麼我幹甚麼，幹完了絕不往外說，聽您吩咐還不行？」

當天晚上，翠雲把祖耀領到岳彬內宅一間屋裏，簾子撂下，門插上閂。祖耀嚇了一跳，她要我幹甚麼？一看床上地下，他登時明白了。床上堆滿銀元，地下擺着十多個青花大罐。

他們兩人先把銀元分開，按「袁大頭」、「雙龍」、「站人孫中山」三類，把銀元報紙包五十元一捲，然後將五十元一捲的銀元，一捲一捲地擺入罐內，裝滿為止。這樣幹了三個晚上才幹完。每天房門鎖上，簾子撂着，誰也不知那屋裏在幹甚麼。

又讓祖耀在屋裏地下挖坑。挖一個坑，便往坑裏放下一個裝滿銀元的青花罐，用油布封好罐口，口上用整塊鋼磚壓住，塡土埋上。就這樣埋了十一罐，幹了七、八天的夜晚。然後請來瓦匠將地面舖上洋瓷磚，嚴絲合縫，誰能知道地下埋藏着那麼多的銀元?!

祖耀說完這段事，陳中孚更惱火，東家有這麼多銀元，卻不收藏乾隆官窰珍寶，那些錢埋在地下又不能「下錢」！

僞幣換法幣　賺錢變賠錢

東家既然不出錢，陳中孚就由自己家拿出六千銀元，貨買到手，原想自己存下，等到太平年月賺大錢。但陳家是兄弟一起過日子，弟兄們不同意，願存銀元不收藏古玩。陳中孚只可找買主，將東西快點賣出去。

當時，只有銀行界人士有錢買古玩。萃珍齋的東家趙汝珍在朝鮮銀行當理事。陳中孚把乾隆官窰窰變粉彩描金瓶拿給趙汝珍鑑賞，趙看上了眼，他從詩文和畫義中推斷是乾隆皇帝八十大壽的貢品。陳中孚跟他開玩笑說：「趙先生寫《古玩指南》是揭古玩作僞的底，你看這瓶是不是假的？」趙汝珍說：「你在上海是有名的『小窰瓷器』，我看這瓶是御窰燒造的，你那小窰燒造不出來！」

兩人評論這件瓶，陳中孚要將瓶讓給趙汝珍。趙汝珍也不肯出三萬元錢收藏這官窰瓶。陳中孚又找到另一位銀行界知名人士。這位先生很快同意用三萬元中國聯合準備銀行印發的票子買下來。

可是，沒過兩月，日本投降，日僞印發的票子兌換法幣是五元換一元，三萬變成了法幣六千元。這位銀行界人士買了便宜的官窰珍品，陳中孚可賠本吃了虧！他沒遇上好時機，急買急賣沉不住氣，又不懂貨幣學的道理，哪能不吃虧?!

這件有歷史和藝術價值的珍貴文物，在市場上出現是一九三五年至一九四五年，此後則不知其去向。

一九八七年，作者聽范岐周師叔講，這件珍品在五十年代初，出現在北京海關檢查站，準備出口到法國巴黎，被檢查站阻攔，後又歸誰所有，未聞其詳。若在「文革」的浩劫中未被毀掉，則今天仍收藏在私人手中。

一九九一年，當程長新師兄去馬來西亞之前，曾與作者聊起這件乾隆官窰窰變粉彩描金大瓶，他說：「一九四五年時我離開彬記了，當時岳彬應留下這件國寶。後來陳中孚急於賣掉，本來可賺大錢，不料沒賺着！要是保存到現在，在香港拍賣，底價港幣一千萬，也不能算高。」作者說：「您是文物界人物，又要去海外鑑賞古玩，對文物在海外的交易價格，知之甚多。我是外行。」

外行人寫下給乾隆皇帝祝壽的兩件官窰瓷瓶的情況，供讀者玩味觀賞，只是盡心而已！

仿乾隆官窯古銅彩花觚

這件仿製的官窰瓷器，老收藏家桂月汀和日本山中商會經理高田都沒看出是贋品，日本著名畫家梅原龍三郎愛不釋手，結果流入東洋。做這號生意其中有秘密和情義，也穿插着歷史故事和鑑別學問。

酒器觚有棱無棱的兩個時期

一九四三年的時候，古銅爵杯和花觚，在琉璃廠古玩舖是司空見慣的文物。而乾隆時代瓷仿銅的古銅彩花觚，則有點稀奇，不上手摸辨別不出是瓷的。文古齋有件古銅彩花觚約有三十釐米高，喇叭形口、腰細、高圈足，腹和高圈足上有棱，茶葉末色的釉面反映出古銅器的色澤，略有鏽斑，跟青銅器花觚一樣，甚是出奇。

古玩行人將口小腹大的器皿稱之為瓶，口腹相若的叫尊，口大腹小的叫花觚，是多年沿襲下來的稱謂。而所謂花觚並不是插花用的，乃古代之酒器。

怎麼把酒器叫花觚呢？老古董商說這和曹雪芹有關係。《紅樓夢》第三回中有這麼句話：「於是嬤嬤們引黛玉進東房門來，臨窗大炕上鋪着猩紅洋毯，正面設着大紅金錢蟒引枕，秋香色金錢蟒大條褥，兩邊設一對梅花式洋漆小几，左邊几上擺着文王鼎，鼎旁匙筯香盒，右几邊上擺着汝窰美人觚，裏面插着時鮮花草。」觚裏插花，老古玩行人便把觚稱之為花觚，而沿襲至今。

曹雪芹描寫作爲擺設的汝窰瓷觚裏插着鮮花，無可非議。但不能引伸出盛行於商代和西周初期的青銅器觚是插花用的。《說文·角部》：「觚，鄉飲酒之爵也。一曰觴，受三升者謂之觚。」《論語·雍也》：「子曰，觚不觚，觚哉！觚哉！」作者少年時不解其意，誤認孔夫子想飲酒，見酒器而興嘆。老師魏旭東說作者是喝醉酒了，「醉雷公——胡霹（批）！」他說：孔夫子這句話是個比喻，喻爲政不得其道，則不成。酒器觚的腹和足皆有棱。到了孔夫子時代，觚失其形制，沒有棱了。「觚哉！觚哉！」是說它不得爲觚了。孔夫子藉題發揮，宋代的程頤、程顥之注釋引曰：「觚失其形制，則非觚。舉一器而天下之物莫不皆然。」因而，後代人考證觚的年代，以爲有棱的是商和西周初期的青銅器，無棱的則是春秋戰國時期的東西了。

文古齋的這件古銅彩花觚的腹和高圈足上皆有棱，是屬於仿商周青銅器，而觚的圈足內有「大清乾隆年製」款識。

古銅彩引出對皇帝的評說

桂月汀來到文古齋，楊興順伺候招待。桂三爺問：「掌櫃的去上海沒回來吧，有甚麼好貨給我開開眼？」

「三爺您太客氣，您見多識廣。請您看東西，是給我們掌眼，給我們指教。」

「興順！你很會說話，不論開眼還是掌眼，拿東西給我看看就對了。」

楊興順從雕龍紅木大櫃裏取出康熙官窰五彩瓶、雍正官窰粉彩罐、乾隆官窰胭脂水杯。這些康、雍、乾官窰中著名彩色和釉色瓷器，桂月汀沒看上眼。他說：「這些都是好官窰瓷器，看多了就不覺稀奇。」

當興順給他拿出件乾隆官窯仿古銅彩花觚時，他卻讚嘆不已，並引出了他的話。他說：「中國有兩位皇帝，一位是愛古董文物成癖，一位是毀壞古代文物留下罵名的。南北朝時有位梁元帝，名叫蕭繹，他在位兩、三年，幹了不少壞事，逼死他父親梁武帝，依附西魏，消滅宗室蕭綸、蕭紀勢力。侯景叛亂時，他派王僧辨、陳霸先討平侯景，即位稱帝。當皇上不滿三年（承聖三年，即公元五五四年）雍州刺史蕭詧引西魏軍破江陵，他戰敗被殺之前，氣急敗壞，將多年收集的公私典籍七萬卷付之一炬，毀掉自己收藏的古玩字畫藏書也有七萬餘件、卷，共約十四萬卷、件。這是中華民族文化遺產遭受的第一次浩劫，比秦始皇焚書不知多多少倍！

「酷愛古玩文物的是乾隆皇帝，他收集珍藏的古玩、珠寶、碑帖、字畫，文史典籍比哪代皇帝都多，仿製和創新的文物也不少，編纂的《四庫全書》史無前例。拿瓷器來說，乾隆年代除用古銅釉仿銅器，還用紅釉仿珊瑚器皿，用翠綠釉仿翡翠雕刻，用白釉仿玉石雕刻，都仿得十分逼眞，是非常精巧的工藝美術品、珍貴文物。」

桂月汀仔細觀賞這件乾隆官窯古銅釉花觚說，「仿古銅仿得特別相像，古銅釉這樣巧妙地反映出靑銅器的色澤，還有綠斑鏽色，眞是妙不可言！興順！你從哪兒淘換來的？」「是位買主託我賣的。」楊興順回答不明確又不具體。桂三爺不便刨根問底，繼續問道：「他想賣多少錢？」「他說不到萬不得已，不想賣這件東西。現在是雜合麵都快吃不上了，不得不賣啦！他想換千、八百斤雜合麵兒吃。」楊興順回答。

「這主兒只知道吃，八成兒是不懂這件東西的藝術價值。我給他一千塊錢聯合幣，讓他買雜合麵去。」

楊興順沒料到桂三爺這樣爽快，沒向他要具體價，就給價一千塊。在這節骨眼兒上，要想說出句話來，又憋了回去，口將言而囁嚅。

桂月汀看出楊興順是有話不敢說，便說：「興順！你是不是說漏底了，一千斤雜合麵按現價也就一千來塊錢。你沒賺頭啦？我再給你添二百元。」

楊興順說：「一千就一千吧！我們給您送府上去，還是您把東西帶回去？」「我拿走不用你們送。」桂三爺走了。

貨已出手又有顧忌

一九四三年年底，陳中孚從上海回來了。這次去上海賺了五、六千塊錢，一年的嚼穀夠了。楊興順在北平也做了幾號買賣，賺了些錢。這一年比一九四二年稍微好些。

楊興順向掌櫃的陳中孚講了賣給桂月汀瓷花觚的經過。他說：我到天津去了一趟，從四爺（作者的叔父，同泰祥經理）那裏摟來件仿古銅釉瓷花觚，作價二百元，賣給桂月汀一千塊。陳中孚說：「賺得不少！可賣給桂三爺就不大合適了。他對我們從來都不錯，我們不能矇他！」「我沒想賣給他，只是請他看看。不料他看上眼了，還滔滔不絕地跟我們講起乾隆時瓷仿銅、仿翡翠、仿白玉等等。我原是要告訴他這不是乾隆的。」

「爲甚麼不告訴他？」陳中孚打斷興順的話問道。「您想一想，他正說這東西好，我說這是假的、仿的，這不是當面撅他嗎?!我要說又不敢說，他都六十多歲了，怎麼好意思當面駁他。」

「桂月汀看瓷器的眼力可以的，這次怎麼打了眼呢？年紀大了，眼力差了。我們可不要矇他、唬他。」「誰也沒矇他、唬他。是他看上眼的，一個勁兒地誇好，別人又不好駁他。咱們是姜太公釣魚，願者上勾，我沒下勾他就上，這就不怨咱們了。」

最後，陳中孚說：「這事兒就不要往外說了，傳出去對他、對咱們的名聲都不好。」

說嘉靖拜北斗　名畫家愛不釋手

一九四四年陰歷正月十五，廠甸和火神廟快要收攤了，桂月汀來逛琉璃廠，進了文古齋。掌櫃的和楊興順都給桂三爺作揖拜年，說聲：「桂三爺您過年好！」

桂月汀落座，興順給他點煙倒茶，和掌櫃一起陪他坐下聊天。桂月汀說：「中孚！你在上海的時候，興順賣給我一件乾隆仿古銅釉花觚。」陳中孚聽他說仿古銅釉，心一動，是不是他看出是仿製品啦?!所以，他沒等桂月汀把話說完，便糾正說：「是件仿乾隆古銅釉花觚吧?這事兒興順跟我說了。」桂月汀馬上又說：「是瓷仿銅，仿得好，不上手看不出來是瓷的。」楊興順一聽，覺得這事兒要露底。又聽到桂月汀這句話，覺得桂三爺還蒙在鼓裏。掌櫃的不說，這事兒露不了。

陳中孚聽了桂月汀的這句話，也不好當面駁他說，「您看錯了，那是件仿製品。」因爲這樣的話會使鑑定瓷器很有名聲的六十多歲老人下不來台，只可聽他說下去。他說：

「年前，高田帶着三位日本朋友到我家。聽高田介紹說，其中一位是日本皇族、畫家，他和中國畫家溥心畬一樣是皇家貴族中出名畫家。另二位是陪客。高田向他的同胞介紹我桂月汀也是皇室貴族，其實我只是個旗人，夠不上貴族。他們在我家玩了半天兒。對我養的越冬蛐蛐、蟈蟈感興趣，揣在懷裏聽叫兒，他們覺得稀奇。他們看我家的陳設擺設兒很羨慕，說日本的家庭沒這麼多硬木桌椅。我說他們是進屋就脫鞋上炕，頂多有個炕桌就行了。他們都笑了。

「這位日本畫家喜愛中國的萬曆五彩，他們叫『赤繪』。可是他不知道明代嘉靖、萬曆的五彩瓷器有兩種，一種是純粹的釉上五色，另一種是釉下青花加釉上五彩。他只說，色彩濃艷，花紋佈滿全器的好，那就是萬曆的釉下青花和釉上五彩瓷器了。」

陳中孚說：「甭說日本畫家不知道中國明代嘉靖、萬曆五彩瓷分兩種，就連在北京吃古玩、珠寶二、三十年的高田也不一定能說清楚。桂三爺您好好開導開導他們。」桂月汀說：「人家是畫家，來北京逛故宮、遊天壇、寫生畫畫。他畫天壇，我給他介紹天壇他愛聽，我說瓷器他聽不懂。我告訴他，皇上祭天是在祈年殿的南邊有三層漢白玉石圓壇上。這地兒叫圜丘，上面不建屋宇，和天一樣凌空。圜丘爲圓形像天，是明嘉靖皇帝在位時建造的。北京的壇廟好多都是嘉靖年間建造或重修過的。這位皇帝想長生不老，建壇修廟，祈禱作醮，終歸還是難逃一死！可是嘉靖年代燒造的青花五彩瓷器色彩鮮艷，仍留在人間。」

桂三爺繼續說：「日本客人聽我講嘉靖皇帝的故事，他們問我，嘉靖皇帝叫甚麼名字，是不是佛教徒？」說到這兒，他用眼看楊興順說：「興順你說說。」楊興順說：「我說不上來。」桂月汀說：「做古玩生意，要多知道些歷史人物掌故。嘉靖是年號，皇帝名叫朱厚熜，他信道教。在他五十五歲的那年，在西安門大街北光明胡同，修建大光明殿。殿南迭石作山，穴山作洞。朱厚熜和道士在洞中拜北斗星、求長生，可不到五年他就死在洞穴中。」

楊興順說：「三爺！您說的是四百多年前的事，我哪兒知道。我只知道嘉靖年代的五彩瓷器好，朱厚熜進山洞拜北斗，您不說咱們是不知道。」桂月汀說：「你做古玩買賣多知道點歷史故事，講給買主聽會引起他的興趣。我回答了日本朋友提出的問題，又講了嘉靖皇帝修道、建殿、進洞拜北斗的故事，那位大畫家還記錄下來了。」

「這位畫家看我桌上擺的嘉靖官窰青花五彩雲龍大碗，躬身向我請求將碗讓給他收藏，作爲我給他講嘉靖皇帝故事的紀念。

「在擺這碗的旁邊放着剛從你們這裏買的乾隆官窰古銅彩花觚。日本客人問：「這是件青銅器吧？」我說：「這是乾隆官窰瓷器。」他驚奇地喊了出來：「吆哩西！吆哩西！」他把瓷花觚拿到手裏，又說了句中國話：「太好了！」他向我點點頭，微笑着向我說句日本話。我聽不懂，高田作翻譯說：「他請求桂三爺把花觚也匀給他。」我表示同意，他給我鞠了個躬，我抱拳拱手還禮。

「臘月初，高田打發人給我送來六千元，算是這兩件東西的錢，他知道中國人的規矩，三十晚上前要還清一年的賬。」

陳中孚說：「高田懂行情，給您的錢不算多也不算少。這兩件東西拿上海賣去，也就這個價。賣好了能賣個萬、八千元。」「東西讓日本人買走了，那位畫家是愛不釋手，我再也淘換不着了。」桂月汀不無遺憾地說。

民國十年前後由景德鎮瓷窰仿製的乾隆官窰古銅彩花觚，老收藏家沒鑑別出來，日本老古董商也沒看出問題，著名畫家愛不釋手，這件仿製品爲甚麼有這樣大的藝術魅力？

桂月汀所說的日本大畫家，人們傳說是梅原龍三郎。人們說梅原是給昭和畫畫的，是日本宮廷畫家。他的畫在天皇選剩下後才流入民間。梅原愛中國「赤繪」在日本也出名，而他愛古銅彩則鮮爲人知。

講仿製之經歷　鑑定家有疑慮

半個世紀前發生的這段往事，今天又引起作者的興趣。一九九二年作者拜見八十五歲的叔父陳建侯，又談起這段往事，作者問：「這古銅彩花觚怎麼仿得這樣好，行家、收藏家、藝術家都看不出破綻？」他說：「那是李春生借來眞樣子，照樣燒造的。乾隆官窰仿青銅器的器皿不少，還仿戰國時期金、銀器皿，仿得讓人看不出是瓷的來。」

民國十五年陳建候從北京延茂到天津同泰祥，李春生在這之前就在景德鎭窰上燒造仿乾隆官窰古銅釉爵杯、花觚。還仿康熙天藍釉小瓶，雍正胭脂水小碗和水盂，胭脂水仿得不成功，古銅釉、天藍釉仿得不錯。

他還告訴作者，古銅釉是利用茶葉末釉加以變化燒造而成。這種結晶釉在窰裏燒的時候，掌握火候要從高溫緩慢冷下來，慢慢降溫中有學問。火候掌握好了，雖是仿的也跟眞的差不多。問他仿的和眞的區別在那裏時，他只能說，款是青花的，藍色的深淺不同，眞的深，仿的淺，再就是仿的「御」字篆書少寫半筆，是李春生留的記號。其它則說不上來了。

同年夏季，作者同陶瓷鑑定家、國家文物鑑定委員會常委八十歲的孫會元師兄，說起同泰祥仿製的官窰瓷器時，他說：「民國年間仿製的官窰瓷器，有的確能以假亂眞。同泰祥仿製官窰瓷器三十多年，產品很多。前些日子到山東某市博物館見康熙官窰天藍釉小瓶，有位著名鑑定家認爲一級文物，我看是像同泰祥仿的。今天聽你說同泰祥仿古銅釉、天藍釉仿得好，又加深我對那對天藍釉小瓶的疑慮。」

一對乾隆官窰天藍釉花觚引來梨園兩大名人

一對乾隆官窰天藍釉花觚怎能引來梨園「通天教主」王瑤卿和余派鬚生創始人余叔岩呢？其中確有緣由。

乾隆官窰天藍釉花觚的來歷

溥儀深居皇宮，未出宮之前（公元一九二四年之前），抵押在鹽業銀行的瓷器、玉器有一批是乾隆官窰瓷器和乾隆時期雕琢的，仿青銅器的玉器。抵押過期，由鹽業銀行經理岳乾齋委託廊房二條聚珍齋經理李仲五在古玩、玉器行中「封貨」（即拍賣）抵押品的一部分。

「九·一八事變」前，李仲五約來古玩、玉器行人封貨，雅文齋封貨中標一對乾隆官窰天藍釉花觚，是一千二百元。

天藍釉是含氧化鈷的高溫釉，釉色淡雅悅目，也是康熙年間景德鎮御窰廠創新釉色。古董商說，這種釉色可與豇豆紅釉色媲美。康熙年間燒造天藍釉瓷器是一些小件文房用品，到雍正、乾隆兩朝才燒造瓶、罐。這對天藍釉花觚是瓷器仿青銅器的造型而燒制的奇特工藝美術品。

民國十年以來，古玩市場上不斷出現天藍釉色的官窰瓷器，大部分是仿製的，眞東西是很難見到的。

溥儀抵押在鹽業銀行的乾隆官窰瓷器是內務府在南池子瓷器庫庫存的，不會有仿製的。就是作爲鑑定這路瓷器標本也應買下來。所以出價高了些，當時估價值八百元，雅文齋花了一千二！北平的同行人都說買貴了，很難賣出去。日本同行高田也來看看，看完了說是對好瓷器，五百元一個還是可以的。

收藏家，古玩、梨園界名人桂月汀前來看這對天藍釉花觚。他的評價很高，說是乾隆官窰瓷器中的藝術價值較高的珍品，很有收藏價值，但他捨不得花一千多塊錢收藏這對瓷花觚。桂月汀同蕭書農是老交情，雅文齋沒開張時，蕭書農在大觀齋學徒、主持業務，桂三爺就扶植他。今天仍想幫他的忙。桂月汀說：「我給你請梨園界的名人來看看，他們愛玩蛐蛐、蟈蟈，有好蛐蛐盆、罐和葫蘆的，都捨得出高價買。這種奇特造型，釉色美的乾隆官窰瓷器，他們也會看上眼的。」蕭書農說：「謝謝桂三爺！您多照應了。」

王瑤卿、余叔岩先後來到雅文齋

桂月汀和王瑤卿是同年，一九三〇年他們倆都是五十歲的人了，有三十來年的交情。只要桂月汀來琉璃廠，逛完古玩鋪必到煤市街南口西側的大馬神廟胡同「古瑁軒」王瑤卿的宅第。這次來了，他向王瑤卿介紹雅文齋這對花觚瓷器。王瑤卿說：「自從民國十五年我不登台演戲，去了趟上海，再也沒出去。在京城裏我也是哪裏也不想去。過兩天我走一趟，看看去。」

這天，王瑤卿來了，雖然他不是大官僚、大富豪和著名收藏家，但他的名望大，雅文齋的徒弟熱情地招待他。他溫文爾雅，說話慢聲細語的，五十歲的人看起來比桂月汀年輕多了。

蕭書農給他看乾隆官窰天藍釉花觚，他看好了，一問價，不好意思地說：「我有四、五年不登台了，在家教戲，哪有兩千多塊錢啊！」蕭書農給他拿了幾塊舊玉看，他看上一塊刻有夔龍的舊玉別子（繫在腰帶上的裝飾品）。花六十塊錢買走了。臨走時他說：「余叔岩唱紅大江南北，他能有錢收藏那對花觚瓷器，我跟他說說，請他來看看。」蕭書農拱手說：「我先謝謝您了，請您多關照！」

沒過半個月，余叔岩來到雅文齋。這時的余老闆是戲迷們最崇拜的人物。他善於用唱腔表達人物的思想感情，繼承了譚派的藝術特點又有所發展變化，形成了自己的藝術風格，人們稱之爲「余派」。這年余叔岩是四十歲，藝術上已經爐火純青，享譽四海，聞名中外。這樣人物來到雅文齋，必然受到盛情招待。

余老闆愛玩蟋蟀，買個蛐蛐肯出幾百元。蕭書農認爲這對花觚怎麼也比十個蛐蛐值錢，跟他要兩千，他看好了能留下玩。

余叔岩看了半天，又聽王瑤卿講這是皇家的東西，想留下，可一問價，也嫌太貴。他說：「我唱一個月，刨去花銷挑費，也剩不了兩千元。」他的名氣是不小，可不像軍閥官僚，富商大賈那樣有錢。他喜愛這對瓷花觚瓶，可囊中羞澀，不能不作罷。

古玩價格無定

三十年代初，一對乾隆官窰天藍釉花觚，兩千元竟然賣不出去。今天聽了像天方夜譚，而事實上這對花觚在雅文齋積壓了七年。到了一九三七年「盧溝橋事變」後，經范岐周之手賣給上海收藏家，文物愛好者梁培，才三千元。

一九九一年，當范岐周看了台北勝大莊美術館拍賣預展品的陶瓷和翡翠照片匯集書冊，見了一件光緒官窰青花纏枝花紋賞瓶，標價是二十八萬至三十五萬，他感慨而言：「我在一九三七年賣給梁培的那對乾隆官窰天藍釉花觚，可以拍賣到三百萬元矣！梁培早已去香港，隨身帶去許多古玩，若存到今天，將是一筆不得了的財產！」

古玩的價値與價格，從來沒有固定標準。早在乾隆年間，大學問家紀曉嵐在《閱微草堂筆記》中就寫道：「蓋物之輕重，各以其時之好尙，無定準也。」本世紀二、三、四十年代，時之好尙乃靑銅器、宋名窰瓷器和石雕、唐三彩。淸代官窰瓷器，只是康、雍、乾三朝官窰瓷器還値錢，但價格則趕不上宋代名窰瓷器。嘉慶、道光兩朝的官窰瓷器，則被視爲一般。咸豐以後的各朝官窰瓷器，曾不被視爲古玩，是屬於買賣古玩時，饒上一兩件的東西。

古玩的價格是隨着社會的穩定、繁榮而增長，隨着社會的混亂、衰退而降價。「文革」中北京私人手中的古玩成了「四舊」，不値錢，毀了很多。十一屆三中全會以後，價格增長最多的要算古玩、珠寶鑽翠！而具體實物中哪類物品價格高，是隨着人們的習俗和愛好的變化而變化的。到底一件具體實物的價値是多少，實難測定，現在値這麼多錢，將來能値多少呢？唯有一點可以肯定，隨着我們國家的安定繁榮，傳統文化受到尊重，古玩會有更多的人喜愛，價格只有上漲不會下降。

珍貴文物流入扶桑

「九·一八事變」後，北平古玩文物界發生一件大事，就是收藏家沈吉甫要把他三十餘年搜集珍藏的古玩文物全部賣掉。北平古玩商會聯合各大古董商共同收購，因一時人心不齊又拿不出那麼多現款而告吹。日本人在北平設立的山中商會，資本雄厚，經理高田同沈吉甫協商，日本人用二十四萬銀元將沈吉甫所藏古玩文物和明清硬木雕花傢具囊括而去。

這件大事作者曾寫入《古玩史話與鑑賞》一書。該書出版後，古玩行的老年人和讀者提出，這是一件大事，應再重寫，並提供了一些資料給予支持。作者根據現有資料寫出了這篇文章。人們稱之爲大事，是指一次就被日本古董商買走那麼多珍貴文物，這是空前的；北平古玩商會組織力量收購，未能實現，是件憾事。讀者想知道的是，這一次日本人買走的是些甚麼珍貴文物。讓我們先從收藏家和古董商的關係說起。

收藏家和古董商

沈吉甫從光緒二十六年起便搜集珍藏古玩，他是琉璃廠大觀齋、延清堂、銘珍齋、茹古齋、德珍齋、博韞齋、雅文齋和東四牌樓榮興祥、天和齋、敦華齋和保粹齋的老主顧，也是這些家古玩舖經理的老朋友。他於一九〇四年在西交民巷開設懋業銀行，每年銀行的贏利所得，有百分之二、三十用來買古玩，買了三十一年。

沈吉甫給俄國在北京開的道勝銀行當過買辦。中國開辦銀行較晚，光緒二十三年（公元一八九七年）第一家銀行——中國通商銀行才開辦。比起世界上最早成立的意大利威尼斯銀行晚了三百一十年。第二次鴉片戰爭後，隨着不平等條約的簽訂，通商口岸的開闢與擴展，外國人在中國開鐵路、建銀行進行經濟掠奪。沙俄在北京建立道勝銀行，沈吉甫當了買辦。他對金融、貨幣、商品有研究，是北京金融界較早的著名人士，也是接受西方文明和商品經濟影響較早的人。

秦漢以來，中國傳統的思想有「重農輕商」，看不起商人的觀念。沈吉甫自稱是商人，主張國家要富強，商業、銀行要先興旺。中國落後是商業不發達，市場商品經濟沒形成沒發展。所以，他尊重商人，同北京城裏其他大收藏家不一樣。古董商到官僚或學者收藏家的府第，必須在門房等候僕人通稟，而到沈吉甫的深宅大院，不用蹲門房，直接進客廳，這在北京只此一家。他家設有正房三間的小客廳專門接待古董商。沈吉甫平等待人，鑑別古玩時跟古董商共同探討商量，從不自以爲是。他時常謙遜地說：「我跟古玩商交朋友，學了不少鑑別文物的方法和歷史知識，知道了不少古代名人的趣聞軼事。」多年來傳說着老古玩商韓敬齋同沈吉甫評價乾隆官窰粉彩瓶的故事，說明他平易近人。

一九二一年春天，琉璃廠銘珍齋經理韓敬齋拿件乾隆官窰粉彩橄欖瓶請沈吉甫鑑賞。沈看後說：「你這瓶是中等官窰瓷器，夠不上精品。」韓敬齋說：「實不瞞您說，這瓶我是從學院胡同袁世凱後人手中買來的，是宮裏收藏的東西，錯不了。」沈說：「我不管是宮裏的東西，還是袁世凱府上的東西，我看的是這瓶的釉色，圖案和繪畫的筆法，彩色的搭配，胎質的細膩程度和款識的筆畫，都不夠上等官窰。」韓敬齋拿起瓶子湊到沈吉甫的眼前說：「您看看這圖案是薔薇，穠纖繁茂，色彩濃艷，紅綠相映，繪畫工整，我看是名貴珍品。」

沈吉甫說：「咱們先不說它名貴不名貴，珍品不珍品。先說它值多少錢，依我看只值四百元錢，不值五百元！」韓敬齋聽只值四百連五百都不值，心裏的火上來了，失禮地說了句：「它要是只值四百塊錢，我砸了它！」話說僵了。若要遇上別的買主，不是當面挨訓斥，就是以後你別再想登門。沈吉甫聽話茬兒不對，沒發脾氣也沒怪罪他，而是笑了笑說：「你要砸請拿回去砸，可別在我這裏砸！」說完，兩人都笑了。

宋元瓷器藏珍寶

沈吉甫對宋元名窰瓷器有研究。以前老古玩行人一提宋代名窰，順口便能說出：「柴、汝、官、哥、定」五大名窰。沈吉甫對柴窰持否定態度，他說：「書上有柴窰，好多人都說有柴窰，我搜集多年沒見過柴窰瓷器，是只聞其名，未見其物。哥窰瓷器不少，宋代哥窰窰址在哪裏，誰能知道。」可惜的是，他有見解，沒形成文字，寫出著作。可是他搜集到宋元名窰瓷器約有兩百餘件，其中不乏國之珍寶。

據老古董商的傳說與回憶，沈吉甫有件南宋汝窰筆洗是罕見珍寶。這洗子的口徑不過十六釐米，瓷胎是香灰色，透過釉看胎略帶灰粉色；釉呈淡淡天青色；底足有六個小支釘眼的痕跡，刻有「奉華」二字。沈先生考證多年不解二字之意。那時，汝窰瓷器極為罕見，刻有銘文的是稀世之寶。時至今日，考古發掘，誰又能見到刻有「奉華」二字的汝窰瓷器。據古玩老行家講，有件刻銘文的汝窰盤，作為珍寶現收藏在台北國立故宮博物院。大陸上的博物館、院有無刻銘文的汝窰瓷器，未經調查不敢說沒有，若有也只是幾件而已。

沈吉甫收藏的宋代官窰仿古銅樣式的雙環耳瓶，也是罕見珍寶，但有爭議。瓶高約三十釐米，瓶的頸部兩側有雙環耳；瓷胎呈紫黑色，釉色葱翠似龍泉窰瓷的釉色，有長條開片紋。沈吉甫視官窰瓶爲至寶，而有位古玩老行家卻鑑定是龍泉窰瓷器，不是北宋汴京官窰。沈吉甫與之爭辯，認定是北宋官窰燒製的仿古銅式樣的雙環耳瓶。

定窰瓷器沈吉甫收藏較多，但都是些盤、碗。可是這些盤碗的釉色不同。定窰瓷器的胎骨潔白，透明白釉一般是白中微微泛黃，行話稱之爲「象牙白」。還有一種定窰白瓷叫「粉定」，釉白如雪，薄胎，聲如磬，是定窰瓷器中的上等珍品。再有就是黑定瓷，白胎黑釉，漆黑照人。民國初年很少見黑定瓷，一些古董商還不知有黑釉定瓷時，沈吉甫卻已搜集到手，經常拿給他的古玩行老朋友看。

哥窰和龍泉窰瓷器，沈吉甫搜集到爐、瓶、筆洗等器物。他有件龍泉窰梅子青釉膽式瓶最爲珍貴。瓶高約三十二釐米，直口、細長頸、削肩。肩以下漸碩，腹下部豐滿，器形如膽。白胎梅子青釉，釉色可與翡翠媲美。

沈吉甫心愛之玩物是宋代磁州窰的一具白釉卧虎枕。那時，磁州窰的瓷器出土的不多，卧虎枕更爲少見，他珍藏而不露。其實，磁州窰是宋代民窰，「張家造」的瓷枕不爲稀奇。比起他收藏的那件龍泉窰梅子青釉膽式瓶，這具卧虎枕則遜色不小。可是這具瓷枕他卻十分珍視，老古董商只聽他說起過，卻從不拿出實物給朋友看。

宋、元鈞窰瓷器，沈吉甫收藏了有十幾件，其中以玫瑰紫色的宋鈞窰筆洗爲最珍貴。老古董商都知道他收藏這件鈞窰洗子，都說是件釉色最美的筆洗，藍色乳光釉，淡淡的藍色似天青，青中帶紅似玫瑰，色調之美，語言文字難表達形容。

元代青花瓷器，在清末民初時很少見。不少古董商人只知明青花，沒見過元代青花。沈吉甫於二十年代在後門大街一家舊貨舖買了件青花梅瓶，小口、豐肩、瘦底，口高沒蓋，有三十五釐米高，青花四爪雲龍，下部海水江崖，上端蕉葉、回紋。繪畫粗獷，顏色略白微青，釉色光潤透亮。沈吉甫拿青花梅瓶給古玩行中的老朋友們看，大家都認定是明代民窰青花瓷，而他始終堅持說是元代青花。

明代官窰存奇珍

沈吉甫喜愛明清官窰瓷器，講究釉色彩頭，造型和圖案，要選上等官窰器，一般的他看不上眼。明永樂、宣德青花瓷器，沈吉甫收藏十多件，大部分是從東四牌樓榮興祥、天和齋買來的。其中有件青花雙耳扁瓶，造型奇特，扁而鼓圓，小口肥肩，肩上雙耳。上繪雲紋，瓶身繪大西番蓮，花葉茂盛，花朵碩大，圖案甚美。瓷胎細膩潔白，釉層晶瑩肥厚，青花色澤濃艷幽雅。沈吉甫鑑定爲宣德青花，按明代器物的價格買的。琉璃廠的一位古玩商則看是雍正仿宣德的。

兩人不同的見解是，宣德青花顏色深艷，深艷的青花中有無黑斑？而這件青花雙耳扁瓶，青花的顏色濃艷顯得幽雅而無黑斑。古玩商認爲雍正仿宣德的青花沒鐵鏽瘢，因爲到了雍正年間，進口的青花料早用完，再也燒不出黑斑了。沈吉甫則認爲，不能用有無黑斑斷定是宣德年代的還是雍正仿的。雍正仿宣德青花也有帶黑斑的，而宣德青花瓷也存在沒黑斑的。鑑定要從整體上看造型、胎釉、釉色、繪畫、款識各個方面綜合統一觀看，才能斷定眞仿，不應以有無黑斑而肯定與否定。

這兩種不同的見解，自民國初年以來，在北京老古董商中長期存在。而最終還是收藏家沈吉甫之見解具有科學性。因爲觀察一切事物，都應具有全面觀點，只有全面地看事物，才能反映出事物的眞實面目。

民國十年前後，沈吉甫拿件宣德青花紅彩游龍高足杯，給跟他同齡的老古董商韓敬齋看。韓敬齋看了很新奇，他說：「我還是頭一次看到青花海水波濤洶湧，用紅彩繪得這樣生動的龍！這宣德高足杯值銀子啦！」沈吉甫告訴他，這杯子是從榮興祥賈騰雲手中買到的。韓敬齋說：「賈大爺眞有本事淘換好貨！」沈吉甫說：「他也眞能賺我的錢，這高足杯他是少兩千五百大洋不賣！」韓敬齋說：「不貴！不貴！青花釉裏紅的瓷器不少見，這樣的釉下青花釉上紅彩的宣德官窰瓷器確實少見。」

宣德官窰青花紅彩游龍高足杯，而今只能到台北國立故宮博物院去看。文物界朋友說，北京故宮博物院和上海博物院也可能有一兩件！七十多年前，二千五百元，沈吉甫還嫌貴，今天這件高足杯，豈止值二百五十萬美元?!

沈吉甫收藏的成化官窰鬥彩團花罐，罐底有個「天」字，故俗稱「天字罐」。小罐不大，有一拃來高（約十五釐米），團花是紅花青心，胎薄釉細，彩色鮮艷。沈吉甫說他的「天字罐」是天下第一，不次於成化鬥彩上繪牡丹、下畫子母雞的雞缸杯。孔雀綠瓷器以前很少見，老古董商稱明代孔雀綠爲「法翠」。沈吉甫收藏一件法翠盤，翠綠的顏色似孔雀羽毛，碧翠雅麗，釉色發亮，有「亮翠」之稱。天字罐和法翠盤，傳說是皇宮裏的東西，由榮興祥賣給沈吉甫的，他收藏二十多年，只給延清堂經理丁濟謙看過。

沈吉甫搜集不少嘉靖、萬曆青花五彩瓷器、盤、碗、洗多，瓶罐少。他有件嘉靖官窰青花五彩罐，彩色濃重，花紋密滿，突出紅色。是釉下青花釉上五彩，給人以濃翠紅艷之感。罐高約二十五釐米，圖案是纏枝蓮、魚藻。魚紅藻翠鮮艷奪目，乃上等官窰之傑作佳品。而今若在香港拍賣，千、八百萬港幣，必將有人搶購收藏！

康、雍、乾官窰瓷器較多

沈吉甫收藏清代康、雍、乾三朝官窰瓷器較多。老古董商回憶說，當年的延清堂、榮興祥都比不上沈吉甫收藏的清代官窰瓷器多，遺憾的是他只收藏一件乾隆官窰琺琅彩繪松竹梅的小梅瓶，因爲是抹紅款，當時認爲是「摺跤貨」。更爲遺憾的是，他所收藏的清代官窰瓷器具體物件，而今能回憶出來的不多。

早年他從大觀齋買去一件霽紅瓶。這種霽紅釉不同於郎窰紅和豇豆紅，釉像橘子皮紅。「大清康熙年製」青花楷書款。當年認爲是一般官窰器物。而他收藏的康熙郎窰瓶和豇豆紅筆洗，則較爲貴重了。傳說他收藏的康熙官窰珊瑚紅地、五彩鳳尾瓶，書有「康熙御製」青花楷書款，在當時京城的「獨一份兒」。

沈吉甫喜愛雍正官窰粉彩瓷器，他認爲雍正官窰粉彩瓷器胎子白而薄，彩色柔而艷，花卉眞而美。人物、山水、花鳥魚蟲畫得細膩、工整而有生氣。他特別欣賞自己收藏的那件雍正官窰胭脂紅色的繪畫海棠的八寸盤，盤面白勝雪，鮮綠的枝葉、幾朵秋海棠鮮艷無比。他將盤子用硬木雕花架支撐，陳列在客廳，供人欣賞。他搜集收藏乾隆官窰瓷器，講究工藝造型奇特，如仿古銅彩釉的爐、觚，觀之似青銅器，實爲瓷器；再有鏤空套瓶，大瓶套小瓶，瓶中有瓶，並能轉動的奇特官窰器。

沈吉甫居住的鑼鼓巷簑衣胡同一所一百餘間房屋的深宅大院，中間的一層院子有北房五大間，東、西廂房六大間。這十一間房屋裏陳列着硬木雕花傢具，珍貴文物佈滿房間，客廳、居室，甚至飯廳都擺着古玩。

他收藏的三代青銅器和古玉以及明清雕花硬木傢具，已無人能回憶出眞實具體的實物，只是說不少。是些甚麼誰都不知曉，但都知道，沈吉甫收藏的全部文物和傢具，在一九三二年全部賣給了山中商會，運往扶桑。

真、假「古月軒」

——大收藏家受騙記

康熙、雍正、乾隆官窯琺琅彩瓷器乃國之瑰寶，早已馳名世界。而在清末和民國時代，琺琅彩瓷器給人以神秘感，因爲它有個俗名叫「古月軒」。民國二十一年曾發生大收藏家買假古月軒受騙，使人覺得琺琅彩瓷器難鑑辨。

琺琅彩爲何叫古月軒，大收藏家是怎樣受的騙，古月軒是不是難於鑑辨?作者用以往的傳說和故事回答這些問題。

琺琅彩瓷器爲何叫「古月軒」

《老殘遊記》的作者劉鶚在他的雜記手抄稿中寫道：「其實古月軒者，乃乾隆時蘇人胡學周在蘇自設一小窰，專製瓷瓶、碗、煙壺等小品，不惜工本，一意求精，故其出品均極精美，時人好之，自號古月軒主人。乾隆南巡，見而稱善，其人亦溫雅端方，談吐可喜，於是攜之京師，使掌御窰。」一九一五年出版的《辭源》在「古月軒」條目中，也是這樣寫的。劉鶚雜記在前，《辭源》出版在後。

清末民初有一部《飲流齋說瓷》是許立衡寫的，他寫道：「古月軒凡三說，一謂古月軒屬於乾隆之軒名，畫工爲金成，字旭映者也；一謂古月軒爲清帝軒名，不專屬乾隆，歷代精製之品均藏於是軒也；一謂古月軒係胡姓人，精畫料器，而乾隆御製瓷品仿之也。三說者，所聞異詞，所傳聞又異詞。」而陳亮伯寫的《陶雅》中，也基本是這樣寫的。

清王朝滅亡，溥儀仍居皇宮。皇宮的前朝武英殿和文華殿，闢爲古物陳列所，百姓可以參觀。一些收藏家和古董商前去遊覽參觀，見康、雍、乾的琺琅彩瓷器底款沒有「古月軒」三字，仍然是年號款。怎麼會叫古月軒呢？大概內宮裏有個地方叫「古月軒」，收藏這路瓷器。不少人對此說頗感興趣。

民國十三年馮玉祥發動「北京政變」時，廢除大清皇帝稱號，溥儀遷出皇宮。之後，皇宮成爲故宮博物院。曾有人查遍故宮、頤和園、熱河行宮，尋找圓明園遺址，也沒發現有「古月軒」。關於胡學周這個人，也查不到人物實據。

可是到了一九七九年，上海出版的《辭海》「琺琅彩」條目的解釋爲：「清代康熙時開始燒造，雍正、乾隆時期，進一步提高，其底部有『古月軒』字樣，俗稱『古月軒』瓷器。」

一九八五年台北出版《郭良蕙看文物》中「玻璃·琉璃·料」一文中寫道：「根據傳說乃得一結論，『古月』即『胡』，故古月軒係胡人的住處。想當年郎世寧等人的居所地帶被稱爲『古月軒』，因而得名。」古月軒而今安在，爲何尋找不到舊址？郭良蕙回答：「時間改變一切，更湮沒一切。」郭良蕙還寫道：「古月軒，即清三代琺琅彩和粉彩細瓷的統稱，也是俗稱。據說清三代的官窰彩瓷既無古月軒款書（偶有此種款書者，均係晚清產品），清宮內也無古月軒宮名。」

北京老古董商所謂古月軒只指康、雍、乾三代的官窰琺琅彩瓷器，不包括粉彩瓷器。而官窰琺琅彩瓷器不書寫「古月軒」款識。

書寫「古月軒」款識的有白料胎畫琺琅彩的鼻煙壺，用礬紅書寫「古月軒」三字楷書款的鼻煙壺，質量欠佳，係私人製造的。而故宮早先陳列的白料胎畫珐琅彩的鼻煙壺，底部是用藍色珐琅彩書寫「乾隆年製」宋體款書，質量特別精細。一九三七年，上海艾少記古玩店從北平買走一件乾隆珐琅彩鼻煙壺，非常精美，畫面是郎世寧畫的「洋人牽狗」，筆法細膩生動，富立體感，落款是「臣郎世寧恭繪」，而底款是「乾隆年製」藍料書寫宋體字。有「古月軒」款識的瓷器，大部分較粗糙，乃清末民初之產品。

爲甚麼人們把宮裏的瓷胎、料胎、銅胎珐琅彩器物統稱之曰古月軒呢？這是因爲，皇宮裏的珐琅器物乃皇帝所得而私也，從不賞賜王公大臣，「庶民弗得一窺」。清代時老古玩商只聞內務府人之傳說，未見其物，輾轉傳聞。如《陶雅》和《飲流齋說瓷》中所寫：「所聞異詞，所傳聞又異詞」，以訛傳訛，才有了不切實際的名稱。作者同意郭良蕙的這樣一句話：「但古月軒並不因查無考據而廢止，卻一直沿用下來，也足夠玩味的。」

沈吉甫的遺憾

光緒二十六年（公元一九〇〇年）後，清代官窰瓷器才逐漸流入民間。在此之前，不用說古月軒，就是一般官窰瓷器民間也不准有。民國十年前後，琉璃廠的古玩商在古物陳列所第一次見到官窰珐琅彩。與此同時，延清堂、榮興祥才搜集到古月軒盤、碗一兩件。

清末民初北京著名陶瓷文物收藏家沈吉甫，從光緒二十六年收集到民國二十年，三十一年的時間，珍藏名貴古瓷千餘件，僅有一件乾隆官窰珐琅彩畫松竹梅的小梅瓶，因爲是紅字款，當時認爲是件「撂跤貨」，夠不上眞正的古月軒。

沈吉甫，浙江寧波人，光緒二十年後在北京俄國人辦的道勝銀行當買辦，光緒三十年他辭去買辦職務，自己在西交民巷獨資開設懋業銀行，在京經營銀行三十來年，是北京較早的金融界知名人士。

沈吉甫研究金融、貨幣，對收藏歷代文物也有興趣。他收藏的大部分是古代名貴瓷器，再就是銅器和古玉，還有明清雕花硬木傢具。他同古玩界交往多的是大觀齋經理趙佩齋、延清堂經理丁濟謙、榮興祥經理賈騰雲等人。

他住在鑼鼓巷蓑衣胡同十三號，一所深宅大院，房屋百餘間，擺滿古玩、傢具。他老年喪妻未續弦，生有一女，父女相依爲命，有僕人十幾名。

「九·一八事變」時，沈吉甫年近古稀，女兒出嫁，子然一身，孤獨寂寞。東三省失守，華北危急，兵荒馬亂，他深感自己的萬貫家財難保，終日誠惶誠恐，他跟趙佩齋說：「東北軍撤到關內，北平地面難以安寧，我一個人住那麼多房子，難免遭搶劫。」他想賣掉所有財產，關了懋業銀行，找個安全的地界居住。

懋業銀行關了，古玩和硬木傢具要一次賣掉。北平古玩商會聯合各家大商號擬共同收購，卻因資金不足，買下來後很難分配得當，故而作罷。日本在北平的山中商會經理高田，見有利可圖，自己又有資金。全部古玩和傢具，沈吉甫跟他要了二十五萬銀元，高田給了二十四萬成交。

沈吉甫不無遺憾地說：「我搜集了三十一年，都歸了你高田！」高田說：「沈老先生您知道我高田是當經理的，買來古玩珠寶都歸東家、董事長山中先生。」山中是國際上的著名古玩珠寶商，沈吉甫的收藏現在不知飄零在何方？

誘人上鈎的古月軒

百萬富翁的沈吉甫把北平的全部財產都賣掉，在天津英租界買了幢小樓，隱居下來，錢財存入外國銀行，甚感安全保險，不再憂慮遭搶劫和失盜。他把北平的僕人全辭掉，只帶去一位跟隨他十多年的女僕，他認爲只有她可靠。這幢小樓四周有草坪花園，環境安靜幽雅。沈吉甫每天早晨在樓的四周散步。

一九三二年春天的一個早晨，沈吉甫散步回來吃早點，精神很好，女僕見他的神態安詳，走過來跟他說：「老爺子！我有位同鄉拿來件古玩瓷器，請您給看看。您今天精神兒好，給他看看吧！」

「我所有的古玩都賣掉了，不想再看古玩瓷器了。」

「這是我的一個本家兄弟拿來的，他在閻錫山隊伍上當兵，維持天津衛的市面來了。」

沈吉甫心想閻老西在天津當平津警備司令是長不了，他當兵的手裏有甚麼好瓷器，還要讓我給看？又想：女僕跟隨他這麼多年，從未開口求過他，現在第一次開口就駁回去，有點說不過去，故而點頭說：「你拿來吧！我看看。以後可不要管這樣的事。有人再求你，你告訴他們我不看古玩，更不買古玩。」

女僕雙手捧着黃色包袱走進屋來，打開包袱露出錦匣，從錦匣軟囊中取出件約二十八釐米高的琺琅彩蒜頭瓶，遞給沈吉甫。沈吉甫戴上花鏡仔細觀看，瓶上畫着蝶戀花。兩朵怒放、兩朵半放、一朵含苞的牡丹；一隻蝴蝶向上飛翔，一隻蝴蝶俯衝飛向花蕊。牡丹的花瓣層次分明，花間的蝴蝶像活的一樣，周圍的綠葉茂密似飄動，正、反、側、斜姿態各異。從畫面上看，似是出自「如意館」供奉之紙絹畫稿。琺琅彩這具有特色的彩繪藝術，引起了沈吉甫的興趣。再看瓷釉，晶瑩精緻，瓷胎滑膩。後看款識，界乎宋體和楷書「乾隆年製」四字藍色料款；款外有藍色二層方格，外粗內細，外方格四角是摺角。是乾隆琺琅彩瓷器的款識規格，釉色彩色細膩艷麗無比。

沈吉甫摘下花鏡，閉目不語。他在思索，三十餘年搜集，尙未見到這樣好的古月軒瓷器。沉默片刻，他自言自語地說：「古月軒！古月軒！」女僕聽不懂問了一聲：「您說甚麼？」他睜開雙眼說：「你把它收起來吧！」

女僕把杏黃色包袱抖開要包錦匣時，沈吉甫眼前一亮，「啊」了一聲說：「我看看包袱和匣子。」女僕遞過花鏡說：「您看吧！」沈吉甫看包袱是杏黃色緞有玉別子和袢兒；錦匣上寫着「乾隆官窰珐琅彩蒜頭瓶」的名目籤，還有編號。他哼了一聲沒說話。他在想這樣的包袱和錦匣，是皇宮裏的東西，民間不用這樣講究的包裝。

「你那本家兄弟從哪裏拿來的這件瓶子？」

「這是他們官長的東西，還是成對的，有幾對。今天拿一件來。隊伍快要開拔了，他們的長官看不懂，想求您給鑑定眞假。」

沈吉甫看了一件珐琅彩瓶子，勾起了他喜愛官窰瓷器的癖好，他立即說：「你讓他們都拿來我看看。」

一個星期過後，坐着汽車來了位軍官裝束的人，見到沈吉甫行軍人擧手禮。軍官帶來一對玉壺春，一對橄欖瓶，請沈吉甫鑑賞。

乾隆官窰珐琅彩玉壺春瓶高約二十七點五釐米，珐琅彩繪圖案爲「百花呈瑞」。中間繪牡丹，周圍繪菊花、牽牛花等各種花卉，百花齊放，鮮艷異常，細膩而逼眞。乾隆官窰珐琅彩橄欖瓶高約二十六點五釐米，珐琅彩繪圖案爲「歲寒三友」松竹梅。大片青翠，微紅點綴，別具韻味，配有書法精美的五言詩和胭脂水色「君子」二字的朱文印章。這對橄欖瓶的造型和圖案美妙飄逸，詩情畫意，耐人尋味，是製瓷工藝與書、詩、畫結合的藝術珍品。

沈吉甫欣賞這兩對瓷瓶，愛不釋手，連聲說：「好！好！是古月軒。」軍官開口說：「這是我們長官的東西。軍人只知打仗，不懂古玩瓷器。我們長官說，沈先生如看好了，請他珍藏。軍隊開拔帶着不方便。」沈吉甫笑了說：「我不收藏古玩了，但見了好東西還愛看。」軍官說：「您愛看，東西放在府上，您盡量欣賞。過些日子我們長官來，同您面談。」

「東西放在我這裏，你們放心嗎？」

「我們雖是初次見面，可是您的大名早已久仰，哪有不放心的。」

「放心的話，就先擱在我這兒，我再好好看看。」

八萬元買聲「響兒」聽

這位軍官沒過五天，帶來另一位軍官拜會沈吉甫。他介紹說：「這是司令的副官，司令的公務忙，不便拜訪，特派他的副官前來與您商談。」聽這話音兒，沈吉甫心裏明白了，原來是閻錫山從宮裏弄出來的古月軒。但他不便問他們的司令是不是閻錫山。

他們相互寒暄客套一番。沈吉甫問：「你們今天到我這裏來，是不是想把三對瓷瓶取走？請轉告司令，他讓我開了眼，鄙人深表謝意。」軍官說：「不然，司令不想把這些東西帶回太原，更不願露出風聲，引起南京方面的事端。咱們秘密交易，說哪裏算哪裏。」說來說去，沈吉甫願出十萬元，但要十天後交款。兩位軍官怕「夜長夢多」，表面鎮靜地說：「軍人以服從命令爲天職，令下如山倒。命令一下我們就撤走，恐怕等不了十天。」沈吉甫主動提出：「三天為限。」

軍官走後，沈吉甫馬上寫信，約請北平琉璃廠銘珍齋經理韓敬齋和延清堂的二師兄安溪亭，來津觀賞古月軒。這兩位是一老一少鑑定官窰瓷器眼力最好的古董商，也是沈吉甫信得過的老朋友。

第五天，他們二人才來到天津英租界沈吉甫的家。年長的韓敬齋看了這三對珐琅彩瓶，直咂嘴說不出話來，「呵、呵」兩聲，表示驚訝和疑惑；年輕的安溪亭看完東西只說：「好！好！」看看沈吉甫就不再說甚麼了。他們倆都看出了是民國初的仿製品，但不敢直說，怕把沈老氣出毛病來。兩人哼呵幾句開始聊別的，不評論眼前擺着的瓷器，卻說起今天天氣好。沈吉甫心裏也明白了，也就不請他們給這些瓷瓶下結論了，彼此是心照不宣。

朋友走後，沈吉甫取出放大鏡，細細觀察珐琅彩蒜頭瓶。看出這瓶子的胎釉雖然潔白勻淨，但不夠精細、密度低，釉面有細小棕眼；胎骨薄手頭輕，拿起來發飄，胎質不夠堅密細膩；彩質不夠精細，彩層較厚，彩面光澤欠活，顏色濃而過艷。彩色與繪畫聯繫起來看，筆法呆板，不似紙絹畫氣，沒有多種彩色重疊地反覆地皴、擦、點、染的「院畫」的繪畫特點。看完他將放大鏡放下，想自己玩了一輩子古玩，沒買過假貨上過當，今天上了這麼大的當！越尋思火氣越大，盛氣之下，「啪嚓」一聲，把瓶子摔得粉碎，手拍桌子大聲喊僕人：「馬上把那個軍官給我找來！」

二位軍官來了，沈吉甫要求退貨。軍官說：「您不願意要了，錢可退還給您，買賣是兩廂情願。物退原主，我們好向司令去交差。」聽了這話，沈吉甫心裏滿意，便將摔瓶子的事跟他們說了。其實不用他講，軍官們已經知道了，也準備好了在這摔碎的瓶子上作文章。軍官說：「您先賠瓶子，我們再退給您錢。」沈吉甫聽這話覺得有點訛人，便說：「你退給我錢，我就賠你。」雙方爭持不下，沈吉甫問：「我得賠你們多少錢？」軍官說：「那是其中最好的一件，不止値十萬！」沈吉甫說：「這不是退了貨，我還得給你們添錢嗎?!我這是『秀才遇上兵，有理講不清』，我去見你們司令！」「司令早回太原了。就是他在天津您也見不到。這點小事我們弟兄代他辦了。有話您跟我們說，在這裏或到司令部去都行。」沈吉甫怕惹出婁子，進了天津警備司令部，豈不是進了虎口?!

多次周折，軍官退回二萬塊錢，又將五件瓶子拿走。從此在平、津古玩界人士裏傳說着，沈吉甫花八萬元買聲「響兒」聽的故事。

沈吉甫受訛騙之後，甚覺天津租界地不安全，僕人也不可靠。不久，他返回故里寧波。抗日戰火燃起後，他到上海居住，不同古玩商交往。最後老死在滬上。

梁某插圈弄套　紈褲戲耍鬧

用古月軒瓷器騙大收藏家的故事傳說了半個多世紀，但誰也說不清是誰設的騙局。作者寫過一篇《古月軒之謎》，編入《古玩史話與鑑賞》書中，書出版後，有讀者和作者的叔父解開了這個謎。

仿乾隆官窰珐琅彩蒜頭瓶、橄欖瓶、玉壺春是天津同泰祥細瓷店經理李春生於本世紀二十年代在景德鎭，聘請名師燒製的。這家細瓷店經理職務，從一九三五年至一九四九年由陳建侯擔任。

二十年代天津有位大財主，做過督軍又經商。他的大少爺是紈褲子弟，有錢有勢，玩古玩珠寶有名氣，就是沒有古月軒瓷器，就委託同泰祥給他做假的。三對瓶子花了六千現洋，他還覺得便宜。他爹在江西當督軍，「江西的天高了三尺！」這點兒錢比起刮地皮來的錢是九牛一毛。

北平的梁某人賣假古玩，拿些假貨請陳大少爺欣賞。這位少爺只知擺譜兒，對古玩字畫沒研究。爲了炫耀自己，他的卧室、書房、客廳都懸掛古今名人字畫；他的腰間繫佩着古玉別子，舉止言談，模仿文人的風度。梁某人吹捧他，說大少爺是天津衛的一大鑑賞家、收藏家，甚麼「才儲八斗，學富五車」是「今日之曹子建」、「昔日之孟嘗君再生」等等，無不用其極。梁某說：「陳爺！最近英租界住進位『豆皮子』（天津人藐視南方人的稱謂），他在北平住了三、四十年，收藏古玩成山，臨搬來之前都賣給了日本山中商會。他看瓷器的眼力古玩行人沒人不佩服。」

大少爺說：「你說的那位南蠻老頭子，我也聽別人說過。論眼力他可能不錯，可我這個人就是想跟名家較量。」

「您不要較量，他的眼力再好也比不了您。您收藏的古玩珠寶都是罕見的國寶，就說您那三對古月軒瓷瓶，他搜集三十多年也沒搜集到。」

「我拿這三對瓶子，給他開開眼，試試他的眼力。」

「這事兒您不要出頭露面，交給我辦，我也不去見他。我有辦法，您就瞧好吧！」

陳大少出於「較量眼力，撅名人」的心理，被梁某人利用來騙沈吉甫的錢。梁某早描上了沈吉甫，用假古玩騙不了他。他聽大少爺這樣一說，眼珠一轉，覺得機會到了，辦法也有了。隨即抱拳拱手說：「陳爺！您幫個忙，把三對珐琅彩瓶借給我，還要用用您府上的汽車，再借兩套軍官服裝。」

大少爺說：「借用這些都好說，平白無故連個手續沒有，就拿走我的三對古月軒瓷瓶?!」梁某搶話說：「您不是要試試他的眼力嗎?沒東西咋試?他要是看好了咱就賣給他。他不想要也不能讓他白看，不丟人也要叫他丟錢。」大少爺說：「我這三對珐琅彩瓶全是仿製的，如果當眞的賣，少不了十萬八萬的。你去賺他的錢，我來取個樂兒！」

梁某說：「沈吉甫如果出十萬，我孝敬您五萬。我讓您賺錢取樂，不會讓您賠錢買樂。」

梁某把三對琺琅彩瓷瓶帶回北平，按宮廷收藏琺琅彩的裝潢樣式，請錦匣舖製作，又買來杏黃色包袱，找來兩位老搭檔，商議好騙沈吉甫的辦法，去天津花兩千元買通沈吉甫的女僕，臥好了底。由梁某指揮，兩個搭檔在前台表演了這台騙人的鬧劇。

康、雍、乾官窰琺琅彩瓷器是不是眞的很難鑑別眞僞？其實旣難又不難，難者不會，會者不難。琺琅彩瓷器在民國初年有仿製品，也有舊胎後掛彩。無論是仿製或後掛彩，鑑別時特別注重之處就是繪畫，繪畫是琺琅彩瓷器藝術之精髓，也是鑑別中最關鍵的一環。不懂或不熟知康、雍、乾時代「如意館」、「院畫派」供奉們的繪畫藝術的特色特點，就難鑑別眞假古月軒。鑑別就是比較，沒比較哪有鑑別。沒見過眞的或沒見過仿的和後掛彩的，或都曾見過，但未做過比較研究，仍然是鑑別不好的。八十年代以來，作者見海外書刊登載過一些繪畫精美的康、雍、乾琺琅彩或粉彩瓷器的照片，不少均名之爲「古月軒」。但要看眞古月軒瓷器，還是請到北京或台北故宮博物院。據老古董商講：「眞古月軒早被蔣介石運到台灣了！」

張園的官窯器真假難分

民國十三年（公元一九二四年），溥儀被馮玉祥趕出紫禁城，來到天津，住進日租界宮島街張園。溥儀在張園居住，給天津留下不少傳說，特別是跟古玩瓷器有關的事，趣聞頗多。

跟老天津衛人一提張園，人人都知道是當年小皇上被趕出宮後曾住過的地方。張園不是皇宮，可裏邊的規矩還是宮裏的那一套。他的「大臣」、隨從，遺老遺少照舊稱呼他萬歲爺、皇上，行叩拜禮。張作霖孝敬「皇上」十萬現大洋，溥儀召見他，他趴在磚面地上，給「皇上」磕響頭，成了天津衛人傳說的笑話。

一出張園，溥儀跟老百姓一樣，穿着打扮像位闊少。穿中裝是長袍馬褂、戴黑緞子帽、帽上鑲寶石帽花、足蹬禮服呢靴；着西裝是英國呢料裁剪入時的西服，繫領帶，領帶上別插着鑲有鑽石的別針，袖扣也是鑽石的。他經常是手上戴着鑲鑽石的金戒指，提嘍着文明杖，戴着德國蔡司公司出產的茶鏡。有時他出現在中原公司、中國大戲院和熱鬧的估衣街、鍋店街的馬路上。行人見了他，也沒有張園裏邊的那一套。

張園買同泰祥的瓷器

民國十五年，同泰祥的陳建侯進張園去送瓷器，正遇上溥儀着裝外出，園裏的道路兩旁站立着他的文武「大臣」，個個靴帽袍套、垂首而立。把外來的陳建侯趕到牆根，面牆而立，不准窺視「龍顏」。可是在外面的街上，溥儀的大長臉，百姓們隨便瞧。

張園裏有御膳房，所用餐具缺少水燉兒。水燉兒是冬季裏遜位皇帝用膳時不可缺的餐具，它的底部像大盤子，盤子裏有圓屜，屜上有蓋，兩旁有提樑。全部構造都是雙層空心的，可以灌入百度的熱開水。瓷水燉兒上繪畫青花五爪龍，海水江崖十分壯麗，器底有「宣統年製」四字楷書款。小朝廷的內務府要求同泰祥按官窰瓷器燒造胎釉，造型、繪畫都講究的水燉兒器皿。水燉兒是盛蒸、煮、燉的菜餚、海鮮、雞、鴨、魚、肉的餐具；煎、炒、烹、炸的食品不放在水燉兒餐具裏。冬季用它保持食物溫熱可口，不涼不冷。如今沒這種餐具了。

除水燉兒，張園還訂製有「宣統年製」款識的成套餐具，都由同泰祥承辦的。

民國十七年，清東陵被盜，東陵守護大臣到張園向溥儀呈報孫殿英挖掘乾隆、慈禧陵墓消息。張園失去了日常平靜，溥儀悲痛欲絕，受到的刺激比他被逐出宮時還大，因為這是祖宗的墳被挖！清宗室、遺老遺少被驚動激怒。早已卸任的大臣紛紛來到張園，表示對孫殿英的憤慨，不少人從各地寄來重修陵墓的費用。溥儀在張園擺起靈堂、設立乾隆、慈禧的靈牌和香案祭席。

擺香案祭奠乾隆和慈禧要有白瓷祭器，這是老規矩。自明代永樂年間景德鎮燒造出白瓷後，明清兩代皇家都用白瓷作祭器，而不斷燒造。雍正仿永樂白瓷仿得最好，道光以後的白瓷質量越來越不好，燒造的器皿也越來越少。時至民國十七年，原清廷內務府南池子瓷器庫裏的庫存瓷器，早已抵押典當、盜賣一空，溥儀出宮未攜帶白瓷祭器。當務之急是在天津的細瓷店裏搜尋購買。

同泰祥於二十年代初期，在景德鎮燒造一批仿永樂甜白瓷、刻有暗花牡丹、潔白瑩潤的高足杯、小瓶、小罐，小執壺等薄胎小器皿；還燒造一批仿雍正素白龍鳳碗碟成套和較粗糙的白瓷香爐、臘台、香筒等供器。這些白瓷器皿被張園搜羅殆盡。

若干年後，張園從天津同泰祥買去的白瓷器皿，出現在天津、北平的掛貨舖和古玩舖裏，都說是皇家的東西，仿的、假的都成了眞的。時至今日，又不知流落到何地？有可能還被作爲永樂甜白、雍正素白瓷欣賞收藏呢！

一對乾隆官窰粉彩橄欖瓶

張園裏的當差的時常去同泰祥，彼此都熟悉。溥儀的手下人也挑選仿官窰瓷器，有人愛買古銅彩小瓶、尊、鼎、爐等小玩藝兒，純屬自己愛好自己玩。但個別人則選大件彩瓷精品，以假換眞。有一對乾隆官窰粉彩百花圖橄欖瓶交易的故事很有趣。

一九四二年，日僞統治天津時，百姓家生活困難，不少人家把家存舊物拿出來賣，維持生活。有較好的舊瓷、銅、玉器就拿到勸業場或大羅天裏的小古玩舖去賣。

一天，大羅天裏的一家古玩舖門市上有位客人，提着一個藍包袱，打開包袱取出兩個錦匣，匣的軟囊中臥着乾隆官窰粉彩橄欖瓶，瓶上繪着「百花圖」，牡丹在中央怒放，四周是菊花吐芳、牽牛花淡紫鮮紅、青枝綠葉花渦枝藤……百花呈瑞，彩色艷麗，畫筆細膩柔和。瓶底有青花六字：「大清乾隆御製」篆書款識。釉面瑩潤、胎骨堅白。

這家小古玩舖的經理人是位四十多歲、有社會經驗的人，但看古玩還是個「二把刀」，說他不懂他又知道一些，說他懂可他見了眞東西又覺得沒把握。乾隆官窰粉彩橄欖瓶放在眼前，左看右看，是眞是仿，看不準拿不定主意。猶豫之中突然想起，這瓶我在同泰祥見過的。想到這裏他不再仔細看了，開口就說：

「這對瓶子是仿的，不是眞乾隆官窰瓷器。」

賣主是位五十多歲的大煙鬼，這天正趕上是陰雨天，他的鴉片煙癮上來了，鼻涕眼淚哈拉子都流出來了，一個勁兒地打哈欠。聽掌櫃的說這對瓶是仿的，他無精打采地回答說：「掌櫃的！我實不瞞你說，我這口煙癮上來了，眞等不及了！咱們長話短說，實話實說，這對瓶是十三年前，我從同泰祥買了對仿的，把張園裏小皇上的眞東西換出來了，這是眞的，仿的溥儀帶滿洲國去了。你不相信，就再仔細看看。」

掌櫃的看他的煙癮眞上來了，知道他心急等錢買鴉片吸，他故意拖延時間，勸說：「先生！您先忍一會兒，我再細看看。」翻來覆去他看了足有一個鐘點。上來了煙癮的賣主眼巴巴地望着他，聽他慢條斯理地說：「這東西我看不準，是眞是假我說不定，我給你個半眞半假的價錢，一百二十塊！要是眞東西我也賺不到哪兒去，要是假的我就賠了！」「掌櫃的！你可眞有意思，我把實話都告訴你了，假的溥儀帶走了，在長春的皇宮裏頭，這眞的在我手裏，是眞東西沒錯兒。你再添點錢我就賣給你。」

掌櫃的拿出一百五十元的中國聯合準備銀行印發的票子給了他，跟他說：「您把錢拿去，先抽一口。咱們交個朋友，東西先歸我，我給您保管，您有錢再來贖。」這位大煙鬼甚麼時候能有錢?!他拖着犯了煙癮的身子，拿着一百五十塊錢，顢頇地離開了這家小古玩舖，走進了大煙館。

天津大羅天裏有對乾隆官窰粉彩橄欖瓶，北平的古董商很快知道了。這對瓶被琉璃廠一家古玩舖花六百元買到手。琉璃廠的這家古玩舖在一九四三年將瓶帶到上海，賣給了收藏家樂篤周，也有人說是賣給了中南銀行行長胡惠春，但都說只賣了一千五百到兩千那個錢數。

五十二年過去後的今年，這對乾隆官窰粉彩橄欖瓶若出現在台北或香港，恐怕要拍賣到不止百萬港幣。

一對乾隆官窰古銅彩小瓶

一九四七年，天津的工商業蕭條，勸業場裏的一家古玩舖經理沒事愛遛茶館、跟人閒聊。一天，他碰上位老天津衛，提嘍着鳥籠子來到茶館，坐在一張桌子旁，茶館夥計忙過來喊聲：「四爺您早！來壺茶？」另張桌子旁邊的人也向他打招呼：「張四爺！」別人也喊：「張四爺來了！」這位五十多歲的老年人向大夥兒作了個圈揖喊聲：「爺！爺！爺！各位早！」

古玩舖的經理見這位「爺」的架式，滿有譜兒，便問茶館夥計：「這位張四爺是幹甚麼的？」夥計說：「張四爺早先在張園給小皇上宣統當過差，都說他手裏有皇上家的寶貝！」經理一聽便主動找張四爺攀談，先聊「海天西」，慢慢扯上正題。經理問：「聽說您存了些古玩，有好東西能不能讓我開開眼？」張四笑了說：「唉！有甚麼好東西，就有對小瓷瓶，人家都說是皇上賞給我的，哪有那八宗事兒?!我是個當差出苦力的，他能賞給我?!」經理看他的派頭，聽他說的話，心裏覺得這位「爺」是「眞人不露相」。所以，要求他把小瓶拿到勸業場給自己看看。

沒過三天，張四眞提嘍小包來到勸業場，找到那位古玩舖經理。打開包袱皮取出小錦匣，從錦匣的軟囊中拿出一對小瓶。經理拿到手一看是乾隆官窰古銅彩、一拃來高的小瓶，夔紋螭耳，釉色古樸，造型小巧，是令人喜愛的玩賞品。他鑑定是眞東西。

經理問張四：「您這對小瓶是留着自己玩，還是想出手？」

張四答：「那就看價錢高低了，能換一百袋洋白麵吃，我玩它幹甚麼，換麵吃算了。」

經理說：「咱不說多少袋洋白麵，我給您五十塊『袁大頭』，您能不能讓給我？」

「五十塊『袁大頭』，買不到一個，成雙成對的東西，沒那麼便宜的。」經理聽他說的這句話，覺得有門兒。這對小瓶花一百二、三十大洋能買到手，轉手賣個三、五百銀元不成問題。但他不馬上給加價，卻說：「一百個『袁大頭』買一對小瓶，我就存『袁大頭』，不收藏這對瓶子！」張四爽朗地說：「你存『袁大頭』，我收藏這對瓶。」兩人又聊了一陣子，張四走了。

這位經理想放綫釣魚，又怕魚跑了。沒過三天，他又到茶館找張四。兩人商議，以一百二十塊「袁大頭」成交。

乾隆官窰古銅彩，也叫茶葉末釉，古樸清麗，具有青銅器的沉着色調，加上造型酷似青銅器物，若不上手，看不出是銅的還是瓷的。故而，天津勸業場出現這對乾隆官窰古銅彩瓶，引來北平、濟南的古董商。

北平琉璃廠的古董商有人看出是仿製品，甭說五百銀元，就是五百法幣也不要。濟南來客看上了眼，又耳聞是溥儀的東西，便花五百銀元買走。

不久，濟南解放了，不知經何人之手，這對古銅彩小瓶轉入山東省某市博物館收藏。

時至九十年代，作者還聽古玩老行家講，而今國內兩位著名陶瓷鑑定家，對某市收藏的乾隆官窰古銅彩小瓶，仍有不同的見解，一位說：「錯不了，是眞東品。」另一位講：「我看不大像，古銅彩釉色顯浮，不像眞的那樣古樸蒼老，再說胎質發鬆，釉面有氣泡。」

那麼，這對乾隆官窰古銅彩小瓶到底是眞是仿？據陳建侯回憶，二十年代末，張園裏給溥儀當差的在同泰祥買過仿乾隆官窰古銅彩釉的爐、瓶、觚、罐等小玩藝兒。某市博物館收藏的是不是那批貨，則不得而知了。

溥儀離開張園後的十多年裏，不斷有人拿些瓷、銅、玉器說是溥儀的東西，其中有眞有假，一時令人眞假難辨。

在今天，由於時過境遷，人們對仿製官窰瓷器的具體歷史事實缺乏瞭解，再加鑑別時不夠細心，就難於分出眞仿來。但若是對仿製品有所考證者，也不難鑑別出眞贗。

仿乾隆官窰古銅彩臥牛之始末

仿古銅彩是瓷器的一種釉色，原稱茶葉末或鐵鏽花，乾隆時用茶葉末釉燒造瓷仿古銅器皿，故而稱之爲仿古銅彩。

乾隆年代景德鎮御窰廠創造新工藝新技巧，凡是手工藝品都能仿造，用茶葉末釉色仿靑銅器，古樸沉着，洽到好處，若不上手則看不出是瓷是銅。民國十年前後，景德鎮燒造出的仿乾隆官窰古銅彩釉瓷器，惟妙惟肖，鑑定家也難斷定眞仿。

一九四二年，前門大街一家掛貨舖擺出一件乾隆官窰古銅彩臥牛，古玩界未肯定是眞是仿，成了「摺跤貨」。一九四六年，作爲眞品被美國人買走了。一件仿乾隆官窰古銅彩臥牛，從仿製到出售，前後二十五載，隱藏着名人和凡夫俗子的軼事趣聞，耐人尋味，故而錄之。

曹錕的管事的賣假古玩

民國十年前，天津衛著名河北梆子演員劉喜奎的跟包的孫國棟，和同泰祥細瓷店經理熟悉。孫國棟很會伺候人，後來成爲曹錕手下當差人。曹錕當過總統，可他是行伍出身，當兵前在天津走街串巷做生意，結交了不少「五行八作」的人。他跟這些人有共同語言，能說到一起去。

孫國棟是遼寧人，曹錕是天津人。一九二六年，曹錕下野寓居天津租界地，他和孫國棟有時聊天，別人聽他們的口音頗感興趣，東北腔天津調和在一起，韻味妙哉。不久，孫國棟成了曹府的管事的。日偽統治天津時，日本官方派人約曹錕出來做事，給日本效勞。曹錕始終拒絕當漢奸。一九三八年，天津漲大水那年，曹錕死。

一九四二年，孫國棟失去了靠山，自己也老了，除了伺候人又沒別的本事，生活困難。於是，他將乾隆官窰古銅彩臥牛拿出來賣。買主是天津一家小古玩舖，知道孫國棟是曹錕的管事的、劉喜奎的跟包的，他拿來的古玩肯定眞貨無疑，就花一千元買了下來，擺在勸業場裏。北京前門大街一家掛貨舖掌櫃的來到天津勸業場，見到古銅彩臥牛，甚覺稀奇，看是銅的，摸才知道是瓷的。沒問三七二十一，花一千元買了去。

勸業場這家小古玩舖為甚麼不賺錢就賣呢？原來古銅彩臥牛擺出後沒幾天，有人告訴掌櫃的，這臥牛是同泰祥仿製的。這位掌櫃的到同泰祥去打聽，證實了這臥牛是一九三〇年孫國棟從同泰祥買去的。甭說不賺錢，能保住本錢，掌櫃的就已經很高興了！

孫國棟買仿古銅彩臥牛

孫國棟買古銅彩臥牛和一段歷史有關聯。民國十三年曹錕被馮玉祥趕下台，幽禁在中南海延慶樓兩年，釋放後回天津。在天津租界地擇新居，孫國棟給他買瓷器和擺飾傢具。從一九二六年孫國棟便與同泰祥有往來，之後他不給曹錕買瓷器也去同泰祥坐坐，閒聊天。

一九三〇年夏，孫國棟來到同泰祥。這時的孫國棟不是以前給劉喜奎跟包、當底下人的樣子了，而是很有派頭，譜兒不小，人們都稱呼他孫二爺了。

孫二爺愛聊天，嗓門高、人開朗。在同泰祥瀏覽貨格子，東屋走西屋串，走到儲藏室，也要進去看。他看地下臥頭牛，像是眞牛，古銅彩稍有綠斑，釉色好看，便哈哈大笑，用天津語調說：「這是嘛玩藝兒，可眞對我的路哇！」接着又換東北腔、大嗓門兒喊道：「我是屬牛的，快到我的生日了，掌櫃的給開個價！」

「您給二百塊錢吧！」掌櫃的給開了價。孫國棟喊了起來：「嘛？二百塊！買頭眞牛才四、五十塊錢，二百塊買五頭。」又說：「這我可不是給曹家買的，是我自己留着的。你少算點行嗎？」「少算您一頭活牛錢，給我一百六十吧！」掌櫃的還告訴他，仿乾隆官窰古銅彩瓷器，是前五年在景德鎭燒造一批貨，有古銅彩鼎、彝、花觚、卣和爵杯等，就製作出這麼一件大臥牛。不瞞您說，小件的爵杯還賣百、八十元，都賣完了。剩一頭臥牛沒捨得賣，放在這儲藏室了。這些仿古銅彩瓷器，別人一倒手當眞古玩賣，一千、八百都有人要。

孫國棟點頭一笑說：「我給你一百五十塊錢，把臥牛給我送家去。我不倒手賣，我當古玩收藏。等我沒轍時，再賣它個千、八百元，好有飯轍！」

孫國棟說這話過去十二年，他眞沒轍了，才把這臥牛賣給了天津勸業場的一家小古玩鋪。

李煥章講陶瓷製作，大談生意經

這古銅彩臥牛在一九四二年之後怎麼成了撂跤貨？這是因爲仿製的酷似頤和園中的銅牛，只是牛背上沒鑄《金牛銘》篆書文字。釉色像茶葉末，略帶斑斑綠鏽，古樸淸麗，耐人尋味。造型是牛的雙後腿和臀部呈臥式，前雙腿一腿曲立、一腿半臥；腹部似起伏若動；牛的神態，像望水思飲，其工藝技巧，令人讚嘆！可是個頭太大，長有二尺四（八十釐米）高有一尺一（三十七釐米）；釉的表皮又不夠光潤，胎質細膩堅白的程度也差，胎子厚，手頭重。

這件撂跤貨在掛貨舖裏擱了三、四年，仿製、修理唐三彩的技師李煥章都知道了。一九四五年夏天，李煥章在一家古玩舖裏跟徒弟們閒聊，談起了這件古銅彩臥牛。他是老北京人，知道老事兒多；又是手藝人，懂得陶瓷的製作。

李煥章說：「不論眞和仿，燒造陶瓷不容易，叫『火中取金』，火候掌握不好就全完！做胎、上釉、繪畫、塡彩都要好手藝。這臥牛的胎子用手工做、刀子雕刻。牛的各部位長短、大小比例是按眞牛的比例縮小了做的。依我看這件臥牛的活兒可做得不賴！牛的各部位比例合度，體形神態逼眞，釉子的顏色像古銅還有點綠斑，可眞美！我說它是乾隆早期時候的作品，說不定頤和園的銅牛還是照它仿鑄的呢。」

「李大爺的眼力可眞好，連乾隆早期、晚期的都能看出來。」徒弟這句話旣是捧他又是懷疑他的說法，他聽出徒弟的話音兒來了，就接着說：「我是做陶人陶馬的，看乾隆官窰瓷器能分出早期，晚期的東西，那可太神了。我說它是早期的，這是個『扣子』。說評書說到節骨眼兒上就不說了，且聽下回分解，這叫『書扣子』。爲甚麼要說它是乾隆早期的，這裏還有要說的故事，且聽下回分解。」說到這兒李煥章站起要走。徒弟們馬上攔住他說：「您別走，往下說，給您換碗熱茶，您給我們開開竅兒。」

李煥章一聽，這還差不離兒：「好！好！我給你們說說：

「萬壽山的銅牛是乾隆二十年鑄造的，咱們說古銅彩牛是乾隆早期的，那萬壽山的銅牛就照這個做的；若說是晚期的，古銅彩牛就是按萬壽山銅牛做的了。我小時候就聽大人講，萬壽山銅牛救過皇上的駕。每年七月七天上的牛郎會織女，銅牛上天，變成牛郎手裏牽的神牛；光緒十五年（公元一八八九年）

西太后『撤簾歸政』，退居萬壽山。一天夜間，她和李蓮英從十七孔橋那邊看銅牛，見銅牛變成了巨龜，浮在昆明湖裏，驚了西太后的駕，嚇壞了李蓮英……。」

李煥章看徒弟們聽得入神，就告訴他們說：「這都是人編的，不是眞事兒。你們古玩舖掌櫃的，有人也會編故事，編得讓人相信，他就發大財。岳彬就是編瞎話、賣假古玩發的財。誰要把這古銅彩臥牛說是萬壽山銅牛的模型，再把萬壽山銅牛的故事講給外國買主聽，這臥牛就不再是撂跤貨了，變成了可以賣大價錢的珍品啦！」

製徒弟「照方抓藥」賺大錢

一九四六年，來琉璃廠買古玩的美國人多了起來。一位美國人走進這家古玩舖買了乾隆官窰粉彩瓷器，還想買造型美的銅器。這位徒弟照李煥章一年前講的那一套，用英語講給這位美國人聽，美國人很感興趣，要馬上看東西。徒弟領着美國客人去了前門大街掛貨舖裏。美國客人見古銅彩臥牛喊了聲：「好大噢！好美呀！」放在桌上仔細端詳，徒弟插話說：頤和園的銅牛，是按這頭牛的形狀製做的，並再次講述了銅牛的神話故事。

「我第一次來中國北京，就聽到這樣美妙動人的神話故事。又見到與這些神話故事有關的古銅彩瓷臥牛，我想把它拿回美國去，給我的家人、朋友們看、聽我講故事。多少錢能賣給我？」徒弟用袖內拉手方式跟掛舖掌櫃的講價。掌櫃的跟他要兩千元，他用英語跟美國人要五千元，美國客人點頭一笑，生意做成了。

當掛貨舖掌櫃的知道他賣了五千元時，心裏不平衡了：我壓了本錢有五年，才賺一千元；他沒下分文的本兒，說了幾句外國話，用舌頭就賺走三千元。要跟古玩舖的徒弟爭。這徒弟在行業中論輩數，叫掛貨舖掌櫃爲師叔，不好跟他爭辯，主動叫聲：「師叔！這事兒爺兒倆好商量，咱們是『東六夥四』，您是東我是夥，給您三千，我要兩千。」這事兒就了結了。

這路買賣只能跟初來乍到的外國人做，要是跟外國的收藏家和古董商做這號買賣，講的那些他們不會愛聽，而且容易引起他們的猜疑，只能讓他自己看，古董商不能多插言，他問時才能說，問甚麼答甚麼，不能閒扯。全憑他的眼力去觀察判斷，由其所好去選貨。古董商不照李煥章所言，靠編故事賺錢，瞎話有，但不能離譜，沒邊的話不說，沒影兒的事不談。總是給人以有氣魄、有風度、像個文人樣子出現在中外顧客面前，這樣才能持久地賺大錢。

真、仿官窰瓷佛像遠渡東洋

民國十三年至二十年，琉璃廠鑑定經營眞、仿官窰瓷佛像，屬鑑古齋周傑臣有聲望。他銷售兩尊眞官窰瓷佛像和九尊仿官窰瓷佛像，均遠渡東洋，在日本東京開光，古董家很少有人知曉其中奧妙。原來日本顧客信奉佛教，做他們的生意要知道點佛門之道。

論達摩講佛祖，扶桑客心悅誠服

民國十三年（公元一九二四年），鑑古齋經理周傑臣從後門大街（今地安門大街）一家舊貨舖裏買來件雍正官窰窰變達摩佛像，雖有「雍正年製」款識，但看不準是眞是仿。他請蕭書農給他掌眼。

蕭書農將佛像拿到手裏掂量一下，而後雙手捧着仔細看，達摩瓷像約三十五釐米，身披袈裟，斗篷巨大，赤足草履，頭戴軟兜，似步行江風中，飄飄欲動。面貌秀逸，無猙獰之態。手、臉、足露胎無釉，端莊古樸，刻工精妙。市場上菩薩像、如來像常見，達摩瓷佛像較爲少見。

蕭書農問：「這尊佛像你是多少錢買來的？」周傑臣說：「三百塊錢，你看値不値？」蕭說：「這樣好的官窰瓷佛像一千塊也値，舊貨鋪讓你揀了漏。」周傑臣放了心，沒打眼還揀了漏，格外高興。

沒過多久，鑑古齋門市上來了位日本客人，瀏覽陳列之古玩文物，然後坐下來閒聊。這位日本客人中國話說得好。周傑臣拿出新買的達摩佛像給他觀瞧。不料，這位日本人是研究佛學的，很有修養。他看一眼便口稱「達摩」，說這尊瓷像的藝術性高，是靜中有動，動中有靜，達摩飄飄然似來到人間。

他問周傑臣：「達摩是甚麼神仙，在中國甚麼地方修行？」周答：「我只知道達摩老祖修行在嵩山少林寺，他面壁打坐九年成佛。」

「你對佛學有研究吧？」日本客人誇獎說。

「我就知道這一點點，不算學問。你的大大地明白佛學，講給我聽聽好嗎？」

日本客人笑了，他高興地說：「菩提達摩乃中國佛教禪宗的創始者，以專修『禪定』爲主。他是在中國南北朝時代，從天竺（印度）來華傳授禪法，創立佛教中的禪宗派別，到了南宋時代，這派佛學傳到日本，至今日本人也有面壁打坐修行的。」

周傑臣聽了這位日本人講佛學，知道他敬重佛祖，不能用商業語言說話了，若說：「你看這尊佛像多麼好，請買下收藏欣賞。」他必然反感異常，拂袖而去。故而他說：「我請來這尊佛像，是雍正皇帝敬奉過的，經百年以上香火。你如敬佛心誠，可請到日本去供奉。」

日本客人聽他說話虔誠，便請走了雍正官窰窰變達摩瓷佛像，留下一千二百元現大洋。

說如來道始祖鑑古齋獲利無數

民國十五年，鑑古齋周傑臣從東曉市攤上買來一尊如來佛坐像，三十二釐米高，金身藍髻，座湧蓮花，袒一臂，披袈裟，胭脂水釉色。有「乾隆年製」楷書款。

清代官窰瓷器胭脂水色釉始於康熙，精於雍正、乾隆。器型多見小件杯、碗，水盂之類，一尺來高的胭脂水色釉佛像則是罕見的官窰珍品。擺地攤的不懂這些，周傑臣知道這尊佛像的價值。擺攤的跟他要三百元，他給了二百塊便買到手。賣主還很高興，認為二百元能買一百袋洋白麵，合四千四百斤麵粉，夠全家五口吃一年半的。

周傑臣買來乾隆官窰胭脂水色釉如來佛瓷像，拍下照片，寄往東京那位研究佛學的顧客。這位顧客崇敬如來勝過達摩，不過一個月就來到北平。周傑臣請出如來佛像，日本客人後退，合十靜默。然後談起如來佛。客人問：「如來佛是何佛？」周答：「乃釋迦牟尼佛。」「如來是何義？」答：「如來乃釋迦牟尼十種稱號之一。」日本客人說，你回答的不切題。「如來」，即從為實之道而來，開示眞理而去。佛祖以「如來」自稱。

周傑臣怕他再問，自己答不上來，以攻為守說：「請指教敝人，釋迦牟尼為何義？」「釋迦之義為能仁，牟尼之義為寂默，佛以悲智渡衆生，故得此佳號。」日本客人答後又說：「貴國和我國佛教界均敬奉釋迦牟尼為佛教之始祖，他生於中國東周靈王時代的北印度。」

周傑臣不再與客人談佛教，說起了這尊佛像的來歷。他說：「乾隆皇帝是位孝子，其母后篤信佛教。

這是乾隆爺爲皇太后在景德鎮御窰廠燒製的。由景德鎮恭請到紫禁城內宮，開光供奉。」日本客人將乾隆官窰胭脂水色釉釋迦牟尼瓷坐像，請到日本。日本佛學界在東京爲這尊佛像舉行「開光儀式」，非常隆重。

這件藝術價值和歷史價值極高的文物，周傑臣賣了多少錢，他始終沒向外透露。古玩界人士估計，可能在萬元左右。同行人說：「鑑古齋賣佛像獲利無數。」

找貨源買仿製品滿足需求

鑑古齋周傑臣有了銷售官窰瓷佛像的門路，在日本佛學界有了點名聲。但眞正的康、雍、乾官窰瓷佛像流散在民間的並不多。而東京佛學界人士又常來鑑古齋求購。

周傑臣到天津鍋店街同泰祥去找貨。這裏的仿製品特別多。二、三十年代，同泰祥在景德鎮仿製乾隆官窰瓷器較多，質量好可以亂眞的東西不少。北平的古玩商有不少人前去觀摩，雅文齋經理蕭書農在同泰祥看仿製品，一看就是半天，他仔細觀察琢磨，研究眞、仿之差異，鍛煉眼力。鑑古齋經理周傑臣來了就看佛。同泰祥經理陳建侯跟他說：「周大哥！我們同泰祥拿出宮裏瓷器庫收藏的乾隆官窰瓷佛像：釋迦牟尼、觀世音和韋馱，進行仿製。每尊照樣燒製四個。」

周傑臣仔細看瓷佛像。釋迦牟尼坐像，約三十六釐米高，素白胎釉，花雕描金，神態自若；觀世音坐像，約三十四釐米高，素白胎釉，一手持淨水瓶，一手持菩提樹枝，蓮花瓣座；韋馱立像，約三十八釐米高，武將服，手持金鋼桿，服飾彩色爲藍、黑、黃、紅。三尊佛像的瓷胎細密，瓷釉潤膩，做工精緻。均有「大清乾隆年製」青花楷書款識。

周傑臣仔細看過說：「仿得好，是照原樣下了功夫仿的，說個價吧，我是一樣先拿一個。」陳建侯說：「這是老東家李春生到景德鎮仿製的。窰上的老技師說，乾隆爺是孝子，母年邁信佛。乾隆在景德鎮燒製釋迦牟尼、觀世音和韋馱，敬獻給他母后。李春生是照着這種精品仿製的。我們是賣新瓷的，按新瓷價賣給您，一套三尊三百元！」周傑臣沒還價，三百元成交了。

巧思索美裝潢，製作五臟六腑

周傑臣將三尊佛像帶回北平，想辦法，怎能以假充真，叫人看不出破綻。他先找錦匣鋪和小器作，做軟囊錦匣，匣上黃綾籤，仿照宮廷裝潢製作。三尊佛像都配上雕花硬木座。釋迦牟尼像座雕花爲「八寶」；觀世音座雕出「海水江崖」配原座蓮花瓣似浮在海水上；韋馱座雕出「龍蟠虎踞」顯示威武。製做這些比買貨的價錢還高，花掉五百元。

周傑臣還找到義興首飾樓，製作銀牌掛鏈，刻篆書仿舊製作。要求按中醫所說的人體內部「五臟六腑」的名目，即心、肝、脾、胃、腎和膽、胃、小腸、大腸、三焦、膀胱製作銀質連牌掛鍊，刻上篆字，塗黑作舊。將「五臟六腑」裝入紅色錦囊中。一切準備好後，待價而沽。周傑臣穩坐釣魚台，等待東洋顧客來。

篤信佛，請釋迦牟尼東渡扶桑

日本的一位大財團董事長來到北平，經日本佛教界那位人士介紹，又有王克敏的引薦，到琉璃廠買古玩，在鑑古齋看了幾幅緙絲畫，買了乾隆花鳥緙絲中堂挂畫一幅，市場上賣一千六百，他花兩千五買了，這位日本人不懂古玩行情，看好了就肯出高價。

這時，周傑臣拿出錦匣，打開後從軟囊中請出釋迦牟尼瓷像，連同硬木雕花座擺在桌上。這位董事長忙躬身後退，垂首合十，態度虔誠。周傑臣向他介紹說：「這是乾隆皇帝敬獻給他母后的釋迦牟尼像，在皇宮供奉百多年，白瓷釉有點薰黃了。皇家開光佛像，內務府造辦處先給製造銀質五臟六腑，掛在佛像腹內的掛勾上。」他說完便從紅色囊袋中取出佛祖五臟六腑，陳放在桌上，請日本客人觀賞。日本人再次合十垂首，口裏還嘟嘟囔囔。周傑臣覺得這位老日本更虔誠篤信佛教，日本客人覺得這尊佛的來歷大又奇妙，五臟六腑都是皇家製造。他順口說出：「請佛東渡，我躬親供奉！」周傑臣說：「願佛祖保祐閣下福壽康寧！」

這筆生意甭說討價還價，就連價錢都沒說就做成了。究竟賣了多少錢，周傑臣從來不說。周傑臣又去天津同泰祥要將九尊瓷佛像全都買走，陳建侯說：「您的銷路好，也要給我們一樣留一個。」他又買下六尊瓷佛像，花了六百元。陳建侯問：「周大哥！這佛像您的買主多，甚麼人買這個？」周傑臣說：「我和你哥哥是師兄弟，你問我才說，你可不要再跟別人去說。」隨後他將前面文中所寫的事，都向陳建侯說了，並說：日本那位財團董事長，也叫總裁，將如來佛像運到東京開光，請僧俗百餘人，誦開光眞言，請佛入龕，致禮敬奉。當時，周傑臣將這位日本人的名字都告訴了陳建侯。可惜，今天陳建侯年過八旬，已經想不起來了。

仿製品技藝高，鑑別有訣竅

二十年代同泰祥在景德鎮仿製乾隆官窰釋迦牟尼、觀世音和韋馱瓷佛像，至今已六、七十年了。由於仿製得惟妙惟肖，鑑賞家、收藏家對其藝術同樣欣賞，但與乾隆官窰燒製出的眞品相比，則大爲遜色，不僅年代有遠近，而且工藝之技巧、造型神態、相距遠矣！

眞、仿的差異在哪裏呢？當年參與仿製與銷售的陳建侯，說出以下幾點：

手頭（即重量）。仿製品與眞品相比，輕重不同。仿製品較輕，因製作時，瓷土過篩太細，胎略薄。

釉色。仿製品的釉色較眞品白亮，因粉料調劑不當，不像眞品那樣白中略黃，似人肉色的白潤。

描金。仿製品上的描金顏色顯得浮飄，有些嫩黃，眞品描金是金黃，金和瓷釉渾然一體。

色彩。仿製品的色彩嬌艷，未達到眞品色彩之素穆莊重。

更顯而易見的是眉毛。眞品的眉毛是千筆畫眉，有眉有毛，根根清晰。仿製品則是一筆抹眉，有眉無毛。

這些差異，也就是鑑別乾隆官窰瓷佛像眞、僞之訣竅，可供官窰瓷器愛好者參考。

仿乾隆官窰黃地青花九龍瓶為蔣介石六秩祝壽

《古玩史話與鑑賞》書中《文古齋與岳彬》一文裏提到一對仿乾隆官窰黃地青花九龍瓶，陳中孚帶到上海，通過樂五爺賣給張群，張群給蔣介石送了壽禮。

這件事引起讀者和老古玩界人士的注意，他們向作者詢問，爲甚麼不把事實寫清楚，只提了一筆，是不是有所顧忌？不是的，因爲寫那本書時，作者只能回憶起有這樣一件事，詳細情況早已忘記。這對瓶是陳建侯經營的天津同泰祥細瓷店在景德鎭仿制的，作者訪問他後才知道底細，又有同行人幫助回憶，才將事情弄明白。

抗日勝利後的北平街面

一九四五年日本投降，北平人首先見到的是十一戰區由參謀長呂文貞成立的「前進指揮所」。國土淪陷八年，國民盼中央望中央，盼來了望來了感到親切。繼而國民政府各部門接收大員相繼到平，爭先查封敵僞產業，貼封條，拍賣倉庫存物，把所用於興業建國的物資虛糜分散。漢奸惶惶不安，用金銀財寶買通接收大員，眞假特務趁機敲詐，輿論嘩然，國民發出「中央來了更遭殃」的怨言。十月上旬，北平成立了警備司令部，二十六日李宗仁抵平，十二月蔣介石偕宋美齡飛蒞北平視察，他要求各界人士對於接收問題自由告密檢舉，從嚴懲辦，用此以平輿論。但國民政府官員貪污腐敗愈演愈烈，大失民心，不到三年半，國民黨的統治便垮台完蛋。

抗戰勝利的第二年（一九四六年）蔣介石虛歲六十歲，「蔣委員長抗戰有功」，發動全國搞「獻校」活動為他祝壽。北平市商會在南城香廠路新世界遊藝場舊址開辦了一所「商育中學」作為壽禮，開辦費由各商戶按全年營業稅的十二分之一徵收。蔣介石要過六十大壽的消息在北平各商戶傳開了。

這一年春節很熱鬧，逛琉璃廠廠甸、火神廟的人很多，連多年不出門的名門閨秀、清代遺老之後，像李鴻章的孫子李定侯都來了。

正月十二日夜晚，有人叫開文古齋的門，進來位神秘人物，還跟着兩位保鏢。這位爺神氣十足，身披着黑色大斗篷，頭戴水獺皮帽，足蹬高腰皮靴，手提嘍着文明杖，一雙眼睛環顧四周，高鼻樑上架副金絲眼鏡，兩撇八字鬍鬚留過了嘴角，走在屋裏、院中好像帶着風。他們三個人走進客廳，大師兄楊興順陪同。瀏覽陳列的古董，這位爺手指一件古銅鼎說：「明天你們把這件東西給我送家去。」他不問價，說完便退出。

送走這位不速之客，徒弟們說，咱們院的房上上去過人啦。客人走了，房上的保鏢也撤了。楊興順說，這位客人可有來頭，官兒不小，抗戰時做地下工作，是軍統特務。他是吳大舌頭的兒子，張作霖的乾兒子，今天從地下鑽出來了。徒弟問：「大官買古玩不問價，咱能白給他嗎？」楊答：「明兒個我把東西給他送去，跟他的管家去算賬，怎能白給他。」

沒過半個月，聽說一天晚上在琉璃廠和新華街曾戒了嚴，禁止人、車通行，是因為一位南京大官來到玉池山房，這官可比吳大舌頭的兒子官大多了，都靜街了。來了位從天上飛來的南京大員，蔣介石的秘書長張群。張群是調解東北地區國共戰爭而去瀋陽，返回南京途經北平，到琉璃廠玉池山房看字畫和裝裱他珍藏之畫卷。

張群到玉池山房傳出兩條消息

張群收藏書畫頗多，抗戰前北平琉璃廠玉池山房掌櫃馬霽川為他裱過字畫。這次他來琉璃廠到了玉池山房，是裱畫還是買畫，馬霽川不向外透露。

同行中有人知道馬霽川跟人家合夥從東北新買來幅中國現存年代最遠的名畫——隋代展子虔《遊春圖》，便猜測這幅畫給張群看了，便想買這幅畫，而後以訛傳訛，傳出一些與事實相差很遠的消息，一直傳了幾十年。有關《遊春圖》的傳聞，八十年代末九十年代初在北京大小報紙上登了不少文章。作者有幸遇到當年與馬霽川合夥買賣《遊春圖》的李卓卿和《遊春圖》賣給張伯駒時的中介人馬寶山，他們都說：「《遊春圖》的買賣是以原長春墨古齋經理穆磻忱為主，這幅畫拿來北平一直在穆磻忱家裏，玉池山房沒存過這幅畫，張群怎麼會看到呢?!」

張群到玉池山房後傳出的另一條消息是確實的。就是蔣介石是十二月七日過六十壽日，張群要選好古玩送禮。文古齋經理陳中孚得到這個消息，又想到年前由上海回來時，存放在樂五爺家裏的那對九龍瓶，認為九龍瓶作為壽禮最適合張群和蔣介石的關係身份。

用九龍瓶作壽禮煞費苦心

陳中孚去上海之前，讓徒弟從隔壁文光樓書舖借來《康熙字典》查「九」字怎解釋。字典上有好多解釋都弄不明白，甚麼「陽之變也」、「乾元用九天下治也」，只明白「九之爲言多也」。也知道「九」與「久」是同音。諧音取意，則可說用九龍瓶作壽禮是祝他壽命長久。

陳中孚到上海見到樂篤周便說：「樂五爺！那對九龍瓶，您看不好就不要吧，以後有好官窰瓷器，我再給您送來。」「你找到好買主啦？怎麼急着跟我要瓶?!」

「我聽說張群要買好古玩給蔣委員長送壽禮，我想這對瓶可能是最合適的。」

「你說說怎麼合適呀？」

陳中孚說：「龍，不用解釋，誰都知道是帝王的象徵，可這九龍是甚麼意思我就說不清了。我只知道老北京有九座城門，步軍統領叫九門提督。前門箭樓子是九丈九，皇宮裏和北海都有九龍壁。乾清宮的建制是正面十柱、廣九楹、深五楹，九五之尊，只稱皇帝。我想用九龍瓶給蔣介石送壽禮最合適。可九是甚麼意思？我叫徒弟查《康熙字典》，也沒弄明白。乾脆就說祝他壽命長久的意思。」

樂五爺聽了他說的一連串九，說明他在九字上作文章作得不錯。又給他補充說：「龍生九種，種種不同，這句俗話你怎麼忘了。」並指點他說：「九五之尊這話是『司馬昭之心路人皆知』，但不能說。就說是祝他壽命長久。這九龍祝壽的涵義讓他們自己去揣摩。」

經這位收藏家的指點、引薦，陳中孚同張群門下的管事人做成了這筆生意。他沒見着張群，準備壽禮的管事人看好了這對九龍瓶，陳中孚跟他要一萬元法幣，他給了八千元。張府收下九龍瓶，作爲張群爲蔣介石祝賀六十大壽的一件禮品。

九龍瓶的造型、圖案和仿製

九龍瓶是甚麼樣的呢?范岐周、陳建侯和作者的回憶是這樣的:

乾隆官窰黃地青花九龍瓶造型奇特，是按康熙官窰青花方瓶的形狀，將四面變爲六面，燒造成四十五釐米高的六棱瓶。瓶底圈足，瓶口口沿向外撇敞，瓶口同六棱連接處，有一拃來高的瓶頸，瓶頸兩旁有雙耳。六棱每棱的平面繪有黃地青花海水江崖，火球雲霧，龍飛雲湧，圖案畫面生動活潑。瓷胎細膩，釉色瑩潤。黃地呈杏黃色，青花爲較淡的深藍色，色調古樸典雅，具有特殊的宮廷風格。雙藍圈內有「大淸乾隆御製」六字三行篆書款。

六棱瓶的六個面繪有神態各異的六條五爪龍，瓶頸一條盤龍，雙螭耳是兩條無角龍，故稱九龍瓶。這對九龍瓶，民國十三年以前陳列在北京故宮的武英殿，那時叫「古物陳列所」，溥儀仍居宮裏。天津同泰祥細瓷店經理李春生於民國十二年到北京參觀古物陳列所，看上了這九龍瓶，想方設法要仿製。他拜託北京德泰細瓷莊經理劉勉之向古物陳列所商量，取出一件眞品，拿到景德鎭照樣仿製，仿完後物歸原主，並贈給古物陳列所一對九龍瓶。但古物陳列所不同意把眞品拿出所外，只同意借與相片或描繪原物。

李春生從景德鎭請來畫師，在古物陳列所摹畫，畫出與九龍瓶相同的圖案，調配好與九龍瓶一樣的黃、藍色樣，量好尺碼，稱過重量，模擬款識，同時還照了像。帶回景德鎭精工細作進行仿製，用了半年時間，燒造出兩對仿乾隆官窰黃地青花九龍瓶，成本高質量好，可以亂眞。

仿製的乾隆官窰黃地青花九龍瓶，民國十四年在天津同泰祥細瓷店門市上擺出一對，很快被住英租界地的一位原北京政府的下野官員買走。另一對九龍瓶，李春生捨不得賣了，在同泰祥收藏多年。三十年代末，李春生只當東家，由陳建侯當經理，主持業務。

一九四〇年，同泰祥在景德鎭分店所存之貨，從九江僱木船百餘艘，上萬件仿製官窰瓷器打包往天津運發，途中被日本駐杭州灣海軍劫走。從此同泰祥的貨源斷了，損失嚴重。加之日僞統治天津的後期，各業蕭條，細瓷店的仿製官窰瓷器銷量極少，積存品還不少。陳建侯想將九龍瓶出售，給他的大哥陳中孚看貨，陳中孚認爲九龍瓶仿製的符合官窰規格，屬於仿製中之精品，可以充眞品出售。

這對九龍瓶拿到北平琉璃廠文古齋，做了雕花硬木座和大錦匣，錦匣外黃色標簽上書寫着「大清乾隆御窰黃地青花九龍瓶」楷體字。陳中孚將九龍瓶帶到上海，從而引出上面所寫的那段故事。

眞、仿九龍瓶之區別差異

往事越四十八年，滄桑巨變，蔣介石、張群已先後離開人世，樂篤周、陳中孚也早已不在人間。唯有陳建侯這八十七歲（一九九四年）的老人仍健在。一九九一年清明節作者返故里掃墓時，去拜見這位叔父，爺兒倆聊起這段往事，作者說：「眞、仿九龍瓶是眞假難分，仿得可以亂眞。」他說：「眞假是難分，不是不可分，眞的就是眞的，假的就是假的。」作者請他說說眞假的區別在哪裏？

他說：「九龍瓶是我們東家李春生在景德鎭仿製的，他曾說這東西跟眞的一模一樣，那時我就不信他說的。我到景德鎭也仿製過官窰瓷器，仿的再好也有差別，看起來一樣，仔細比較就不一樣了。甭說相隔一、二百年再重新仿製出的東西和原來的不一樣，你看外邊那棵樹，樹上的葉子都一樣吧，可是你仔細比較，就看出不完全一樣了，一棵樹上長的都不一樣，何況是仿製的。

「日本侵佔北京時，武英殿還擺有九龍瓶，我去看過，當時我認爲眞、仿九龍瓶有四方面的差異：

「一是黃地，也叫黃彩。眞品的杏黃彩色略深，顯出宮廷韻味，仿的顏色淺了，顯得嫩，不夠古樸典雅。

「二是青花。眞品青花的藍色是藍而泛青，仿製品是藍而泛白。大概是青花色料不同、調配不當，火候沒掌握好等原因而造成的。

「三是圖案的繪畫。眞品的龍、雲、海水江崖繪畫自然，筆意生動流暢，仿製的則是似描非畫，貌似神離，筆法呆板。懂繪畫的人一眼就能看出來。

「四是款識。當年李春生故意做出差異，將篆書『御』字的中間『缶』，比眞品的篆書寫法少畫半筆，以示區別，留為後記。」

老人講完後一再叮囑作者不要外傳，特別那款上的暗記，是鑑別眞、仿的訣竅。作者未聽前人之叮囑，將九龍瓶的故事和鑑別眞贗之訣竅公佈於世了。

岱廟裏的明清官窯瓷器的被盜與追回

四十年代初山東省泰安縣城內岱廟被盜，盜走明清官窰瓷器十多件，流散在濟南的文物市場，被北京古董商徐少山、張玉華買走。案發後，幾費周折，終將失物追回，送岱廟收藏。其中詳情，而今披露如下。

徐少山在濟南「揀漏」

徐少山原在韻古齋給韓少慈當「瓷器把式」，四十年代初幫韓少慈買了對宋鈞窰洗子打了眼，辭櫃不幹，進了萃珍齋給黃同文當吃外股的夥計。萃珍齋出錢，徐少山去濟南買貨。

濟南府有家老字號茹古齋古玩鋪，這裏看瓷器有眼力的是霍介秋。徐少山走進茹古齋看貨，見一對明嘉靖官窰黃地青花帶蓋的葫蘆瓶，約有十六釐米高，葫蘆瓶上繪的是葫蘆，瓶和蓋有鎏金鍊相連，釉色瑩潤，彩色柔和，造型頗似天然生長的葫蘆。可是這對葫蘆瓶擺在貨格裏不顯眼處，徐少山心想：這樣的好貨，古玩舖的習慣是藏而不露，不上貨格子。茹古齋這家老字號怎把嘉靖官窰器放在貨格不明顯處，跟一堆雜項文物爲伍?!突然他明白了，八成兒是霍介秋把東西看錯，不是看成是後掛黃彩，就看成是新貨。他不動聲色，來回走遛兒，從貨格子裏挑選貨。

徐少山從茹古齋的貨格裏挑出四件瓷器，其中有嘉靖葫蘆瓶。他對霍介秋說：這四件東西是禮貨，北京有位買主要給日本人送禮，託我給他尋覓。你作個價我摟貨。霍介秋沒細琢磨，葫蘆瓶才作價五百塊錢的中國聯合準備銀行的僞鈔。

霍介秋爲甚麼作價這樣低？原來這件貨是從濟南有名的買賣舊貨的王大腳手裏買來的。王大腳從小市地攤上才花一百五十元就得到手，拿到茹古齋給霍介秋看。霍介秋沒看好，認爲是新出窰的仿製品，因爲瓶裏還有包裝用的稻殼。王大腳則認定是後掛彩黃釉，放在茹古齋代給試銷，三百元就可出手。

這對明嘉靖官窰黃地青花葫蘆瓶被徐少山揀了漏，拿回北京琉璃廠萃珍齋給黃同文看，黃同文也鑑定不準。拿給萃珍齋的東家、寫《古玩指南》的趙汝珍看。趙汝珍說徐少山的眼力好，是嘉靖官窰器，沒錯兒，不是後掛黃釉。當即出資兩千元，自己留下收藏。東家從自己開的鋪子裏買貨爲甚麼還給這麼多賺頭？因爲這是經營商業的規矩，又有吃外股的夥計，東家也要按行情收買貨物。

徐少山很高興，幫韓少慈買鈞窰洗子看走了眼，在萃珍齋出外買來嘉靖官窰葫蘆瓶受到趙汝珍的讚揚。他很快返回濟南，將其它三件瓷器退了貨，五百元的葫蘆瓶錢交給了霍介秋。

張玉華去泉城收購

海王村蕉葉山房的少掌櫃張玉華改變了老掌櫃張蓮舫的經營方向，把鑑別修理古琴的蕉葉山房變爲鑑定經營古瓷的古玩鋪。張玉華看官窰瓷器有眼力，對古琴不感興趣，北京淪陷後，他經常去濟南府買貨，拿回北京賣給同行，行話叫「川貨」。

一九四一年，張玉華來到濟南府從王大腳手裏買了一批乾隆官窰瓷器，其中有乾隆官窰粉彩藏草瓶兩對，小瓶不高，約有十六釐米左右，彩頭不錯，造型是模仿西藏喇嘛廟的佛前供器；乾隆官窰青花八寶

（輪、螺、蓋、傘、花、罐、魚、腸）瓶兩對；還有兩對乾隆官窰綠地金龍瓶。價錢不高，具體價格，張玉華沒透露。

回到北京，張玉華很高興，約來韞玉齋經理范岐周、永譽齋經理李欣木先後看貨。先賣給范岐周一對乾隆官窰粉彩藏草瓶，一對乾隆官窰青花八寶瓶，一對乾隆官窰綠地金龍瓶。三對乾隆官窰瓶才賣了三千六百元（在今天在台港拍賣五百萬港幣不算出奇）。范岐周轉手賣給上海梁培是八千元中國聯合準備銀行的僞幣。不過一個月，張玉華又拿出和賣給范岐周同樣的乾隆官窰瓶三對，賣給永譽齋經理李欣木，共賣了三千八百元。

琉璃廠古玩行人傳出，濟南府出現乾隆官窰瓷器幾十件，價錢便宜，花四、五百元就能買一件。范岐周信以爲眞，坐飛機去一趟濟南，和同行人一交往便知傳出的消息離奇，全濟南府也沒有那麼多乾隆官窰好瓷器。

范岐周從濟南回來見到李欣木，李欣木告訴他張玉華賣給永譽齋的三對乾隆官窰瓷瓶，都已出售給天津同行，天津同行轉賣給南京一位銀行界人士。他們倆盤算張玉華這趟濟南之行，起碼賺了四、五千元。可是南京上海的買主趨向是買明清官窰瓷器，字畫和青銅器的買主不多。

李欣木是山西人，心細，他對范岐周說：你去了濟南一趟算是白去，張玉華從濟南怎麼弄來這麼多乾隆官窰瓷器，不但成對，而且還一下子弄來兩對同樣的器皿。范岐周說：我在濟南聽說他是從王大腳手裏買的，王大腳的門路廣，甚麼人都交。李欣木說：這事不妙，咱們業已賣出去了，管不了那麼許多。范岐周也覺這事奇巧，恐怕貨的來路有說道。

濟南古玩商會會長來京

一九四二年初，濟南市古玩商會會長萬恩普來京，向北京古玩商會會長崔耀庭述說山東泰安縣城內岱廟失盜，一些文物被北京古董商買走的事，而今盜案偵破，準備追回贓物，前來說和，最好是私了，並要求崔耀庭協助處理好。

泰安岱廟建於西漢，歷代皇帝到泰山封禪告祭，同時到岱廟祀泰山神。其殿宇雄偉，歷代修葺，供泰山神。內有秦漢石刻、漢柏、唐槐、宋代壁畫等古跡，收藏的明清官窰瓷器乃佛前供器。據記載，歷代帝王中朝泰山謁岱廟次數最多的是西漢武帝和清高宗皇帝，漢武帝八次封泰山禪，清高宗乾隆皇帝十次謁祀岱廟登岱頂祀元君。因而岱廟供器中乾隆官窰瓷器多。

日偽統治山東時，偽省長唐仰杜同琉璃廠古董商有交往，他本人收藏字畫、青銅器等文物。岱廟被盜是於一九四一年春節前發現的，收藏供器的房間前門貼有封條，上了鎖，是從後窗戶撬開進入室內，箱子原樣放着，內藏之供器不見了。

泰山縣長向唐仰杜報案，唐下令偵察破案追回贓物，返還岱廟。省警察廳很快破案並抓到盜賊、捉到銷贓犯王大腳，王大腳供認不諱。山東省警察廳原打算通過濟南市古玩商會和北京市古玩商會，私下了結此案。

敬酒不吃吃罰酒古董商坐牢

北京古玩商會會長崔耀庭、濟南古玩商會會長萬恩普二人來到琉璃廠蕉葉山房，和張玉華談了岱廟失盜之事，要他退回贓物私了此案，不必經官。

張玉華怒氣衝衝，態度很硬，他說：「我是從濟南古董商手裏買來的，賣給北京的同行。這是有上家又有下家的買賣，我不是偷來的貨，不犯法，讓我退貨，那是沒門兒！」崔耀庭眼珠一瞪，說了聲：「你可不要敬酒不吃吃罰酒！」拉起萬恩普的手說：「咱們走！」

他們來到萃珍齋見到黃同文。黃同文的態度好些，他說：「崔二爺！萬二爺！爲我們櫃上從濟南買了嘉靖葫蘆瓶的事操勞費心了！」說完一拱手，接着說：「這貨讓我賣給朝鮮銀行董事長了，讓人家退貨可不大容易。再者這東西是明買明賣的，不犯法，我有營業執照，是正經買賣字號，怎能隨便找買主去要求退貨呢?!」

崔耀庭一聽，心想：你黃同文比張玉華老練，會說話，但都認爲不犯法，不給退貨。故而他說：「同文！你不必跟我客氣，我是會長，咱們行裏出了事我應當管。你們這事兒可不小，驚動了山東省長。東西是岱廟的，還回岱廟是理所當然。咱們可都是中國人，岱廟是中國的名勝古跡，那裏的神前供器是皇上家御賜的，有着考古和文化上的重大意義，萬不可輕易讓外國人得到手。」黃同文說：「我不做洋莊生意，沒把葫蘆瓶賣給外國人，就是賣給外國人也不犯法，咱們行裏這樣的事多了去了，商會是管不了的。」

崔耀庭被黃同文嗆了兩句，馬上來了火，一拍桌子說：「萬二爺！咱們管不了他們銷贓的事，讓他們進警察局說理去！」萬恩普和崔耀庭站起來要走，黃同文笑嘻嘻地說：「崔二爺您別生氣，事有事在，您多包涵，我不會說話。」氣氛緩和下來了，崔喝了會兒茶，聊了些別的才離去。

沒過半個月，山東警察廳派人到北京警察局，聯合將黃同文、張玉華帶到北京警察局，先把他們關了起來，不過堂也不審理。三天過後，四名警察將他倆押解到濟南府去了。

人心似鐵非似鐵贓物追回

黃同文、張玉華進了濟南警察局，先收監入獄，吃窩頭喝沒油水的白菜湯，坐在牢裏沒人問。沒過五天，黃同文受不了啦，向看監的打探：怎麼把我帶進來總不過堂審問？看監的不理他，讓他慢慢等着。一個星期過後才審理。張玉華、黃同文從未經過這種場面，一進大堂見左右站立持黑紅棍的四名警察，堂上坐着一位警官，一名記錄員。警官問話先用驚堂木拍桌子，他們沒思想準備，嚇了一跳。頭一次過堂只問姓字名誰，核對案情即退廳。

張玉華、黃同文原是鐵了心不退貨，經過這麼一折騰，黃同文先告了饒，他覺得受不了這罪，整天吃不飽，圈在「笆籬子」裏受不了（作者註：北京土話稱坐牢爲「蹲笆籬子」）。又想貨也好退，東西在東家趙汝珍手裏，要回來交了就算了。第二次過堂，黃同文便答應退貨，在堂上簽了字畫了押。張玉華還不答應，原因是他賣出的貨不好追回了。後來警察局答應幫助追回，張玉華才同意退貨，當堂簽了字。

黃同文、張玉華回到北京，經崔耀庭從中調停，韞玉齋派人去上海請梁培退貨，很快處理妥。而永譽齋到天津去要求買主退貨，人家已轉手賣給南京某收藏家。幾經周折，貨才退齊，原物交濟南警察局，轉入岱廟收藏。事後，古董商中傳說，唐仰杜將這批文物收爲己有了。一些認識唐仰杜的人則說，唐仰杜雖然是漢奸，但岱廟裏的東西他還不會公然據爲己有。事實究竟如何，作者已無從查考。

◆珠寶玉石、字畫雜項

在古代文物中珠寶玉石、字畫雜項，可謂豐富多彩，內容深奧，涉及學術面廣。作者不才，知之甚少。所知之珠寶玉石、字畫雜項等文物在市場交易和鑑別經驗，是老行家的親身經歷，聽了他們的指教，較多的部分在《文物話春秋》一書中有記述，這本書中收十四篇文章，補其不足，供讀者欣賞，尚求指正。

◇珠寶玉石

日本東京展出的世界最大的天然珍珠乃西太后之遺物

一九九三年，北京《光明日報》主辦的《文摘報》第一〇二五期上刊登了一篇文章報道，日本為紀念人工養殖珍珠成功一百周年，在東京、名古屋、京都、大阪等地展出一顆世界上最大的天然珍珠，重達一百一十四克，直徑為七釐米左右，命名為「亞洲珠」。文章中說：「它是四百多年前在波斯灣被發現的，先後經印度莫卧兒帝國帝王和波斯王之手，最後輾轉到我國清朝慈禧太后手中，成為她的珍貴飾物，再以後則下落不明。」

世界上最大的天然珍珠是怎樣失落到海外的？日本人說，這顆天然珍珠的展出是從英國借來的，展出後奉還。過去曾有不少傳說，在此作者予以轉述，供讀者參考。

給西太做點心的人的說法

作者的一位舅爺王寬，光緒年間在宮裏點心房給西太后做點心，他說：「這顆巨型天然珍珠是在康熙盛世時，波斯進貢的寶物，原先藏於圓明園。光緒初年，發現它在一位宮女手中，這個宮女被西太后杖死，西太后將寶珠收在自己身邊。西太后駕崩後，寶珠成了她的殉葬物。民國十七年，孫殿英在東陵盜寶，這顆寶珠被盜走。孫殿英將寶珠獻給宋美齡，東陵盜寶案才未追查到底。」

東陵中的最大珍珠由孫殿英獻給了宋美齡的傳說，在「九·一八事變」前後在北京城中廣為流傳。

原北京市文物業同業公會主任的說法

一九八八年，作者同解放後曾任北京文物業同業公會主任的邱震生老先生閒談文物掌故，說到孫殿英東陵盜寶，琉璃廠黃伯川因銷贓吃官司，就提起了西太后那顆最大的珍珠。邱震生說：「三十年代初，我聽莊翰林（莊蘊寬）在虹光閣講，西太后手裏有顆大珍珠，大小跟鴨蛋差不多，足有三、四兩重！這顆珍珠是外國向乾隆爺獻寶進貢來的，有人說是天竺國國王進的貢，也有人說是波斯王子來京朝拜乾隆爺時，獻上的貢禮。大寶珠在皇宮珍藏一百多年才傳到咸豐爺手裏，咸豐病危時將它賜給了東太后。咸豐去世後，慈禧得病，慈安去看她，見她發燒燒得心慌意亂，便將大寶珠給她握在手中。宮裏人傳出，這顆大珍珠能鎮靜祛熱，西太后手握寶珠，病漸漸好了。西太后見寶不放，東太后為人寬厚，也沒向她索要。從此大寶珠一直由西太后收藏，每當她大事臨頭，手裏總是握着這顆珍珠，這能使她鎮定。」

關於這顆珍珠的下落，邱震生先是避而不談，後又說孫殿英盜寶，這顆最大珍珠並未經譚師長之手賣給尊古齋，而是託人送給了蔣介石夫人宋美齡。這種傳說很普遍，是否屬實，沒人能肯定或否定。

百年珠寶店聚珍齋門人的說法

張廷烈是廊房二條聚珍齋的徒弟、老珠寶商，知道關於珠寶的故事多，鑑別珠寶的眼力好。他說：「我學徒時，聽我們掌櫃的李仲五跟鹽業銀行經理岳乾齋聊天時，講到大珍珠的事兒。岳乾齋拿一本書給李仲五看，書名我記不清了，書裏記載的是西太后隨葬寶物的名系、數量和估價。其中有顆大珍珠，大如雞蛋，是乾隆二十年某國進貢之物，書中說價值兩千萬兩紋銀。」張廷烈還說：「溥儀抵押在鹽業銀行的古玩珠寶和金銀器物，都經岳乾齋之手。岳乾齋跟李仲五說過：這顆大珍珠沒抵押在外國銀行，溥儀可能都沒見過。到了『九·一八事變』時，北京古玩珠寶行中才傳出，這顆大珍珠被日本人山中買走，山中又轉賣給了大英帝國博物館。」

到這顆最大的天然珍珠在日本展出的一九九三年，王寬、邱震生、張廷烈已先後離開人間了，作者無法再深入調查，僅可將他們生前所言記下，留作資料。

皇妃的珍珠衫失落民間

清末時，大而滾圓的珍珠最寶貴，也最値錢。大量的珍珠儲藏在皇宮裏邊。光緒二十六年，皇宮裏的奇珍異寶丟失不少，其中有件皇妃的珍珠衫。珍珠衫的故事在古老的玉器街——廊房二條傳說多年，老珠寶商、老古董商都熟悉。

而這故事的始末情節在八十年代時，只有聚珍齋門人、李仲五的徒弟張廷烈還能述說得清晰生動。他說，「這是件實事，李仲五耳聞目睹，我是聽我師傅說的，不會錯。」張廷烈是作者的同鄉，又是世交，長作者十二歲。他去世前曾給作者講過這個眞實的故事，現整理成文，留作紀念。

聚源樓劫後迅速復興

光緒二十六年，八國聯軍侵入北京，燒殺搶劫，火燒商業繁華區大柵欄，西河沿以南的廊房頭、二、三條街市皆化爲瓦礫灰燼，直到宣統二年才全部恢復起來，獨有廊房二條聚源樓在光緒二十八年就重新開張營業。

聚源樓是河北定興縣和家於光緒初年在廊房二條開的買賣。起初買賣不大，做首飾賣紅貨逐漸發了財。光緒十五年前後，聚源樓成爲廊房二條的三間門臉的大金珠店，和家發了財，少掌櫃也成長起來了。全家搬到了城裏，農村的土地有人經管，城裏的住宅有看門護院。

和家的少爺代替老掌櫃經營聚源樓，他有套辦法，用人得力，白天擺在店舖裏的珠寶黃金，晚上用馬拉轎車拉回住宅，第二天早晨再拉回櫃上，還僱有保鏢相隨。貴重的東西在店舖不過夜。

光緒二十六年，市面混亂，和家早把珠寶黃金拉回家中看管。廊房二條着火，燒了他的舖面房不值幾個錢，大量的金銀財寶並未損失。

劫後的聚源樓不但恢復快，還在大柵欄買了地皮，蓋起舖面房間，開了聚興煙舖，專賣上等關東煙。財富源源不斷，成爲京城聞名的富商——聚源樓和家。

門市來了位藍頂紅翎的大太監

光緒二十八年，皇宮裏的一位太監來到廊房二條，見路北有家三間門面的金珠店，「聚源樓」的牌匾字號顯眼，其它家還都在恢復重建中。這位太監知道，廊房二條聚源樓和家最有錢。

太監走進聚源樓，和掌櫃見是一位藍頂紅翎的官員進來了，趕快拱手相迎，請坐斟茶，伺候周到。待他仔細一看，再聽來人說話的嗓音，方知來者是位太監，又忙叫徒弟給公公撣塵，遞熱手巾把兒，請公公擦臉。

西太后專權的年月，太監在宮裏是奴才，來到市面上則是老爺，比官老爺的權勢還大。但不知道他是不是侍候西太后的，要是「老佛爺」身邊的太監，可就更不得了啦，伺候不好，他要是發脾氣，不但買賣做不成，說不定還得把腦袋搭進去！所以和掌櫃非常謹愼小心地陪太監談話。

太監說：「咱家出來走走，看你的買賣門臉兒挺闊，又耳聞聚源樓的東家是位大財主。我有件東西打算賣給你們，換個萬八千兩銀子，寬綽寬綽。」和掌櫃陪笑說：「小店做些金銀首飾、鑲嵌珠寶的紅貨，不是甚麼大買賣大字號。公公的東西自然是珍貴的，我們怎買得起。」「猴兒崽子！你甭跟我哭窮。我不搶你，也不是向你借錢，拿東西換錢用，你怕甚麼?!」太監不高興地說。和掌櫃躬身作揖說：「公公息怒，小人說的是實話。不知您用甚麼珍寶換錢，如果貨對路，我可以給您介紹買主。」

太監問：「你們的後邊兒還有地界吧？」和掌櫃答：「有！有！有！」太監說：「你說我用珍寶換錢，珍寶怎能在門面上拿出來給你看?!」和掌櫃連忙站起身，伸出手，躬身哈腰說聲：「您請！」

秘室脫衣露出珍珠衫

太監隨着和掌櫃走進後屋一間秘室。室內有煖炕，炕上擺着紅木炕桌，陳設典雅古樸。太監脫鞋盤腿坐在炕上，和掌櫃將屋門關好，回到太監身旁，神秘而小聲地說：「請公公把珍寶拿出來給我開開眼吧。」太監在炕上站了起來，再看他脫下袍褂，和掌櫃忙將袍褂接在手中。太監解開內衣，露出了裏面的一件珍珠衫，說聲：「你來看！」

和掌櫃湊近他的身邊，仔細看那珍珠衫，見衫上的珠子勻稱，銀綫串織平整，珠子的顏色襯在白小褂外面，顯得略黃而潤。和掌櫃看完忙說：「您快點穿上衣裳，別涼着！」太監說：「衫子是夏天穿的，涼爽去火，今兒個我穿上，把珠子都焐熱了。」太監穿好袍褂，又端坐在炕上。

掌櫃問：「您這件珍珠衫打算換多少兩銀子？」

「一萬兩，不算多吧！」太監答。

「不多！不多！不算多。可我這個買賣把全部貨底都抖摟了，也換不了一萬兩銀子。我確實想給您把珍珠衫換成銀子，可我不稱那麼多銀兩，沒福份購受這件寶衫！」

「你想個法兒，把衫子給我賣出去。找買主可不要找咱京城的王府、官員財主。」

「公公！您住在甚麼地方？三、五天後，我找到買主，給您送個信兒去。我盡心盡力給您辦這事兒。」

太監聽掌櫃問他的住址，眼珠一轉說：「我住在皇宮，你進得去嗎?!這樣吧，十天後我再來找你。這事兒你辦成辦不成都不要跟別人說，拜託！拜託！」和掌櫃連聲說：「是！是！請您放心，我和某辦事牢靠。」

太監走了，和掌櫃出了一身冷汗。他心裏明白：這珍珠衫是皇宮裏太后或娘娘嬪妃的貼身寶物，民間百姓不得買賣，做這路生意是犯王法的，罪過可不小，重則滿門問斬，輕也要殺自己的腦袋！可是，他又想這珍珠衫豈止值一萬兩，幾十萬兩也不止，若拆成串珠賣，百萬兩也打不住！和掌櫃盤算了許久，兩、三宿沒睡好覺，輾轉反側，苦心琢磨，突然間想出個辦法來。

替身出現在六國飯店

十天後，太監來到聚源樓，和掌櫃把他請進後屋密談。和掌櫃說：「我給您找到了買主，是澳門客商。本來人家準備回澳門，聽我講了您這件珍珠衫，他等了幾天。我用轎車送您到六國飯店，同他直接見面。你們談，我給您跑合拉縴。」太監聽說是澳門人買他的珍珠衫，心裏踏實了，面露笑容說：「好！好！澳門人有錢。」他心想：澳門在光緒十三年（公元一八八七年）就被葡萄牙佔去了，珍珠衫到了澳門，犯事也不能追查了。這時，他才向和掌櫃拱手稱謝。

太監來到六國飯店，早有人在門前等候。他們在一間西式客房裏成交了這筆生意，用馬拉轎車將萬兩紋銀拉到酒子府太監總管之府。

這珍珠衫沒運往澳門，而是被聚源樓所得。這是和掌櫃用的計謀，請了位廣東人當替身，在東交民巷六國飯店租了一套房間，插圈弄套，躲開買偷盜贓物之嫌，免得吃官司。那個年月，清廷腐敗，搖搖欲墜，皇宮的東西失之甚多，沒人去追查這件珍珠衫。

寶物被盜 珍珠猶存

後來珍珠衫賣給誰了呢？這件事只有和掌櫃的夫人——和太太知道。和太太於一九五三年前後在北京去世了，所以，自清末至今這一直是個謎。

聚源樓始終是廊房二條金珠店的首戶，到了北京解放時，和家的財寶仍不少。和掌櫃去世早，由和太太掌管家業，聚源樓由賈恆甫經營，大號買賣則由和太太決定。和太太通達世理，人很精明，同行人說她是「做事有主心骨兒。大事不放，小事不問；用人不疑，疑人不用。」

聚源樓雖換了掌櫃的，但還是和家的買賣，仍按老規矩辦事：每天早晨用轎車往櫃上送珍貴的貨，晚上拉回家中收藏。後來，好貨多了，車運不方便，地面也不消停。廊房二條的大珠寶、玉器舖寶全、全聚厚、德源興、聚珍齋和聚源樓聯合，在東交民巷花旗銀行後院租房，作爲保險庫。將貴重的珠寶鑽翠、黃金美鈔，裝進鐵皮木櫃上鎖，日夜僱人看守。他們覺得這樣萬無一失了。

日久天長，還是被一位姓高的同行人知道了，但他不好下手。一九三五年，「冀東事變」，殷汝耕在河北東部二十二個縣成立傀儡政權；城裏的學生舉行聲勢浩大的遊行示威，反對日本侵略軍侵入華北和國民政府的賣國政策。就是在這一年的冬季，高某人勾結一名白俄和八名彪形大漢，夜闖花旗銀行後院的保險庫，將看庫的二人綑綁、蒙眼堵嘴。十個人大幹一夜，撬箱砸櫃，天快亮了才撬開五個櫃，已筋疲力盡。他們將珠寶分成九堆，姓高的從每堆中拿出一件，便揚長而去！

事後查點，聚源樓的損失最重，所藏珍寶全部被盜，聚珍齋的箱櫃沒被撬開，東西一件不少。其它各家都損失不小。

賈恆甫掌櫃十分驚慌，垂頭喪氣地向和太太報告失盜情況。和太太鎮靜地說：「不要怕！東西被盜去報案，能追回多少是多少，就是追不回來也不要緊；以後二十年不開張、沒買賣做，你們只要給我看好門面，大柵欄聚興煙舖賺的錢，也夠你們吃喝用的了，再說咱們家裏、櫃上的好貨還不少。」

聚源樓的珠寶確實還不少，直到五十年代初，和太太手中還收藏着每顆二分二厘重、滾圓的天然珍珠八十個。這八十顆珍珠引出的故事更多，但都是事實，不是編造的，詳情請看下文。

兩串珍珠　兩件無頭案

皇妃珍珠衫失落民間，聚源樓巧取珍珠衫，傳說了近百年。還有兩串珍珠：一串賣給了澳門紳士，其愛女佩帶出國去倫敦，慢藏誨盜而殺身，未聞破案。

另一串珍珠由聚源樓收藏近五十年，其間少帥夫人于鳳至曾出價十萬，由於中介人未得利而沒賣成。五十年代初被人騙取，失落後在港台，無人追查，成爲無頭案。

作者聞之，深爲感嘆，錄之成文，記之在冊，供讀者閱覽。

珍珠產地　串鍊分類

珠圓玉潤，珍珠以滾圓爲佳。老珠寶商說：「七分珠，八分寶」，即夠八分重的滾圓珍珠，就是稀世珍寶了。在自然生殖條件下，珠蚌受外界的各種刺激與影響，很難生長成大而滾圓的珍珠，夠八分重的珠子確是難得之寶。珍珠具有晶瑩的光澤，作裝飾品最好。

清代皇帝用珍珠作朝珠，一串朝珠是一百零八顆，八分左右重一顆，一串朝珠，老秤（十六兩一斤）是八兩六錢四分重。老珠寶，古董商對皇上朝珠的說法不少，不外是說：「皇上的朝珠用的是『東珠』。東珠產自松花江，松花江產的珠子大而圓。清朝皇帝戴上東珠不忘東北故土。」

珍珠分爲海產貝類生成的「海產珍珠」，淡水貝類生成的稱「淡水珍珠」。專家講，東珠並不是松花江貝類生成。東珠乃東海口之吳淞江貝類所產。古稱松江，非松花江，乃吳淞江。那裏的珠母貝生活在淡水和海水之間，生成的珍珠最爲珍貴。

清代時，波斯灣地帶給清廷皇帝進貢的珍珠較多，質量高於國內所產。

珍珠製作珍珠衫、朝珠、項鍊、手串。「一百零八顆爲朝珠，八十顆是項鍊，十八粒做手串。」這是珠寶商編的順口溜，也是區分各類串鍊的具體數目。

紳士買珍珠　愛女丟項鍊

光緒三十三年，聚源樓有一串八十顆珍珠的項鍊，個個明亮瑩潤、滾瓜溜圓，四分重一個，整齊美觀。銀絲綫穿連，相隔之處附墊，免去相磨碰，又不顯眼。這串珍珠標價紋銀十萬。

葡萄牙殖民者強佔澳門二十年後的一九〇七年（光緒三十三年），澳門紳士蕭瀛洲進京朝拜。蕭瀛洲收藏珠寶古玩，琉璃廠古董商、廊房二條珠寶商都張羅做他的買賣。他買了古玩字畫，又到了珠寶店。聚源樓和掌櫃拿出串珍珠項鍊給他看。

他見這串八十顆珍珠個個圓潤，在陽光照射下放五彩，戴在脖上涼爽清神又美觀。和掌櫃跟他要十萬兩紋銀，他點頭應允。他說：「金銀有價，珠無價，一顆珍珠千萬廈！」

蕭瀛洲回了澳門。宣統元年，其愛女出國去倫敦求學，老父送她珍珠項鍊作紀念，盼她學業成功速返還。不料，愛女一去兩年未還，且在倫敦失蹤了。

民國初年，北京古玩、珠寶行中人士從倫敦得到消息說，她的失蹤是因這串珍珠項鍊，慢藏誨盜，古聖之言不可不信，珍珠項鍊引出了殺身之禍。

這件事在古玩、珠寶行業中傳說了幾十年。今日重提，爲之傷感！清廷腐敗，國家衰弱，任人宰割；國人在外倍受欺凌，人命關天卻無人過問！

聚源樓八十顆珍珠有來源

聚源樓還有另一串八十顆珍珠的項鍊，出現在民國十三年。這時，和掌櫃已去世，由和太太掌管家業，賈恆甫當經理，大事得同和太太商量才能辦。

和家在北京城有五、六十處房產，在大柵欄開有聚興煙舖很賺錢。聚源樓和家的財富令同行人羨慕，也經常議論，大家都說，和家發財是因巧買了珍珠衫。有的說，珍珠衫賣給了日本人，價值百萬；有的講，珍珠衫拆了，變成串珠，再拆成一顆一顆賣掉，比賣珍珠衫還賺錢。究竟是怎麼賣掉賺了大錢的，誰也說不準確完全。

光緒三十三年，聚源樓賣了串八十顆珍珠的項鍊，民國十三年又出現一串八十顆的珍珠項鍊，那是從何處買來的？據同行人講，那還是從那件珍珠衫上拆下來的。可是賈恆甫說，自從賣給蕭瀛洲那串珍珠後，和太太就讓掌櫃的在櫃上注意收購零顆珍珠積攢。攢了二十來年，才從五百多顆珍珠中選出滾圓大珍珠八十顆，串成項鍊由東家和太太掌管。同行人只聞風聲，誰也沒見到眞貨。和太太知道，這串珍珠沒人買得起，拿出去怕招禍。

那時正是第二次直奉戰爭，張作霖打敗了吳佩孚，馮玉祥發動北京政變，曹錕被趕下台，北京政府在張作霖、馮玉祥的控制下。奉系軍閥在北京大權在握三、四年，張作霖的帥府設在順承王府，少帥張學良在北京買古玩珠寶，名聲很高，古玩、珠寶商都做他的買賣。

高殿卿向少帥夫人兜售珍珠項鍊

聚珍齋有位吃外股的夥計高殿卿，經唐在禮的夫人介紹進了帥府，做張學良、于鳳至、趙四小姐的珠寶生意。他給于鳳至送去珠寶鑽翠，任其挑選。少帥夫人想買珍珠項鍊，要求珠子大而圓，高殿卿答應去給淘換。

一九三一年的夏天，聚珍齋經理李仲五找聚源樓經理賈恆甫商議，要給聚源樓代賣那串八十顆珍珠的項鍊。賈恆甫做不了主，去跟和太太談，和太太說：「聚珍齋是大買賣，這串珍珠少於十萬元不賣。」這時，八十顆大而圓的珍珠才露面，李仲五將它交給高殿卿，高請少帥夫人看。

于鳳至見了珍珠項鍊十分喜歡，她說：「小高！這串珍珠滾瓜溜圓，色氣正，大小又勻稱。你是從甚麼地方淘換來的？誰戴過這串珍珠項鍊？」高殿卿答：「夫人！這串珍珠項鍊是某王府福晉戴過的，是祖傳的，她囑咐我不要聲張。八十顆珠子大小一樣，都夠四分重，實在難找。」

「她要賣多少錢？」

「少十二萬元人家不賣。」

于鳳至仔細地一個個、挨個兒看，個個圓潤，八十顆的珍珠足有三兩二錢重，她甚覺難得可貴，張口就給了十萬元。高殿卿說：「我給您去跑腿兒，問問老福晉，十萬元她願不願讓給您。」便將珍珠項鍊放在于鳳至那兒。

高殿卿回到聚珍齋，向李仲五說：「少帥夫人要買這串珍珠項鍊，給了十萬元，等我回話，問問賣主賣不賣。」李仲五說：「這串項鍊算是找到了好買主。先前袁翰林的夫人也想買，一問價兒就嚇了一跳，誰用十萬元買串項鍊啊?!我去找賈恆甫商量，商量好了你再去回話。」

李仲五跟賈恆甫說：「那串珠子我給你找到了買主，人家給了八萬元，你們賣不賣?」賈恆甫說：「這事兒我可做不了主，我得去問問和太太。」

賈恆甫已有耳聞，李仲五的外甥高殿卿做上了帥府的珠寶買賣。那小子又機靈又帥，很受太太小姐們的青睞。他見了和太太便說：「那串珍珠八成兒高殿卿拿進了帥府，李仲五說買主給了八萬元，您看能不能賣?」和太太連眼皮都沒抬，淡淡地說了句：「十萬元，少一個子兒也不賣!」

賈恆甫跟李仲五說，「少十萬不賣!」李仲五說：「沒見過一口咬定的珠寶買賣，我給你九萬，你再跟和太太商談，請老太太給我李仲五點情面。」和太太聽了賈恆甫傳達李仲五的話便說：「我早就給了他的情面，這麼多珠子從沒給別人看過，讓他拿走了還不夠給情面的?!你告訴他，二話沒有，十萬元!」

遇事變和太太拿定主意　李仲五大吃一驚

砍價兒沒砍下來，「九一八事變」又突然爆發，高殿卿再進帥府難如上青天。李仲五心急如焚，坐臥不安。帥府裏除有一串珍珠項鍊，還有珍寶鑽翠首飾若干，價值幾十萬，東北軍一完，他跟誰去要東西要錢?!

賈恆甫心裏慌亂，找和太太說：「這串項鍊算是完了，張學良出了關，家眷不准人見，順承王府門崗森嚴。」和太太不慌不忙地說：「咱怕甚麼，張學良不給錢咱不管。聚珍齋搬不了，李仲五跑不了，十萬元由他們還，還不起聚珍齋就歸咱!」

高殿卿去順承王府少帥府第多次都被阻攔，他心中煩躁不安，但毫無辦法，不知何年何月能再見到女主人。

于鳳至不要珍珠買藍寶

一九三二年的春節快到的時候，少帥府開了門禁，高殿卿去給夫人拜早年。于鳳至說：「這麼早拜甚麼年，你是放心不下吧？甭擔心，東西都在。我想要的還是買。那串珍珠項鍊，你給我打聽了嗎？她要多少錢？」

「老福晉跟我要十一萬！」

「我不喜歡這個數，十萬就十萬，要不就十二萬，這十一萬的數兒彆扭！」

「是！是！我看也彆扭，您就賞我十二萬！」

「你倒會順竿兒爬！我最不愛跟你們買賣人講價還價，我說十萬就十萬，不行，你把東西拿走，我不要啦！」

高殿卿一聽，再看夫人的臉色有點生氣的樣子，他便後退兩步，順手把來時帶到的小包袱打開，取出錦匣，捧到夫人面前，開了匣說：「這兒有塊藍寶，請夫人過目。」

高殿卿猜想：十萬元的買賣是做不成了，老奉軍撤出東北，開往西北，眼看少帥府也要搬走，出了這麼大事，于鳳至不會再花那麼多錢買珍珠項鍊了。可是，有身份的人、大家閨秀、少帥夫人不會說實話。只可拿出藍寶石給她看，少花點錢買件東西，下台階圓個場是有可能的。

于鳳至把它放在手心上，看藍寶石像一汪碧綠海水，她說：「這塊寶石我留下，你要多少錢？」「這塊寶石是由端王府買來的，是我們櫃上的東西啦，您看值多少是多少，我們敬獻！」

「那串珠子你順竿爬到十二萬，我不要了你拿走。這塊寶石我給你一萬二千元，你看行吧？」

「謝謝夫人的照顧！」高殿卿後退兩步，向于鳳至深深作了個揖。

滄桑驟變，趁機走私行騙

這串八十顆珍珠的項鍊由和太太收回，藏在自己身邊，一藏就是二十年。滄桑驟變，北京解放，珠寶鑽翠、古玩字畫的價錢一落千丈，好東西沒人要，也就不值錢。

在新舊交替之時，有人趁機收購上乘珠寶，運往國外賺大錢。一位久居北京在香港做珠寶生意的人，找到聚珍齋東家的後代杜某人，要同他合夥走私珠寶黃金，杜某不敢幹，只答應給尋覓好的珍珠寶石，吃點傭錢。杜某在老的珠寶行業中只認識聚珍齋李仲五的大徒弟車子貞，行裏的事他不明白，就找車子貞商量。車有鴉片嗜好，解放後沒煙抽，癮得他不知如何是好。車在珠寶行業中小有名氣，是老珠寶商。杜某將車的情況告訴了那位走私珠寶黃金的人，這個人很大方，淘換到大煙泡一包請杜某轉給車某，讓他過足癮去幫助搜集好珠寶。

車某覺得發財的機會來了，想幹大號買賣，思來想去回想起二十年前聚珍齋沒做成的那次珍珠買賣。他知道這串珍珠還在和太太手裏，他認識和太太已有三十多年了。那時和太太才四十多歲，現在是七十多歲的老太太了。

和太太精明一生，失誤一事

剛解放，和老太太心裏沒底，她認為世道變了，不知這個年月是怎麼回事，只知「窮的有理，富的倒霉」。她手裏有值錢的東西，心裏不踏實。

車某人來看望和老太太，聊的都是一些早年的老事兒。車某說：「年月變了，好珠寶不值錢了，放在私人手裏還是塊病，誰知道將來是怎麼回事兒?!」和老太太同車子貞能說到一起，老珠寶行的事他們都知道不少，和太太人老了，愛叨咕這些老事兒。車某就不斷到和家串門。

他們聊來聊去，說起那串珍珠的往事。車子貞跟和老太太說：「本來人家于鳳至給價十萬元，可是那時我們掌櫃的給您代賣了，他賺不着錢。如果買賣做成，打發底下人還要花個一、兩千！您想想他能賠錢給您代賣嗎？」和老太太說：「你們掌櫃的李仲五死了十年啦！他眼力好，又精明能幹，沒少給東家賺錢，比聚源樓的賈恆甫強百倍。賈恆甫沒主意。」

車某說：「那時大主意都您拿，他哪來的主意，有主意他也做不了主。」和老太太笑了：「我也不是當年了！」車某勸和老太太將那串珍珠處理了，並說：「我認識位香港人，他能按原價給您代賣了。」「原價？那時十萬鈔票換一千一百兩黃金，誰能給我換這多金子來?!」車子貞說：「在大陸上這東西不值錢，只要是運到香港一千二百兩不成問題。」

和老太太一聽，在海外能賣一千二百兩黃金，動了心。便說：「這事兒如若辦成了，咱按老規矩『成三破二』給傭金，你也能得五十五兩黃金。」車某找那位走私珠寶黃金的人商量，那個人很痛快地說：「一千二百兩數不大，我現在手裏就有一千五百兩！你把東西拿來，只要成色好，不成問題。」車某人相信聚珍齋的少東家杜某介紹來的人，從和老太太家將那串八十顆珍珠的項鍊拿來給他看。這個人看了半天說自己看不準，另請位老行家給看看，看好了馬上付黃金，三天後聽準信兒。

三天後，車子貞到北京飯店四樓某號房間去求見這位搞走私的人，服務員告訴他，「這位先生昨天就飛往香港了！」一句話如雷轟頂，車子貞坐地上就起不來了！清醒後馬上去找少東家杜某。杜某是公子哥兒、財主秧子，市面上的事他懂得不多，問他這個人在香港開的是那家珠寶店，住在甚麼地方，他全不知道。車某沒法在北京呆下去了，跑回三河縣鄉村老家躲起來，且從此神經失常、瘋瘋癲癲，沒過兩個春秋，便死在家鄉。

和老太太左等右等，不見車子貞的面。「三反」、「五反」運動轟轟烈烈地開展起來了，老太太不敢聲張，後悔不應將東西交給車子貞拿走，但悔之晚矣！不久，和太太也去世了，臨死時還說：「我活了七十三歲，辦錯了一檔子大事，八十顆珍珠讓車子貞拿走沒送回來！」

轉眼事過四十年，一九九二年冬天，車子貞的師弟張廷烈向作者重提這段往事。作者說：「車子貞這人我年輕時熟悉，高高的個子，白胖胖的，很體面的人。」七十六歲的張廷烈說：「你別提啦！他是坑人沒利己，得了瘋病，很不體面，瘦得難看，渾身很髒，滿面抹黑灰，沒人照顧看管，死得很淒慘！」

光緒帝賞賜潤貝勒的白玉如意

一九四〇年，北京廊房二條玉器街市上出現一對白玉如意。行裏人說，這是很少見到的珍奇，論玉質是質純色白，光澤如凝脂，稱爲羊脂玉；論做工是精雕細琢，圓潤柔和，可謂鬼斧神工。是一對「三鑲式」如意，兩端鑲白玉靈芝，中間凸出嵌有心形白玉。行家鑑定是乾隆作無疑，乃皇帝御用品也有根據。

皇室貴族的白玉如意有何經歷？它怎樣流入市場的？這要從乾隆弘歷愛玉成癖談起。

乾隆皇帝愛玉成癖

乾隆皇帝弘歷喜愛夏商周古玉，他搜集、鑑賞、珍藏之豐，歷代皇帝沒人能與之相比；他改作舊玉，制作新玉石工藝品之多之精，可稱空前絕後。今日北海團城的那重達七千斤、高有七十釐米，外雕海水和海獸的「瀆山大玉海」是乾隆爺三下御旨，用八年時間加工改造成的。

元世祖忽必烈於至元二年（公元一二六五年）製造出「瀆山大玉海」，乃元代皇帝歡宴群臣用的酒海，置於瓊華島廣寒殿中。明萬曆七年（公元一五七九年）廣寒殿倒塌、拆除。李自成進北京時，在戰亂中「瀆山大玉海」失落在廟觀中，道人用它做醬或淹菜用。乾隆十年（公元一七四六年），乾隆皇帝得知「瀆山大玉海」失落在西華門外眞武廟中，道人當醬缸用，便「以千金易之」，並下旨着造辦處加工改造玉海，先行清理，再重新琢磨紋飾，後在玉海內刻上乾隆的御題詩文。

乾隆年代宮廷製作的玉器，造型精美繁多，琢磨精細柔潤，可稱是豐富多彩、變幻無窮，是玉雕發展的鼎盛時期。乾隆時期製作的玉雕，有些精品上刻有《千字文》順序號：「天」字一號不知流落何方；「地」字二號現在北京故宮博物院收藏。乾隆作三鑲式白玉如意上刻有《千字文》上的一個字，經手買賣的張廷烈如今已忘掉是甚麼字了。老古董、珠寶商講，刻有序號的玉器，是乾隆以後宮廷中非常珍貴的玉雕，乃皇家御用之器。

如意的來歷和用途

甚麼叫如意?它的由來和用途是甚麼呢?

如意的形狀像長柄鈎，鈎頭扁如貝葉。明、清兩代，取如意之名，表示吉祥如意，幸福來臨，是供玩賞的吉利器物。

「如意」一詞出於印度梵語「阿娜律」。最早的如意，柄端作手指之形，以示手所不能至，搔之可如意。也有柄端作「心」形的，用竹、骨、銅、玉製作。講僧持之記文於上，以備遺忘。古有手持如意的菩薩像。我國古代有「搔杖」(如今叫癢癢撓)，又有記事於上的「笏」(亦稱「朝笏」、「手板」)，如意則兼二者之用。

如意是何時從印度傳到我國的，無據可考。《晉書·王敦傳》記載：孫權曾得如意柄，「每酒後，輒味魏武帝樂府歌：『老驥伏櫪，志在千里，烈士暮年，壯心不已』，以如意打唾壺，壺邊盡缺。」唐人段成式《酉陽雜俎》中有段故事：「梵僧不空，得總持門，能役百神，玄宗敬之。……又與羅公遠同在便殿，羅時反手搔背，不空曰：『借尊師如意。』殿上花石瑩滑，遂激窣至其前，羅再三取之不得。上欲取之，不空曰：『三郎勿起，此影耳。』因舉手示羅如意。」唐代詩人李賀《始爲奉禮憶昌谷山居》詩中有：「向壁懸如意，當簾閱角巾」之句。可見晉唐時代，我國已有如意，是用來搔癢的。

古代作爲工藝美術品的如意，以清代爲多，明代亦有但少見。康熙年間，如意成爲皇宮裏皇上、后妃之玩物，寶座旁、寢殿中均擺有如意，以示吉祥、順心。如意的品類有珐琅如意、木嵌鑲如意、天然木如意、金如意、玉如意、沉香如意等等。

清代的皇帝、皇后用如意作爲賞賜王公大臣之物；民國時代，如意成爲貴重禮品，富有之家相互饋贈，祝願稱心如意。

光緒皇帝賞賜潤貝勒白玉如意

光緒皇帝載湉將一對乾隆作三鑲式白玉如意賞給了他的叔伯弟弟載潤。載潤爲貝勒，稱之潤貝勒。貝勒是爵位名，滿語，原爲滿族貴族的稱號，複數爲「貝子」。後以貝勒、貝子爲清代宗室封爵的兩個等級。貝勒爲第三級（即親王、郡王、貝勒），全稱多羅貝勒，稱和碩貝勒者尤尊。

潤貝勒載潤（一八七七——一九六三年），惠親王綿愉之孫，清末襲封貝勒爵。曾任守護西陵大臣、總管內務府大臣、正黃旗漢軍都統，並主管陸軍貴胄學堂。民國初曾在溥儀的小朝廷任御前大臣、宗人府宗正。民國政府授給他「將軍」銜，但無薪俸。一九二四年後，他與溥儀等人失和，分道揚鑣。在日僞統治北平時期，載潤的家境衰落，日常生活有了困難，變賣古玩珠寶維持生活。

一九四〇年時，潤貝勒搬到西城劈柴胡同居住，家裏還是有管事的，派頭兒、譜兒雖沒清末時那麼大，但貴族的氣魄、風度猶存。貝勒府管事的派人去廊房二條聚珍齋珠寶玉器舖，找人來看點東西，準備出售。

貝勒府賣出白玉如意

聚珍齋派張廷烈去潤貝勒府，他知道載潤當了民國將軍，猜想貝勒府準有珍貴的珠寶鑽翠，心裏合計着能看到清代貝勒、民國將軍，見到好寶石。可是到了貝勒府只見管事的出面接待，在會客廳坐一會兒，管事的從內宅拿出來一對三鑲式白玉如意。

如意長約四十釐米，暗花松下老人，背後刻「乾隆年製」款識和序號字，雕工精細，玉質白潤細膩。管事的介紹說：「這如意是潤貝勒襲封爵位時，光緒爺賞賜的。本不想出手賣掉，無奈為生活所迫，變錢過日子，你可不能少給，少給了我們也不賣。」

張廷烈仔細觀賞這對如意。他鑑定是乾隆時代造辦處玉器作坊製作的，和闐玉是無疑的，確是宮廷傳世珍貴文物，便問道：「您說少給了不賣，請問給多少錢才能賣？」「最少夠吃一年的糧錢，你給個價兒，咱們商量。」

張廷烈想：這位貝勒是吃錢糧吃慣了，打發管事的賣如意也講要一年的糧錢，我知道你們一年需要多少糧錢？但又不敢說這話，順口說：「我給您夠買八百袋洋麵錢，您問問潤貝勒夠不夠一年用項。」「潤貝勒不管這些事，你給一千袋洋白麵錢，我做主賣給你。」張廷烈核算一下，三千塊錢買一千袋白麵，還有點餘頭。他跟管事的說：「三千塊錢，一切花銷在內，您看行不？」管事的點了頭，這筆買賣很痛快地做成了。

珍寶白玉如意價值連城

潤貝勒襲爵時，光緒皇帝賞賜的這對三鑲式白玉如意，拿到廊房二條聚珍齋，同行人稱讚叫絕。但在日偽統治時代北平，古玩珠寶生意黯淡，珍寶也不大值錢，同行人最多給四千元，認為聚珍齋賺了一千元還不幹，讓他等着看，沒人肯再花大價錢買。

看來在同行裏賣不出高價，得去張羅買主。於是張廷烈到天津找天津衛八大財主之一的李贊臣。張廷烈見到李贊臣說：「四爺！我從貝勒府買了對白玉如意，請您欣賞！」李四說：「你拿出來我看看。」

李贊臣一見這對如意就愛不釋手，他評價這對如意是難得的珍寶，饋贈親友的高尚禮物，下狠心拿出五千元買了這對如意。

一九九〇年，事過五十年後，張廷烈回憶說：「聽說這對如意在抗日勝利後，被李贊臣的兒媳帶美國去了。我在珠寶玉器行幹了六十年，沒見過比這再好的如意。今天，它在美國值百萬美元！」

白玉石佛令人傷心失望

一位老古董商在鑑定經營文物中對古玩有了感情，他有眼力，專攻金石文物，在琉璃廠開設陶古齋二十年，一九五六年加入公私合營，被分配在北京首飾公司去看管庫房。在庫房院中他見到一尊白玉石佛，而傷心失望，突然感到如夢方醒，從此對古董失去了感情。

這件事兒在古玩行老人中傳說着，都說陶古齋掌櫃的遇事想不通，不然，現在他當個鑑定委員也夠。到底是怎麼個事兒呢？先讓我們從陶古齋掌櫃這個人說起。

陶古齋經理曹旭深

陶古齋掌櫃的姓曹名旭深，河北衡水人。一九二二年來北京，在琉璃廠延古齋學徒，他的師傅是趙鶴舫、陳養泉。一九三六年，曹自己開了家陶古齋小古玩舖。

陶古齋鑑定經營金石、陶器和宋元瓷器，曹旭深對玉石雕刻、秦磚漢瓦也有研究。他買過好貨，但都賺錢不多。敵僞統治北平時，他的買賣只能維持生活；抗戰勝利後，三年中沒做甚麼大號生意，門面上賣些貨，也就將就過生活。北平和平解放，民主人士陳叔通、黃炎培、郭沫若等到琉璃廠來過，有位著名人士搜集古月軒，買了些假貨。古玩市場蕭條，曹旭深的買賣不好做。

一九五六年，公私合營前，邱震生跟他聊過，兩人都認爲加入合營才是個活路。合營後寶古齋的字號還留着，陶古齋的字號卻沒了。邱震生在琉璃廠寶古齋工作，曹旭深被分配到首飾公司庫房工作。

曹旭深一進庫房則見原先在古玩舖裏陳設的瓦人瓦馬、石雕碑刻等文物，堆放在院裏的石階上，也有的放在過道旁，任憑風吹雨打太陽曬，沒人管沒人看，像是一堆堆陳舊廢物。

在「廢物堆」中，曹旭深見到一尊白玉石佛，馬上認出：那是他在合營時上交的，算是加入合營中貨物，成本給算得不多，但究竟還是件上得了名的好貨，現在扔在這裏，令他十分難過，但又不敢說，怕公方人員批評他「剛進門就又拿出當掌櫃的架派」。他的心裏話只可跟老同行人中知己朋友去說。一個星期天，他喝了點酒，找到邱震生，兩人就聊起來嘍。他述說這前半輩子買賣金石、瓦器、瓷器不少，只對三件貨印象最深刻：

唐三彩猴騎駱駝

一九三六年的一天，陶古齋剛開張不久，晚上有人來敲門。當時兵荒馬亂的，日本人揚言「三月亡華，如探囊取物」，城裏很不平靜，我沒敢應聲開門，等了一會兒，外面又敲。我問聲：「是誰呀？」外面答：「有件東西要賣，請開門看看。」我說：「明天白天來吧！」那人說：「我家離這裏遠，來一趟不容易，你開門看看，不要緊，我是賣古玩來的。」

開門一看，原來是個四十歲上下的「大煙鬼」，天兒冷，凍得他混身亂哆嗦。這樣的人不能是「老搶兒」。我把他讓進屋裏，先叫他烤烤火，暖和暖和。他把手裏提嘍的藍布包袱放在桌上，貓着腰在爐旁烤手。我上下打量他，見他面色灰暗，衣着單薄。我又給他斟了碗熱茶喝。他坐下邊喝茶邊說，他臉先有點發紅，眼角往下垂落，指了指包袱說：「掌櫃的，你打開看看，這裏邊是件陶器猴騎駱駝。我藉着路燈看你們的字號是陶古齋，才叫門請你看看這件唐代陶駱駝。」

我打開包袱，裏面一個錦匣，匣內軟囊中卧着唐三彩的猴騎駱駝。東西不錯，彩頭顏色好，造型奇特。我幹了十五年，還是頭一次見到唐三彩的猴騎駱駝，以前見過洋人騎駱駝的唐三彩器物。

我問他多少錢賣？他伸出五個手指頭，我說：「五十塊錢？」他說：「實不瞞你說，這東西是洛陽唐墓中出土，五十塊錢就能買到手？我雖窮也沒窮到這份兒上。五百塊錢，一個也不能少，我要跟你要五千，那才叫沒譜兒。」我聽他這麼一講，知道他是個內行。見了內行人不能說外行話，我說：「這件唐三彩陶器確實不錯，是開元盛世時燒造的隨葬冥器，猴和駱駝的體形結構準確，形態逼眞傳神，確是不可多得。可是五百元要價有點高，誰肯用買十二畝好地的錢去買一件陶器呢。我給你四百元錢就算不少，你看如何？」

我倆討價還價又聊了一陣子，四百五十元成交。這件貨在陶古齋存了兩年多，後賣給葉三（葉叔重）是六千五百元，我賺了不少，但心裏總是捨不得唐三彩猴騎駱駝。之後我聽說葉三兒把這件貨出口到美國，得美元數萬之多。

宋汝窰瓷盤

民國二十九年，陶古齋買賣一件汝窰瓷盤，這號買賣老古玩行人都知道，曹旭深的印象更深刻。這件東西是從一家老宅門買來的，當時能認出汝窰器的人不多。有人請曹旭深去看貨，到了東四十條一家宅門院落，深宅大院，在前院客廳等候着。從內宅走出一位老夫人跟着位年輕婦女，來到前院客廳，賓主落座，老夫人講：「請你來鑑定我這個盤子，這件東西在我家收藏多年了。這個年月，我不想保存太多的古玩了，想賣掉些換點零花用。」

於是取來錦匣，啓開匣，裏邊有件約十二釐米口徑的小盤。曹旭深拿出盤子仔細看，沒看出是宋汝窰還是宋官窰，看錦匣的黃綾籤上寫的是宋汝窰瓷盤。老夫人問：「你看這個小盤子是甚麼朝代的？」曹答：「確實是標籤上寫的宋汝窰瓷器。」賣主要價一千元，曹旭深給了八百元，生意很快做成了。曹旭深將貨拿到陶古齋，請來老行家鑑定。因爲汝窰器不多，歷代書中關於汝窰器的說法又不同，光是形容汝窰釉色就有多種，所以行家們的鑑定也不一致。能肯定是宋瓷，是汝窰還是官窰，則肯定不了。

曹旭深認定是汝窰是根據：一、汝窰瓷胎像燃燒過的香的香灰色；二、汝窰瓷釉呈現淡淡的天青色；汝窰器「底有芝麻細小掙針」，因爲是用支釘燒製的。這三點是他在故宮博物院細審汝窰器多年得出來的經驗。書中的說法與實物有些不符。

他的見解對同行人說過，日本山山商會經理高田贊同此說，故花兩千元買走了這件宋汝窰瓷盤。

西夏白玉石佛像

一九四三年，曹旭深賣了宋汝窰瓷盤，從陝西老客手裏買了件白玉石佛觀音造像，花了一千元中國聯合準備銀行的票子。當時淪陷區的北京，人民生活很苦，很多人家每天排隊買糧，連雜合麵也吃不上，靠配給的混合麵過生活。

曹旭深對石雕造像有研究。當時金石鑑定人士多數人認爲，石造像盛於北魏時代，唐、宋時代玉石造像稀少；還有人認爲宋代沒有石造像。具體到這尊白玉觀音造像，一些人都認定是乾隆作，配有紫檀佛龕，雕刻藝術像是乾隆時代的東西。曹旭深看是西夏時代的造像。

我國古代少數民族　項族拓拔氏於公元一〇三八年建立大夏王國，宋人名之爲西夏，共傳十主。最盛時，據有今寧夏、陝西北部、甘肅西北部、青海東北部和內蒙古西部一帶。公元一二七七年西夏爲元所滅。

曹旭深將白玉石造像鑑定爲西夏時代的根據有二，一是，這尊佛像出土在寧夏銀川，而西夏王朝都城在銀川東南，古稱興慶府；二是，從玉像的雕刻工藝看，較乾隆作粗獷雄渾，不是細膩雋永之作。他認爲這是一尊有較高藝術價值和考古價值的造像。珍藏了五年，到一九四八年有人給他三千元，他也沒賣。一直珍藏至一九五六年加入公私合營，合營時作價較低。不料，公方將這尊白玉石觀音造像，堆放在庫房的院子裏，而紫檀雕花佛龕不知失落在哪裏了。

曹旭深初到庫房就看到他珍藏十三年的西夏白玉石造像遭到如此「冷遇」，他的心頓時就涼了！他將心裏話在酒後向邱震生說了。邱說：「公方人員不懂古玩，更不知西夏這具有神秘色彩的王朝時代，當然不會像你那樣珍藏十三年。」

合營後的第二年，一九五七年「反右斗爭」開始，邱震生在交心會上發言說：公方代表外行，不懂文物還要說了算，會出現失誤和出笑話，應虛心聽取內行人的意見。他還舉了一些公方人員不懂行的實例，言辭激烈，嗓門也高，公方人員接受不了。後來，他成了右派。

曹旭深在首飾公司庫房也參加了交心會，他想了好久才在會上發言，他說庫房院中的白玉石造像引他傷心難過，接着便詳細叙述了這件文物買賣、珍藏的經過。他的發言沒引起領導人的反感，反而引起他們對這件文物的重視，趕緊將這尊造像刷洗好收藏起來，而佛龕再也沒找到。

可是曹旭深對文物這一行業的前途已經失望了，對文物不再感興趣，終日只應付工作，甚麼也不說八十歲時老死京城。

揭開趙飛燕玉印之謎

趙飛燕是漢代一位能歌善舞的皇后，她的艷史趣聞，在歷代文人學士中不斷傳說。明代著名畫家將她偷情作樂的情景，畫成十二幅春宮冊頁流傳着。關於她的一顆玉印，在琉璃廠古玩界從三十年代傳說至今，不知底細的人是衆說紛紜，知底細者不肯吐露眞情。一九九三年，國家文物鑑定委員會常委、金石鐫刻家傳大卣揭開了其中之謎。

趙飛燕和她的玉印傳說

《幼學瓊林》中寫道：「飛燕身輕，掌上可舞。」註解中說：「趙飛燕入陽阿主家學歌舞，漢成帝微行，聞其音而悅之。因召入宮，大幸。上所種環珮竹於臨池，服其實，肌滑體輕。上令飛燕服之，能於掌中起舞。」趙飛燕成了神話般的人物。

史書中趙飛燕是實有其人，生年未記入，卒年是公元前一年。她是盛陽侯趙臨之女，善歌舞，以體輕，故稱「飛燕」。漢成帝劉驁召之入宮，爲婕妤（妃嬪的稱號），後劉驁廢了許皇后，立飛燕爲皇后。飛燕之妹昭儀也入宮侍候成帝。《資治通鑑》記載，她們姊妹二人，「日事蠱惑，致帝無嗣暴崩。」哀帝劉欣崩後，平帝劉衎即位，將趙飛燕廢爲庶人，又由皇后貶爲庶人，飛燕自殺而亡。她死後不到八年，王莽攝政、篡位，西漢結束。

趙飛燕故去一千九百二十幾年後的民國十四年前後，琉璃廠古董商中傳出，少帥張學良從德寶齋買走一顆趙飛燕玉印，贈給了于鳳至。

德寶齋是從何處得到這顆玉印呢？道光進士、翰林院編修、大收藏家陳介祺，搜集漢印上萬顆，蓋有「萬印樓」。陳介祺生前就與德寶齋有交往，他去世後，其後裔委託德寶齋將萬印樓收藏之漢印為之代銷。其中有方白玉印上刻篆書：「婕妤妾趙」，行家鑑定為漢成帝之皇后趙飛燕之印也。這引起在京的張學良的雅興，多次來到德寶齋尋覓。後來，這印經劉廉泉、毛潤甫之手賣給張學良了。

又有人說，這顆玉印是經東北軍的王澍常將軍之手，轉到少帥張學良手中的。張學良沒同德寶齋直接買賣這件珍寶。

這些傳說，從民國十四年就一直流傳着。

老行家談往事

時至二十世紀八十年代中期，作者拜訪了三位八十高齡的古玩老行家，他們中的兩位是耳聞張學良買到趙飛燕玉印者，一位是經手者。耳聞者談起來滔滔不絕，經手者則避而不談。

老行家范岐周說：德寶齋可是家老字號，經手賣過毛公鼎，從陝西人手中賣給道光進士、光緒初年在翰林院當編修、大收藏家陳介祺。陳介祺在山東濰縣蓋有萬印樓，樓中收藏漢印萬顆，其中有趙飛燕玉印一顆。陳介祺去世後，到了清末民初，陳家將萬印委託德寶齋代銷。民國十三年，張學良在北京的時候，將趙飛燕玉印買走，是給于鳳至買的，花了大洋八萬多。

這事的經手人毛潤甫還活着，他有八十七歲多了，可賣趙飛燕玉印時，人家還都稱他「小毛」，他是山西人，少帥認識他，也叫他「小毛」。

曾任過北京文物業公會主任委員的邱震生說：「這顆玉印我見過，我還把『婕妤妾趙』四個鳥篆字印在宣紙上了，並準備將這方印跡附在好扇面上，請名家陶北溟題字，拜求大千作畫。不料，我去了山東做韓復榘的古玩字畫生意，又去孔府拜見孔德成，十分興奮。一高興，就把扇面的事給忘了，又過幾年連那方印跡我也找不到了。

「可是後來，我見到明代大畫家仇英的白描，十二幅冊頁，畫的是趙飛燕和趙昭儀姊妹倆同一能飛簷走壁的男子尋歡作樂。十二幅冊頁類似連環畫，每幅上都有文徵明的題詩。這畫畫得好，男子的身材、體態健壯，竄房越脊進入皇上的內宮；飛燕、昭儀嫵媚多情，各獻殷勤，同這位健壯男子尋歡作樂。仇十洲的白描仕女，勾畫得惟妙惟肖，文徵明的詩句配合得貼切，風雅又通俗，筆墨蒼潤秀麗，令人嘆賞。可是，我看走了眼，認為是民國初年的仿製。根據只有一個，那就是：文徵明的字是『字無敗筆』，這幅冊頁裏文徵明的字有敗筆多處。」

趙飛燕的玉印是不是張學良買到手的，這件事兒經手人毛潤甫還活着，只有他知道清楚。作者去拜訪毛潤甫，那年他已八十八歲「米壽」高齡了，身體很好，耳不聾，腿腳利索，頭腦反應靈敏，說話聲音宏亮。談起趙飛燕玉印，他撫摸白髮，拍打拍打腦門兒說：「記不清了，記不清了！」

作者將毛潤甫不肯談趙飛燕玉印的事，告訴了范岐周老人，老人指教說：「毛潤甫從德寶齋出來，自己在海王村開藏輝閣古玩舖。北平一解放，他關了古玩舖，跑到一家煤舖裏去幹活兒。之後就在煤炭供應站工作，改行成『煤黑子』了。在古玩行裏幹了大半輩子，他還忘不了倒騰點文物，兩年前還聽說他買了件乾隆作的玉爐，玉質、做工都不錯，賣給了歷史博物館。沒想到博物館不識貨，買了又退給毛潤甫了。

這位老頭兒膽兒小，你去開導開導他，他才肯說。」

再次見到毛潤甫老人時，老人迎面便說：「咱爺兒倆有緣，三、四十年不見，今天又見面了。閒聊聊是好，咱可別聊古玩行的老事兒，那些事兒我早就忘了。」

「您忘了的事，我提醒您！」

「我早就不想那些事兒了，往事不堪回首。你不要提醒我，別惹我煩！」

作者一聽，門封住了，嘴被堵住了，趙飛燕玉印之事，採訪至此告一段落，寫了篇《德寶齋經營黃玉碗和趙飛燕玉印》收入《古玩史話與鑑賞》一書中。

傅大卣揭露事實與經過

一九九三年，傅大卣跟作者說：「以後修訂《古玩史話與鑑賞》一書時，我給你提供些內容。譬如書中的趙飛燕玉印，我知道的比書上寫的清楚。」於是，他向作者談了事實與經過：

約在民國七、八年的時候，陳介祺的後代人經德寶齋毛潤甫、劉廉泉之手，將漢代印章四十餘方，抵押給徐世昌大總統的弟弟徐世襄，押金約八千銀元左右，傳說其中有趙飛燕玉印一顆。

第二次直奉戰爭（公元一九二四年）後，奉系軍閥控制北京政府時，少帥張學良聽人傳說，德寶齋代替陳介祺後人抵押給徐世襄一顆趙飛燕玉印，他想得到手，送給自己的夫人于鳳至。張學良到德寶齋，願出高價收購這四十餘方漢代印璽，讓劉廉泉、毛潤甫去同徐世襄交涉。

劉廉泉去天津找徐世襄，徐世襄接見了他。劉廉泉說：「四十餘顆漢印，人家要贖回，託我來跟您商量。」

「這是從何說起呀！抵押早已過期，過期就不能再贖了，這是人所共知的規矩。」

「過期了我們給您利息。給您四千元利息錢，加上押金八千元，一共一萬二千元，您看行不行？」

「我看價錢不低，可惜！東西我全賣了，你給多少錢也沒用了，四十餘顆漢印已不在我手裏了。」

張學良委託的事沒辦成，就擱下了。誰也沒料到，四十餘顆漢印仍在徐世襄手中收藏。民國十九年春天，徐世襄去世了。又過了幾年，徐愼微先生託傅大卣去見見徐世襄夫人，打聽四十餘方漢印的下落。這位夫人姓孟，傅去見她，她認爲傅是個小人物，不出名，就不肯見傅，而讓她的僕人轉告說：四十餘方漢印的事她不知道，東西早沒了。

中華人民共和國成立後，五十年代初，徐世襄的夫人孟老太太將四十餘方漢印賣給了故宮博物院，經鑑定確實都是漢印。

趙飛燕玉印經仔細鑑別，認定「婕妤妾趙」的「趙」字，不是「趙」而是「娋」。「娋」與「趙」字在篆書中頗相似，故而將「婕妤妾娋」，誤傳爲「婕妤妾趙」了。那麼，這方玉印，則無法確認是趙飛燕的印璽了。

傅大卣還說，他曾鑑賞過這方印，也認爲確定不了是趙飛燕的印。

大卣師兄的一席談，揭開了多年傳說的趙飛燕玉印之謎。現將原印之印譜照繪如下，請讀者鑑賞。

趙飛燕玉印徑寸、厚五分，潔白如脂，紐作飛燕形，文曰：「倢伃（婕妤）妾娋」。

《漢語大字典》中「娋」字，篆書爲：

◇字畫

仿郎世寧的《百馬圖》假賽真

鑑別文物以鑑定字畫爲最難，這不僅是因爲我國古代名書畫家多若繁星，他們的作品在他們青、中、晚年時期有所不同。而且歷代臨摹名家書畫甚多，仿製作僞者不少，魚龍混雜難於分辨；還有不少是後落款，假御題、跋、序之作，眞是令人眼花繚亂，就是有鑑別字畫基本功，也是一眼分辨不清。誰要是說他一眼能鑑別出古字畫之眞僞，不是無知便是吹牛。

作者對鑑別古字畫甚感困惑，於一九八八年中秋佳節去看望有六十多年鑑賞古字畫經驗的邱震生，向他討教，引出他滔滔不絕地說起：金二爺畫出兩幅仿郎世寧《百馬圖》，達到假賽眞的程度。這兩幅畫卷經萃珍齋黃同文賣給了魏子丹、陳璧君。陳璧君買的這幅仿郎世寧《百馬圖》，汪精衛獻給希特勒作壽禮。

這兩幅畫在臨摹仿製和買賣經營中，有一些文物掌故，意味深長，妙趣橫生。

困惑與求教

古玩字畫老行家講究名人字畫。而名人是從無名到有名，由知名度不高到甚高，這要有個奮斗的過程。鑑定經營字畫的古玩商不少人同著名畫家交往較深，以國畫大師張大千而論，琉璃廠古玩商中有不少人是他的朋友，交往較深的有靜寄山房的蕭靜亭、論文齋的靳伯聲。他們都做張大千的字畫生意，既賣給他古代字畫，也為他出售臨摹之作。張大千摹仿石濤山水畫卷，達到假賽眞，明眼人也難於鑑別其眞偽。在臨摹名家眞跡中，吸取各家之長，自成一派，乃國畫家所走過的成功之路。

我國國畫家絕大多數都有名師指教，並吸取各家之長，達到自成一家，他的繪畫藝術則有了生命力。琉璃廠鑑賞字畫名家張治平曾說：「清初畫聖王翬，少年從師王鑑，後轉師王時敏，臨摹宋元名跡，吸取諸家技法，自成一派，弟子甚多，均稱『虞山派』，時至清末畫家陳衍庶自稱『虞山派』，仍師承王石谷，可見影響之深遠。」他還說：「成名畫家沒有不臨摹前人佳作的。」

那麼，古玩商賣的摹仿作偽的畫卷，是不是出自畫家臨摹之作呢？

有本書中寫道：「北京以前多有不佔門市之古玩商號，僱用多數學徒，其收學徒必在十歲上下，初入店時並不令其學習普通古玩舖之知識，只令其每人任意書寫繪畫。如此約半年之久，由舖掌甄別何人長於寫字，何人長於繪畫，凡有一長者即留之，其餘遣散之。其長於寫字者，嗣後即令其專寫字；長於繪畫者，即令其專事繪畫。如此者又半年之久，舖掌將其各人作品詳細審查，何人之字類何人之體，何人之畫似何人之筆，明確之後即擇其所類似之古名書畫，使之摹仿。如甲學徒之字近似董其昌，則由舖掌覓若干董其昌書寫之眞跡，令其學習；乙學徒之畫類似唐伯虎，舖掌亦必覓得若干唐伯虎之眞跡，令其學習。其他十人二十人均如是分定。分定之後，則責令各該學徒，終日終年照所指定之書或畫臨摹，任何其它非自己所臨之書畫，以及其它事務亦不令觀，亦不令作，防其亂目與擾神也。如是者十年、二十年、三十年不等。如此多人雖不能盡數學成，終有一二可以亂眞者。……」

讀後大惑不解。作者本人十歲那年住進由北京最大古董商岳彬出資、伯父當經理的琉璃廠文古齋古玩舖，從沒聽說過有專門培育臨摹作僞人才的古玩舖。可能因年歲小，早年間的事知道的不多。作者去拜訪《北京日報》稱之爲「琉璃廠元老」、民國十二年進虹光閣學徒，鑑定經營古玩字畫六十餘年的邱震生。

邱震生說：「孔聖人講過『盡信書，不如無書』，你怎能完全相信書上寫的呢?歷來有好多眞實的事兒是不寫進書裏去，虛假的事兒可編寫了不少。試想一想，那家古玩舖不讓徒弟幹活，專門培養他去寫字畫畫。養活他二、三十年，再指望他去作假畫給掌櫃賺錢?他眞的練出了好手筆，就要自己掛筆單賣字畫去了，煮熟的鴨子會飛走的!」

臨摹之作自古有之

那麼，古字畫中之贋品出自何人之手?邱震生說：「總的講是出自書畫家之手，這裏邊的內幕太多，有時說不清楚。以畫而論，以前我們所謂的假畫，有的是古代畫家或近代畫家的臨摹之作；有的則是將眞跡揭走，印透紙絹之痕跡仍留，按痕跡描繪而出；故意作僞的也有。

「臨摹古人之筆墨丹青自古就有，凡是著名畫家都經歷過臨摹前人之作，後自成一家的。有的人臨摹一輩子，總是照葫蘆畫瓢，形不成自己的特點，也有的人經臨摹前人之作，採衆家之長形成自己的藝術特色，但與機遇無緣又無人推薦，終生默默無聞。

「假字畫不是古玩鋪裏培育出的人才畫的，而且古玩鋪不是藝術學校，並不培養作假字畫的徒工。古玩行業沒形成之前幾百年甚至上千年，古代名畫就有仿的。」

作者說：「東晉畫家顧愷之的傳世之作《洛神賦圖》，不少人說是北宋畫家李伯時仿的。」

邱震生聽了，有點激動，他站起身來，說：「對呀！北宋時代就有仿製作僞，可這話要掂量掂量再說，有兩個問題要說清楚：一是《洛神賦圖》乃顧愷之存世之作，被八國聯軍中英軍從清宮劫去、現收藏在英國倫敦大不列顛博物館的顧愷之的《女史箴圖》也是摹本。因爲《女史箴圖》乃西晉大臣張華所作，是約束宮廷嬪妃的規誡。二是，李伯時仿顧愷之《洛神賦圖》無款。好多古代畫家仿、摹前人之作不落款。清末民初時琉璃廠有位張鑑軒是落假款的專家。古人臨摹仿製的前人之作，不落款者居多；近代畫家臨摹仿製前人之作，落前人款的居多。

「我說『古人作畫仿製作僞』這話要掂量好了再說，是因爲古人並不是爲了賺錢作假騙人，是我們古董商給落上款去唬人騙人了。當然近代有的畫家則不在此例。」

邱震生說到這裏，沉思一會兒便說到金二爺畫的兩幅仿郎世寧《百馬圖》上來了，似積不平在胸，說起來滔滔不絕，又有點激動，聞之令人同情。

金二爺的身世

邱震生說：金二，古玩行人尊稱他金二爺，他的名字早被人忘記了。傳說金二爺是位「黃帶子」（清制以繫黃色帶爲宗室的標誌，稱「黃帶子」）的直系子孫，是吃皇糧長大的。他的前輩人在清廷內務府上駟院，掌管御馬。金二從小愛馬，長大了就畫馬。讀書習文時作不好八股文章，連個秀才、舉人都沒中上。

光緒二十六年時，宮裏收藏的郎世寧《百馬圖》曾被太監偷出宮外，金二借來《百馬圖》欣賞和臨摹。

民國成立了，皇糧也就斷了。金二到了「而立之年」，卻不能自立，靠「宗族生計維持會」的接濟維持生活。維持會請求民國政府將東陵和避暑山莊的一部分荒地，撥給皇族作爲謀生之地。金二是肩不能擔擔，手不能提籃，莊稼活兒他幹不了，留在後海恭王府後頭的一條小巷的陋室中居住，在什刹海邊上擺攤賣舊貨和自己畫的畫，用來維持生活。

金二巧遇賣假古玩字畫的梁某

後門（即地安門）大街的舊貨店、古玩鋪，是賣「刀尺（也用「捯飭」二字，修飾打扮的意思）貨」的，有專門作僞的古董商，其中梁某人住在煙袋斜街，沒門面字號，做買賣假古玩字畫的生意。

民國二十年前後的一天，梁某到什刹海溜達，碰上金二，倆人攀談起來。梁某蹲身看金二擺在地攤上有對粉彩龍鳳碗，翻過來看底部有「光緒年製」紅字方塊款，他對金二說：「我看這不是光緒官窰，是民國初民窰燒的。」金二說：「這是我家用過的飯碗，你想要就給我五塊錢，我不管它是民窰還是官窰。」

梁某笑了，又看地攤上擺的兩幅花鳥畫，指着畫說：「這兩幅畫要是裱好了能賣十塊錢，比那對碗值錢。」金二說：「畫是我畫的，可我裱不起，就這樣賣，你給多少錢？」梁某一聽不由地站起身來，用眼打量這位擺地攤的。見他有五十來歲，細高個兒，身穿藍布大褂，黑布褲子，用腿帶子紮着褲褪，腳上穿着打包頭的禮服呢圓口鞋。這個人高鼻梁樑，細長的眼睛，清瘦的面頰，臉上像掛了層灰，有點晦氣，神色似是很疲倦，打不起精神來。梁某說：「這兩幅花鳥畫，畫得細膩又有生氣，好手筆！好手筆！」金二連忙拱手說：「誇獎了！誇獎了！敝人畫不好人物花鳥，但很愛畫馬。」

梁某用懂得畫馬技藝的口吻說：「畫馬難，難在馬有百態，行、靜、俯、卧、奔，很難畫逼眞。要是能把引頸長嘶的馬畫好了，使人見之如聞其聲則更難了。宮裏收藏郎世寧的《百馬圖》，在文華殿展出，人人稱其爲刻畫細緻、形態逼眞的傑出佳作，世間難得。」金二不客氣地說：「你說的那幅郎世寧《百馬圖》我見過，也臨摹過。光緒二十六年八國聯軍侵佔北京時，從宮裏拿出來過，後又送回宮裏去了。郎世寧的《百馬圖》是畫得細膩，百馬形態各異而逼眞，可是神態就不是各異了，形似而缺神！」

梁某聽他口氣不小，心想：別看他這倒霉樣兒，出語還眞不凡，是吹牛還是眞有兩手？嘴裏說：「高見！高見！」隨之問道：「先生貴姓？」「免貴姓金。」梁某喊聲：「金二爺！我姓梁。請您把那兩幅花鳥畫讓給我吧！」金二說：「你拿去，我奉送。」梁某不好再問價錢，順手從錢袋裏掏出五塊銀元，笑着說：「不成敬意，略表寸心，請收下！您老先生住在甚麼地方？」金二用手一指說：「就住那條小胡同裏。」

聘金二摹繪《百馬圖》

梁某用探詢的口吻問道：「我想到您府上看看您臨摹的《百馬圖》，能讓我開開眼嚒？」金二說：「唉！早不成府了，你光臨寒舍，我歡迎！歡迎！」

梁某到金二家，展開金二爺臨摹的郎世寧的《百馬圖》大畫卷，聚精會神地觀賞。他看出金二爺的手筆高超，認爲金二是位身懷絕技而不得志之人。他口稱「金二爺」，讚賞這幅畫說：「您的筆墨傳神，妙筆生輝，百馬神態各異，栩栩如生。畫得好！畫得好！」接着，他試探着說：「請您再揮筆作此長卷如何？」

金二說：「繪畫寫字要心情舒暢，生活安穩，才能心神貫注，筆下生輝。這幅畫是十多年前我生活寬裕，心情平穩時，集中精力繪製出來的。而今落魄爲餬口而奔波，無心作此長卷。」

梁某單刀直入地說：「您如果肯仿作郎世寧《百馬圖》，我願出資供養您，每月三十元足夠您用的。」

金二心裏盤算，以前在北京政府當個小差使，每月是三十元錢薪水。今天他拿三十元僱我畫畫，不能馬上答應，還要談談條件。所以說：「敝人在陋巷，簞食瓢飲。早年喪妻，生活無人照料，歲月難熬！」梁某聽了這句話，心裏很不舒服，他覺得我每月給你三十塊錢，你還不知足，還要讓我給你娶位太太，你可眞是得隴望蜀了！可是，金二若摹繪出郎世寧《百馬圖》，那可就要賺大錢了。故而緩和婉轉地說：「我們初交，您很坦誠。若眞能合作畫好《百馬圖》，我將盡力幫您安好家室。」

兩人商議，三年爲期，臨摹兩幅郎世寧的《百馬圖》。筆墨紙絹和色料，由梁某選購，並提供給金二爺每月三十元生活費。雙方立了字據，要求如期完成。

民國二十年時的北京，生活費用很低，三十塊錢養八口之家還有餘。金二是一口人生活，相當富裕。他的吃穿又講究起來了，派頭也來了，街坊鄰居都稱呼他「金二爺」。

金二爺在鄰里幫助下，續上了弦，有了妻室，生活安逸。他一心繪畫，不到一年兩幅仿郎世寧《百馬圖》畫出來了，精美細緻，無可挑剔。他不交畫，仍然舖紙在案，像是還在伏案。交了畫怕梁某人不再按月給他三十元生活費。

日約到了期限，金三交了畫，梁某大喜，拱手作揖，又付給了兩百元酬勞費，算是了結。

魏子丹收藏仿郎世寧《百馬圖》

梁某請琉璃廠觀音閣和東南園住家的張鑑軒、閻善之在畫卷上落下「臣郎世寧恭繪」，寫上仿張照、董邦達、于敏中等衆臣之題跋，鈐乾隆五顆印璽。又請裱畫舖按宮廷裝裱格式和裝潢樣式，做好裝潢和裝裱。梁某總共花了不到兩千元，用了三年多時間，製作出兩幅仿郎世寧《百馬圖》，等待時機出售。

北京有位收藏家魏子丹，喜愛古玩字畫，鑑賞名家字畫很有眼力，他搜集多年，手中卻沒有郎世寧眞跡，很想得到郎世寧畫的馬。魏子丹和萃珍齋的股東趙汝珍是朋友，趙汝珍便將魏子丹想要買郎世寧畫的馬這個消息，轉告了萃珍齋經理黃同文。黃同文到煙袋斜街找到梁某，從梁某手中摟去了仿郎世寧《百馬圖》，作價三千元。

黃同文做東家給介紹的買賣，不能說假話，魏子丹又是看字畫有眼力的人，只能實打實招告訴他這是幅仿郎世寧《百馬圖》。魏子丹展卷細觀，讚不絕口，他說：「郎世寧《百馬圖》是宮廷畫卷，本身較爲工整呆板，再經摹仿則更加呆板無生氣了。而這幅畫卷則顯得生氣勃勃，馬賽過活的！」他問是誰仿的，哪位畫家臨摹的？黃同文向他說明了原委。魏子丹稱讚這幅《百馬圖》是「假賽眞」，有過之無不及，勝過郎世寧畫馬止於形似。

魏子丹又問：「這位畫家在榮寶齋有無筆單？」黃同文告訴他，臨摹郎世寧《百馬圖》的這位破落貴族已於前兩個月謝世了，他沒掛過筆單，這幅畫卷可稱是絕筆了！魏子丹很惋惜，頗感悽楚，他說：「這位畫家若活着，他的畫在榮寶齋掛出筆單，筆潤要高於當代畫家馬晉，馬晉畫的馬不如他畫得好，太可惜了！」

魏子丹看好了這幅《百馬圖》，出了四千元收藏下了。黃同文賺了一千塊錢，很是得意，覺得說實話賣假畫同樣能賺錢，但一定要是假賽貞的好畫。

陳璧君仗勢欺人買《百馬圖》

當邱震生將這段往事講到這裏，就不想往下說了。作者問他，另一幅假賽貞的《百馬圖》賣給誰了？他說：「這事兒我弄不準是哪個說法符合實際，有人說是黃同文直接賣給陳璧君的；有人講是經過上海一位老同行賣給陳璧君的。這裏頭不但有陳璧君的故事，還有汪精衛向希特勒獻壽禮的史實。我已是八十歲的人了，說不了那麼詳細了，讓我想一想，興許還能說得上來。」

作者說：「您歇會兒再說。」邱震生休息片刻，同作者說起了陳璧君仗勢欺人買《百馬圖》的事。

陳璧君是汪精衛的夫人，她喜愛字畫，本人也會畫幾筆，鑑賞字畫也還有些眼力。但她自高自大，又有脾氣，別人得捧着她說，不然她就耍脾氣。她在行家面前說大話，引起了老行家的反感。一位古玩字畫老行家早就想考考她，給她點教訓，但苦無辦法。可巧，黃同文拿去金二爺臨摹郎世寧《百馬圖》的畫卷，這位上海古玩字畫老行家有了辦法。

老行家拿着《百馬圖》從上海到南京去見陳璧君，陳璧君在客廳接見了他。老行家說：「我給您送來郎世寧的《百馬圖》，請您鑑賞。」

陳璧君展卷平觀，又命女僕把畫卷掛起來懸着看。她坐着看站着看，一語不發，看了半天，看累了就坐在太師椅上喝茶。她看了看這位老行家，問道：「你是從哪裏弄來的這幅畫？」

「我是從北京買來的。」

「你可知道這是故宮裏的東西嗎？」

「夫人！您知道的事兒比我多。我是做字畫生意的，有買有賣，價錢合適我就買，賺錢我就賣。不論買誰的或賣給誰都一樣，我不問底細。」

「我知道你們買賣人不懂那麼多事兒。」陳璧君說完這句貶低別人的話，又吹噓起自己：「我可以告訴你，你們做古玩生意的都說郎世寧是法國人，其實他是意大利人。這意大利人侍奉過康熙、雍正，乾隆三位皇帝。郎世寧畫中國畫總帶有西方油畫的寫實立體感，又有中國畫的細膩柔和勁兒。這幅畫的中國畫的味道濃，西洋畫的味道少，是郎世寧的晚年佳作。」說到這裏，看老行家點頭稱「是」，她的興趣更高了，便用行家的口吻繼續說了下去：

「畫馬難畫腿，這一百匹馬，四百條腿，腿腿不同。一匹馬的四條腿，哪條腿用力，哪條腿支撐，他畫得合理而逼眞。你要知道，每匹馬的全身各部位是有比例的。這《百馬圖》上的馬，不論行、靜、俯、卧、奔，每匹馬全身部位都畫得比例勻稱。」陳璧君講到這裏，停了下來。老行家聽她講的這些，心裏不耐煩，可又不能打斷她的話，聽她的話剛落音，便捧着她說：「夫人高見！夫人高見！我做了三、四十年字畫生意，只是做買賣，懂得不多，眼力也差，請夫人鑑定其眞贋。」

陳璧君聽老行家誇贊她，打心眼裏高興，面帶笑容地說：「畫卷上的馬我說過了，再說畫上的景色，眞是景色宜人，美不勝收。乾隆的印璽，諸臣之題跋，筆記印色都是渾然一體。再從裝裱裝潢上看，畫卷題籤、編序號碼是宮裏珍藏的東西。這幅《百馬圖》是件眞東西，再好的手筆臨摹不出這樣生氣勃勃的馬來，只能畫得呆呆板板。」

老行家聽她說出了肯定的言語，想當面撅她，但又不好直接地說，便轉了個彎兒說：「俗話說賣瓜的不說瓜苦，可我這賣古字畫的，是眞說眞，是假說假。實話告訴您，這是幅臨摹的郎世寧《百馬圖》，不是眞的。」

陳璧君聽說是贋品，自己覺得不是滋味，臉色也變了，橫眉立目地說：「是你的眼力不佳，把眞的看成假的，還是怕我追究你是從宮裏偷出來的?!告訴你，我不管你們古董商的那些爛事兒，不要怕嘛。好啦！你說是假的，我按假的價錢買了它！」

老行家跟她要一萬元。她說：「眞的値一萬，假的打對折，五千塊錢，我沒工夫跟你磨牙！」她喊了聲：「送客！」女僕打起簾子，老行家慌忙站起身，拱手賠笑說：「夫人！您再添一千元，不然我不好向夥貨人交待。」陳璧君高聲說：「我看是眞的，你非說是假的，故意氣我，假的爲甚麼要那麼多錢?!你走吧！過兩天從管事的手裏取支票，不要再來見我啦！」

這位上海古玩字畫老行家，原想用這幅《百馬圖》教訓陳璧君，豈知有權勢的人不吃這套，反而被陳璧君申斥一頓，攆了出去。他氣得渾身顫抖，走出汪府。

邱震生講完這段事，感慨地說：「那個時代，有錢有勢的人是大爺。大爺說這東西是黑的，明擺着是白的，你也要跟着他說黑。你不跟着胡說，就非倒霉不可！」

汪精衛用《百馬圖》給希特勒祝壽

接着，邱震生講起了以假爲眞，汪精衛用《百馬圖》作壽禮，獻給希特勒的歷史往事。

一九三九年九月，希特勒挑起第二次世界大戰。這一年希特勒正好是五十歲，效忠日寇的汪精衛要爲希特勒的五十歲誕辰獻壽禮，陳璧君出主意，將郎世寧《百馬圖》作壽禮有意義。汪精衛認爲郎世寧是法國人，德國跟法國正在開戰，把法國人畫的《百馬圖》送給德國元首作壽禮不合時宜。陳璧君沒料到自己的丈夫也認爲郎世寧是法國人，便向他作了解釋，說郎世寧是意大利人，而一九三六年法西斯德國就與意大利建立了柏林——羅馬軸心，用意大利人畫的馬送給希特勒作壽禮最合適。

在一九三九年，汪精衛是先用這幅仿郎世寧《百馬圖》給希特勒獻壽禮，同日本軍國主義盟國德國法西斯頭子拉上關係；年底又同日本簽訂《日支新關係調整綱要》賣國密約，一九四〇年在南京成立僞國民政府，當了主席。

希特勒哪裏知道這幅郎世寧《百馬圖》是仿的，而是作爲中國的珍貴文物收藏起。淪陷區的古董商得知這條消息，也認爲故宮收藏的郎世寧《百馬圖》是被汪精衛竊取，向希特勒獻了禮，直到一九四二年才透露出那幅《百馬圖》是金二爺仿的。

邱震生爲金二嘆息

金二爺摹繪的郎世寧《百馬圖》可謂出神入化，假賽眞。可是金二爺的名字，現在沒人能說得出來了，他的才華被埋沒了。邱震生說：「國畫大師張大千起初也臨摹作假，琉璃廠的蕭靜亭、靳伯聲在二十年代時給他賣過假畫。仿石濤的山水畫，仿唐寅的仕女畫，亦是假賽眞。大收藏家、著名畫家黃賓虹將張大千仿石濤山水畫誤認爲是石濤眞跡。可是，張大千乃國畫大師，而金二爺連個名字都沒留下，甚是可惜！」

邱震生講完全部故事，拍拍大腿說：「人才淹沒了，太可惜啦！太可惜啦！」又說：「那個時代埋沒的人才，又豈止金二?!」

唐韓幹《照夜白圖》之由來與傳說

唐明皇有兩匹心愛的「胡種」馬，命名爲玉花驄、照夜白。唐代大畫家曹霸畫下了這兩匹馬，而今我們只能從杜甫兩篇詩：《韋諷錄事宅觀曹將軍畫馬圖歌》和《丹青引贈曹將軍霸》中讀到這兩匹馬，眞跡是看不到了。

在一九三五年前後，北京文物市場上出現曹霸弟子韓幹畫的《照夜白圖》。這幅國寶級唐代名畫收藏在溥心畬手中，經古玩字畫商葉叔重、蕭虎臣之手轉讓給英國收藏家戴維德。戴維德得到唐韓幹《照夜白圖》，曾在北京中山公園、來今雨軒後面的一所四合院內展出，門票是一塊銀元，引來衆多書畫界、文物界人士觀覽。目睹此畫的古玩字畫老行家，今日還健在的僅有八十九歲的范岐周了。

這幅中國唐代名畫幾經周折，從英國人手中轉到日本人手，最終收藏在美國大都會博物館。我國著名書畫鑑定家徐邦達，去美鑑賞此畫確定爲韓幹之眞跡。

自一九三五年後，北京文物界人士關於韓幹《照夜白圖》的傳說不少，而今還在流傳着，作者早有耳聞，今得范岐周老人的證實，才書此文。

唐明皇心愛的汗血馬

汗血馬產自西域大宛國，大宛國位於原蘇聯中亞費爾干納盆地，有小城鎮七十多個，居民從事農牧業，那裏盛產葡萄、苜蓿，尤以汗血馬著名。公元前一三九年，張騫通西域後，大宛國與我國西漢王朝往來逐漸頻繁。漢武帝太初三年（公元前一〇二年），大宛降漢，與我國進一步密切了經濟文化交流。西晉（公元二六五—三一七年）時，大宛仍遣使臣向司馬氏皇室獻汗血馬。南北朝（公元四二〇—五八九年）時，稱大宛為破洛那。

唐玄宗李隆基於天寶三年（公元七四四年）改大宛國名為寧遠，並封宗室女為和義公主，嫁給寧遠國王為妻。寧遠國王向玄宗皇帝獻汗血馬，李隆基將馬放在御馬圈飼養，還給兩匹心愛的汗血馬命名為玉花驄、照夜白，召來畫家曹霸畫下這兩匹駿馬，又有杜甫的兩篇詩文為之題點增色，到今天仍廣為流傳，引人關注和喜愛。

杜甫詩中的照夜白、玉花驄

杜甫《韋諷錄事宅觀曹將軍畫馬圖歌》：「國初以來畫鞍馬，神妙獨數江都王。將軍得名三十載，人間又見眞乘黃。曾貌先帝照夜白，龍池十日飛霹靂。內府殷紅瑪瑙盤，婕妤傳詔才人索。盤賜將軍拜舞歸，輕紈細綺相追飛。貴戚權門得筆跡，始覺屏障生光輝。昔日太宗拳毛騧，近時郭家獅子花。今之新圖有二馬，復令識者久嘆嗟。此皆戰騎一敵萬，縞素漠漠開風沙。其餘七匹亦殊絕，迥若寒空動煙雪。……」（作者註：詩中寫「昔日太宗拳毛騧」，只用一匹駿馬之名。唐太宗有六匹駿馬，死後將石雕六駿立於昭陵，稱「昭陵六駿」：什伐赤、青騅、特勒驃、白蹄烏、颯露紫、拳毛騧。其中拳毛騧和颯露紫兩塊浮雕於一九一四年被盜，經琉璃廠延古齋趙鶴舫之手，銷往美國，現存於費城博物館。）杜甫在《丹青引·贈曹將軍霸》詩文還寫道：「……先帝天馬玉花驄，畫工如山貌不同。是日牽來赤墀下，迥立閶闔生長風。詔謂將軍佛絹素，意匠慘淡經營中。斯須九重眞龍出，一洗萬古凡馬空。玉花卻在御榻上，榻上庭前屹相同。至尊含笑催賜金，圉人太僕皆惆悵。弟子韓幹早入室，亦能畫馬窮殊相。幹惟畫肉不畫骨，忍使驊騮氣凋喪。將軍畫善蓋有神，偶逢佳士亦寫眞。……」

詩人稱贊韓幹畫馬「毫端有神」

杜甫在《丹青引·贈曹將軍霸》中，嫌韓幹將馬畫得太肥，其實韓幹是依照馬的眞實形態作畫。那時，御廄中飼養的馬，多屬汗血馬種，亦稱「胡種」，專人餵養，除皇帝或經他允許外任何人不得使用，所養的馬膘肥肉厚。所以，宋人張耒在《韓幹馬圖馬亡後足》中有：「韓生丹青寫天廄，磊落萬龍無一瘦」句，杜甫在《畫馬讚》中，稱韓幹畫馬「毫端有神」。

韓幹，唐代畫家，玄宗時官太府寺丞，初以曹霸爲師，後自成一派。韓幹少時家貧，在酒店做過傭工，送酒於酒肆。得詩人畫家王維的資助，學畫十餘載，擅畫菩薩、鬼神、人物、花竹，尤工畫馬。唐代天寶年間（公元七四二—七五五年），玄宗召他入宮，命他學陳閎，幹不從曰：「臣自有師，陛下內廄之馬皆臣師也。」他重視寫生，自成風格。

歷來我國鑑賞收藏家皆謂唐代畫馬，以曹霸、韓幹爲傑出。民國年間，琉璃廠鑑定古代字畫有三傑：萬筱竹、蕭虎臣和張治平，是文物鑑定界和收藏家所公認的人物。蕭虎臣將曹霸、韓幹相提並論，他說：「曹、韓之馬甲天下！」還說：「曹霸畫的玉花驄、照夜白，僅見杜甫之詩文，未見其眞跡。而韓幹《照夜白圖》我在溥心畬府上開過眼，馬的形象健壯雄駿，幾筆勾畫寫生，好似眞馬躍然絹上，堪獨步當時。」

戴維德購得並展出《照夜白圖》

英國收藏家戴維德平素對中國文化有研究，收藏中國文物甚豐。當他得知唐代韓幹《照夜白圖》收藏在中國著名畫家、皇家貴族溥心畬手中時，便想把它弄到手。

戴維德認識中國古董商葉叔重，便委託葉代爲尋覓。葉叔重是「吃金石」的，對字畫不大在行，跟書畫界人士交往也不多。一九三五年前後，葉叔重拜託琉璃廠博韞齋經理蕭虎臣去向溥心畬請求轉讓。

蕭虎臣在書畫界和鑑定界中有名望，同當代著名畫家金拱北、張大千、溥心畬等都是朋友。事也湊巧，此時溥心畬家中等錢用，故而割愛將韓幹的《照夜白圖》，以一萬銀元的代價轉讓給了戴維德。

戴維德獲此稀世之寶，欣喜非常，舉宴祝賀，古董商葉叔重、蕭虎臣出席作客，賓主歡樂異常。戴維德同北京書畫界人士商量，借到中山公園董事會所在地——園內來今雨軒後面的一所四合院，展出唐韓幹《照夜白圖》，供京城書畫愛好者和文物界人士觀賞，門票是一塊銀元，同看梅蘭芳的戲票價差不多，但前來欣賞觀看者不少。展出後，戴維德將畫卷帶回英國。

寫古玩行的老事兒要求眞求實

這段轟動過京城文物界的往事，距今（一九九五年）已六十年矣。六十年裏傳說不斷，有的說戴維德獲得的是皇上家傳世珍品，恭王府收藏多年傳到溥心畬手裏，畫上有「乾隆御覽之寶」印璽之跡，有跋有題，歷代名家鑑賞之印跡很多；也有的講，那幅畫是悅古齋韓博文賣給溥心畬的，是假的。從此韓博文發了財，將悅古齋的樓房蓋起來了。

時至一九九三年夏季，傅大卣師兄同作者聊起這件事。他說他得到清廷內務府大臣金梁撰文、書法家張伯英寫的《韓德盛墓誌》，這對悅古齋歷史的進一步瞭解有益，修改補充作者的《古玩史話與鑑賞》也有了根據。接着，他又談了韓德盛（字懿軒）去世後，他兒子韓博文賣假畫給溥心畬，一幅韓幹《照夜白圖》傳到英國去了。這段往事他講得來龍去脈清楚，生動具體，作者將之記錄成文。

一九九五年春，中央文史館副館長吳空同志同作者見面，作者請他給本書作序，他向作者提及了韓幹《照夜白圖》在近六十年的輾轉流傳，由英國人手轉到日本人手裏，終於收藏在美國大都會博物館。我國古書畫鑑定名家徐邦達先生曾前去觀賞，鑑定確爲唐代韓幹之眞跡。

於是，作者拜見六十年前目睹《照夜白圖》的古玩老行家、八十九歲的范岐周老人，他說：「史貴存眞，寫咱古玩行的老事兒，要求實求眞，不可聽風就是雨。要對前人負責，也要對後人負責，稍一疏忽會造成貽誤。」這位年近九旬的老人記憶清晰，他說：「我在雅文齋當二掌櫃，悅古齋隔着我們只是五尺寬的姚江小胡同。韓德盛墓誌裏不可能寫《照夜白圖》，只能寫他買賣清內閣大庫庫藏之事。因爲韓德盛死後《照夜白圖》才在北京文物市場上出現。」他還說：韓博文經溥心畬之手賣給外國人一幅黃大癡的山水畫。那時傅大卣還沒來琉璃廠學古玩舖，他是聽別人的傳說，誤將山水畫說成是《照夜白圖》。

一九二八年，二十二歲的韓博文到海王村祝賀晉秀齋開張，見到賈濟川便拱手說：「師兄！我祝賀您的買賣開張！沒拿甚麼禮物來，我買您一幅畫，算是開張大吉！」於是，他挑來選去，選了一幅山水畫。

賈濟川跟他要一百八十元，他二話沒說就買下來了，拿起來要走。賈濟川跟他要現錢，他掏出一百六十元給賈濟川。賈說：「不是一百八十嗎？」他說：「誰讓你跟我要現錢，罰你二十！」兩人一笑了之。

恭王府襲爵將軍，著名畫家、收藏家溥心畬認識韓德盛。韓博文青少年時就認識溥心畬。小韓愛畫畫，向畬爺請教，也做溥爺的字畫生意。韓博文把買晉秀齋的那幅山水畫拿給溥心畬鑑賞，溥沒看上眼，韓博文把畫掛在溥的書房裏。一位日本朋友拜見溥心畬時，見了書房這幅山水畫，很喜愛，掛求溥爺讓給他。他給溥心畬送來四千元，溥將錢交給了韓博文，韓博文用這錢擴充了門市，悅古齋蓋起了樓房，給同行人留下深刻印象。

後來，經葉叔重、蕭虎臣將溥心畬珍藏的韓幹《照夜白圖》轉讓給戴維德，有人就傳出，那幅《照夜白圖》是韓博文從海王村買的假畫，賣給博心畬。這本來是兩回事兒，卻誤傳多年。

老行家評介《秘戲圖》

一九七八年，作者同邱震生聊天，談起廊房二條開了百年的珠寶玉器舖聚珍齋，古玩、玉器行人都說這家老店是由誤賣一幅《春宮圖》起家的。作者問：「這是不是眞事？是否有意貶低聚珍齋的東家？」邱震生說：「是眞事兒。幫太太買《春宮圖》的小老媽後來跟杜老二結婚了，成了東家太太。有了這位太太，杜家的財越發越大，由瀋陽搬來北京廊房二條開聚珍齋。這可是道光年間的事了。大約在這個年間前後，琉璃廠古玩舖、廊房二條玉器舖做《春宮圖》買賣的不少。解放後，我當北京歷史藝術文物業公會主任時，將《春宮圖》都當作淫穢物交公安局、燒了。這不是我的主意，是上邊的指示。」

邱震生在琉璃廠做過六十來年古玩、字畫生意，是位老行家。人老了愛說過去的事，以前是憋在肚子裏不敢說。一九五七年他說外行領導內行、公方經理不懂行，而被打成右派。現在他甚麼話都敢說了，又遇上能跟他搭上話茬的作者。於是，他滔滔不絕地說起《春宮圖》、評介起《秘戲圖》來。他說：

春宮畫

春宮是一種繪畫作品，早在北宋時代的畫苑作品中，就有春宮秘戲圖。明、淸時代的名畫家筆下也有春宮圖。常見的春宮取材於乾隆皇帝和嬪妃尋歡作樂的場景。趙飛燕偷情、張生戲鶯鶯、西門慶和潘金蓮、唐伯虎與秋香等等。名目繁多，筆法不一，眞正畫得好的不多。

邱震生說他只見過三幅畫得較好的，一幅是仇十洲的白描，文徵明題詩，畫趙婕妤、趙昭儀在宮內與一男子尋歡作樂，是幅連環畫手卷；一幅是仇英的白描仕女，勾畫得惟妙惟肖，文徵明的詩文筆墨蒼勁秀麗，這幅畫因文徵明的字中有「敗筆」而被鑑定爲贋品，看來是當時的鑑定有問題；另一幅出自無名氏之手，畫的是潘金蓮和西門慶大鬧葡萄架，畫得粗野豪放，淋漓盡致。

民國十五年左右，張學良送來琉璃廠玉池山房一幅長卷《春宮圖》一百單八式，因反鉛（鉛粉繪畫的部分變黑）送來修理。這幅長卷畫得精緻細膩，嫵媚多姿，形態各一。

春宮圖與裸體畫的不同

裸體畫講求體形綫條美，春宮畫的是性愛美。好的春宮畫出的男女形體、神態與柔情俱佳，性愛刹那間的情表體動，姿態不一，具體生動，並不庸俗。這種特殊的美，只在春宮的繪畫中表現出來。一般來說，畫仕女畫的畫師，畫這類畫畫得較好。好的春宮是極少的，毫無藝術性的性交圖解畫倒是很多，這裏有其歷史原由。

邱震生見作者用筆記錄，就說：「不要記，春宮是被禁止繪畫、經營的淫穢物。咱們是私下閒聊。」作者說：「孟夫子說：『食、色性也。』這是說，那是人的本性。孟夫子還說：『男女居室，人之大倫也。』男女不以禮交，謂之淫；過度或沉緬於女色，亦稱之淫。」

邱說：「我少年學徒時，虹光閣有春宮圖，掌櫃的不讓小孩子看，把它放在櫃裏鎖起來。我長大了後，做古玩、字畫生意，見到清代的遺老、老翰林來淘換春宮，當時我認爲：這些老東西，眞不知好歹！那麼大歲數還好色！後來，我聽了一些有學問的老人講，才開了竅。」

「他們講了甚麼？」

清代以來「性」的問題才神秘起來

「他們說：滿人入關，清王朝統治中國以來，性的問題逐漸神秘起來，這是滿民族的習慣。可是，皇上家的閨女出嫁也要別人去代爲試婚。公主出嫁前，先派個機靈的丫環同額駙睡覺，試試額駙的性功能，能不能房事。丫環回來要將她與額附性交的細節向主子講清楚。大家閨秀、貴族小姐大門不出、二門不邁，出閣前很少同男性接觸，性的問題對她們是封鎖，致使少女出嫁前不知男女有性關係，故而嫁妝中有春宮。這類東西有的畫成畫卷；扇面正面打開是山水人物，反面一打開則是春宮；還有炕、床上鋪的瓷板上有春宮圖這些東西都較隱避，無非是告訴新婚夫婦，男女之間的性行爲。據說，早在康熙年間就有這類嫁妝貨，並不屬於繪畫藝術作品。但也有個別的畫卷、扇面出自名家之手。清末民初，春宮圖漸漸泛濫，成了誨淫之物。」

房事養生術

老翰林們觀賞好的春宮圖時，還講過房事養生術的事。唐初，大醫學家孫思邈（公元五八一年—六八二年）活了一百零一歲，他的醫學著作中有房事養生術的篇章，失傳多年，懂這套醫學理論者也很少。乾隆皇帝弘歷懂陰陽五行，知房事養生，對孫思邈的醫理有研究，所以雖然他好色、后妃多，但他卻是我國皇帝中壽命最長的一個，活到八十九歲。

《聊齋志異》中寫的鬼狐，「盜取眞陰，盜取眞陽」之說，乃是說男女性行爲，用得適中可以互補，也可延年；若用得不當，會傷身損壽，只有懂孫思邈之醫理者方能取其奧妙。

八十歲的邱震生又說：「張學良少帥我見過。他到琉璃廠來時我才二十歲左右。少帥年輕英俊，他買古玩字畫，也買過《春宮》。我看他是懂孫思邈的房事養生術的。還有齊白石，我也見過，活了九十多，對孫思邈的醫理有研究。」

作者問他：「您讀過孫思邈的這本書，有無研究？」

他說：「我一生不二色，不走這根筋。書我是看過，三十年代，文光樓舊書舖存有一部，講陰陽論五行，注重時令，再具體的事記不清。這些荒謬之事，聽老翰林們講了不少，不必說給你聽。」

作者不好再問他甚麼，只說：「您相信這部分醫學遺產會有人繼續研究嗎？難免有個別人爲了發財，迎合個別人的低級趣味，寫出荒謬誨淫的東西。」

行家談展子虔和他的《游春圖》

拙作《古玩史話與鑑賞》中，簡要介紹過《游春圖》的買賣經過。買賣《游春圖》的經手人之一馬霽川的女兒馬淑一要求作者採訪如今健在的當事人，再進一步調查研究，重新再寫。作者遵從她的建議，採訪了老行家李卓卿、馬寶山、范岐周，並回憶了邱震生生前所談，整理成文，獻給讀者。

展子虔和《游春圖》

展子虔，今山東陽信（古稱渤海）人。南北朝時期，他在北齊、北周爲官，後入隋。在隋朝官至朝散大夫、帳內都督。他的生卒年月無記載。北齊初年是公元五五〇年，隋朝末年是公元六一七年，展子虔就是這段時期的人。

琉璃廠鑑定字畫的著名老行家張治平生前，誰要是一提展子虔，他便順口說出：顧、陸、張、展。將東晉畫家顧愷之、南朝宋畫家陸探微、南朝梁畫家張僧繇和北朝齊周畫家展子虔合稱並提。他說：「顧愷之的乳名叫虎頭，虎頭多才多藝，是『才絕、畫絕、癡絕』。他畫的《女史箴》在八國聯軍入侵北京時，被英國士兵從宮裏搶走。顧愷之畫人點睛傳神；展子虔畫馬，站立的馬好像要走，卧着的馬，肚子似有起伏，像在喘氣。」

展子虔被後人稱之爲「唐畫之祖」，他上繼六朝傳統，下開唐代畫風，是位承前啓後的人物。他工畫山水、樓閣，以青綠勾勒爲主，筆調細密，在小幅畫裏，能畫出咫尺千里之勢。他兼畫人物、鞍馬，其人物描法以色暈開面部，神采生動；所畫之馬，立者有走勢，卧者腹有起躍勢。他曾在洛陽、長安、江都等地寺院，作菩薩和八國王分舍利等壁畫，是我國壁畫畫家之先驅。

展子虔的存世之作，僅有《游春圖》，是我國傳世最古名畫之一。據古玩字畫老行家邱震生、李卓卿、馬寶山之口述、聶崇正之描寫和作者之過目，《游春圖》畫卷寬四十三釐米，長釐八十米，絹本設色。描繪人們在風和日麗、春光明媚季節，到山間水旁踏青遊玩的情景。全畫以自然景色爲主，人物點綴其間。湖邊一條曲折的小逕，蜿蜒伸入幽靜山谷。人們或騎馬或步行，沿途觀賞着這青山綠樹、花團錦簇、湖光山色之美景；在波光粼粼的湖面上，一艘遊船緩緩移動，船上坐着幾位女子，被四周明麗景色所陶醉，留連忘返；山腰和山坳間藏有幾處寺院，幽靜無比，令人神往。

全畫的色彩濃重，山石樹木均以礦物製成的石青、石綠賦色，青綠色彩爲主調。建築物和人物、馬匹間以紅、白赭諸色，既統一和諧，又多變化。鮮明的色彩描繪出美好的河山和盎然勃發的春日生機。

《游春圖》收藏、傳世之三說

這幅《游春圖》的繪製距今已一千四百餘年，留傳至今，關於其幾經波折，輾轉收藏的經歷，其說有三：

其一曰：《游春圖》原收藏在唐、宋宮廷秘閣，元代佚散。明嘉靖二十一年（公元一五四二年），嚴嵩任武英殿大學士，入值文淵閣後，搜集到《游春圖》，收藏在自己府中。嘉靖四十一年（公元一五六二年），嚴嵩家產被籍沒，《游春圖》轉入明宮廷，收藏在明宮秘閣。公元一六四四年，清兵入關，定都北京，這幅名畫作爲傳世之寶收藏在清宮秘閣，世代相傳至宣統溥儀。

其二曰：《游春圖》早已流落在民間。雍正年間，淮南有位大鹽商收藏《游春圖》。後被經管鹽務的朝廷官員安岐搜羅到手。安岐，字儀周，朝鮮族入旗，籍居天津。乾隆時代，著名大收藏家，著錄《墨緣匯觀》，將《遊春圖》著錄其中。安儀周將《遊春圖》獻給了乾隆皇帝，傳到溥儀。

其三曰：《遊春圖》早就丟了，流失在百姓手中。乾隆爺下江南時，有位大臣在蘇州買到這幅畫，獻給了皇上，收藏在宮裏直傳到溥儀。《墨緣匯觀》中著錄之名畫，不少是宮裏的東西，但並不都是安儀周收藏過的。

溥儀自宮中攜出《遊春圖》至失落

民國十三年（公元一九二四年），溥儀從宮中攜走《遊春圖》，後收藏在天津日租界地張園。「九・一八事變」後，《遊春圖》收藏在長春僞滿洲國溥儀的宮中。

民國三十四年（公元一九四五年）八月十五日，日本天皇宣佈投降，擔任「帝室御用掛」的日本軍官吉岡安直，通知溥儀第二天動身去日本。

一架小飛機在瀋陽降落，準備換大飛機飛往日本東京之時，蘇聯紅軍將溥儀劫持而去。瀋陽、長春一片混亂。長春的僞滿禁衛兵同日本兵打了起來，由蘇俄大兵守衛僞皇宮。蘇俄的「臊韃子」（士兵）愛喝酒搞女人，中國的地痞流氓將大鼻子兵灌醉，溜進僞滿皇宮偷竊文物，大鼻子兵也拿東西換酒喝。僞皇宮中溥儀沒能帶走的文物，在戰亂中被偷竊的甚多，其中有展子虔《遊春圖》、范仲淹《道服讚》，還有蘇東坡墨寶眞跡等珍貴字畫。

《遊春圖》在古董商中的買賣經過

僞滿皇宮裏的古玩字畫佚散在長春市的街頭，賣這類文物的攤擺上了街。這消息很快傳到北京琉璃廠古玩商的耳朵裏，於是先後有穆蟠忱、馬霽川、趙志誠、靳伯聲、李欣木、崇慶瑞等人去長春、瀋陽收購古玩字畫。

穆蟠忱是琉璃廠墨寶齋的徒弟，「九·一八事變」前，便去瀋陽、長春開設墨古齋古玩鋪，經營多年，後因年老返回北京。他在瀋陽、長春的同行中熟人多，交遊廣，有路子。一九四五年末，他先在長春買到范仲淹《道服讚》字卷，拿到瀋陽崇古齋。經崇古齋經理李卓卿介紹，又將《道服讚》賣給了來瀋陽買貨的琉璃廠論文齋經理靳伯聲，交易中李卓卿未取中介人的傭錢。穆蟠忱回北京約玉池山房經理馬霽川和文珍齋經理馮湛如去長春買貨。馮湛如沒去，派徒弟趙志誠同行。

穆蟠忱、馬霽川、趙志誠在長春買了一批字畫，約有十多幅，其中有展子虔《遊春圖》。當他們三人從長春返回北平，路過瀋陽時下了車，到小南門內崇古齋。崇古齋是老字號，是琉璃廠崇古齋分號。北京的同行人路經瀋陽，經理李卓卿總是迎送宴請聯繫業務。

在酒席宴上，穆蟠忱爲了酬謝李卓卿幫他賣《道服讚》字卷未取分文，主動提出合夥做《遊春圖》這號生意。李卓卿客氣地說：「穆大爺！您先讓我開開眼，看看東西。您買到好貨沒忘了我，我先謝謝您！」穆蟠忱將《遊春圖》拿到崇古齋，李卓卿展開圖卷，屏氣凝神，仔細觀賞。見《遊春圖》上，人馬小如豆粒，卻一絲不苟，形態畢現；用綫條畫出山石樹木，粗細不一，行筆有輕有重，轉折處見頓挫，變化多端，畫意深邃古樸。看完畫他說：「展子虔眞跡很難見到，存世之作僅此一件，從畫卷中可領略我國早期山水畫的風姿韻味，是件稀世珍寶。我夥貨！」

一幅《遊春圖》，以穆蟠忱爲主，夥貨的有崇古齋、文珍齋和玉池山房，四家共同經營銷售。《遊春圖》運來北京，先在琉璃廠鑄新照像館拍照，將照片分送給各大書畫收藏家，其中有張伯駒。只給照片看，要看貨再聯繫。穆蟠忱不給同行人看貨，珍藏起來秘不示人。《遊春圖》在賣給張伯駒之前，一直由穆蟠忱保管，沒給任何人看過。

寶古齋經理邱震生知道穆蟠忱收藏《遊春圖》，他以爲這貨有馬寶山夥，因爲馬寶山曾去過東北買貨，又是穆蟠忱的師姪，他們都是墨寶齋這一門人。所以，當張伯駒向邱震生詢問《遊春圖》時，邱便把他介紹給馬寶山。

一九八七年，邱震生八十歲生日時，他同作者聊起四十多年前這段往事。他說：「我一生不吸煙不喝酒、不二色，是正經古玩行人。張伯駒瞭解我這個人，當年他買《遊春圖》是我介紹他去找馬寶山的。後來我才知道，《遊春圖》的交易，馬寶山做了中介人，因爲沒他夥貨。」他還告訴作者，民國三十四年至三十五年時，北京古玩行人到東北去買貨的情況。他說：「那時候誰買到好貨都不說，做這路生意很秘密。長春那批字畫有兩幅是國寶，一幅展子虔《遊春圖》，一幅是范仲淹的手書《道服讚》，都被穆蟠忱得到手，後來都賣給了張伯駒。《道服讚》先由穆蟠忱賣給靳伯聲，後由靳伯聲賣給張伯駒。《遊春圖》是由李卓卿親手賣給張伯駒的。」

張伯駒收購《遊春圖》捐獻國家

一九九二年春節，作者去給八十二歲的李卓卿拜年，聊起《遊春圖》，作者問：「李大叔！經您手賣給張伯駒的《遊春圖》，現在成了熱門話題，報刊上登了不少文章。有的文章說是馬霽川賣的，到底是怎麼回事？」

李卓卿說：「事兒的本身沒那麼複雜，多簡單的事兒，要由文人動筆一描述就熱鬧了。那號買賣很順當，也很簡單。前段的事兒你都知道了，我給你說說我做這號買賣，由於我疏忽大意了點，給馬寶山帶來爲難和麻煩。」

隨後，李老先生又跟作者說：「《遊春圖》是四家夥貨，可我這一夥又分三股。因爲我和魏麗生、郝葆初有前約，不論誰在東北買貨，都要三人合夥，所以實際上夥貨的是六家。經六家共同商議，由穆蟠忱拍板定價，以二百兩黃金的代價賣給張伯駒。大家推舉我拿着《遊春圖》去馬寶山家同張伯駒見面，咱們是有中人，有買主和賣主，三人對面，一手錢一手貨進行交易。

「我帶去一位金店經理，拿着試金石。張伯駒交了金子，用試金石當面試過，不夠十成，只夠六成多點，二百兩折合純金一百三十多兩。在差六十幾兩金子的情況下，我交了貨，張伯駒答應近期補齊。我很尊重張大爺，又有馬寶山作保，很放心。沒料到，張伯駒在那時也不大富裕了，手頭很緊，馬寶山給催促多次。到一九四八年底，才給補到不足一百七十兩，尙欠三十兩黃金。後來時局變了，事兒也就擱下了。

「在那段時間裏，馬寶山可沒少受穆蟠忱的訓斥，催他去要賬。穆蟠忱是長輩，馬寶山不能跟他頂嘴，只可受着。馬寶山又知道張伯駒的困難，不願去向他要賬，兩頭爲難。

「張伯駒爲了答謝馬寶山，於一九七〇年贈書馬寶山一副對聯，張夫人潘素女士贈繪一幅山水畫，馬寶山收藏保存至今。」

李卓卿最後說：「事過四十七年，今日重提，令人感慨萬端！張伯駒先生已作古，我很懷念他。他保護了祖國珍貴文化遺產《遊春圖》，捐獻給國家。我們六家古董商號少得三十兩黃金，何足掛齒，商人只是『將本圖利』，事實眞相就是如此。」

集古玩字畫老行家們所言，將《遊春圖》從一九四五年「八·一五」至一九五三年這段時間裏的輾轉周折及終由國家收藏的史實說淸楚了。歷史是面鏡子，啓迪人們珍惜愛護祖先留下的文化藝術遺產。

◆文房用具與雜項

古代文房用具主要是「紙墨筆硯」文房四寶，而紙墨筆硯的發明和使用是我中華民族古老文明的標誌之一。我國傳統文化淵流不斷，文房四寶功勞不小，故而簡介之。

古玩中雜項內容繁多，僅介紹花片、西蕃（fān）片和西夏鎧甲片，還有蛐蛐葫蘆、盆、罐和鼻煙壺的歷史故事，地毯的探索與求解。古玩商稱之爲「雜項」類文物還很多，雜項並非零碎，而是未列入金石、字畫、瓷器、珠寶玉器等類之內的文物的統稱，其中不乏珍品和國寶文物。

文房四寶的典故與傳說

紙、筆、墨、硯統稱之爲文房四寶，清代時琉璃廠老古玩鋪曾鑑定經營它們。民國以來，古紙古筆不再經營，古墨古硯則還在古玩鋪裏經營買賣。古董商中流傳着有關文房四寶的典故、歷史傳說和收藏軼事，這裏記錄下來以饗讀者。

蘇易簡和《文房四寶譜》

老古董商閒聊中曾述說一段歷史故事：宋太宗趙匡義攻遼大戰於高粱河，從而引出太宗寵臣蘇易簡寫《文房四寶譜》和歙器之典故。

以前在古董商中傳說着，琉璃廠新華街原是條河，南邊有虎坊橋，西直門外西北面有高粱橋。由琉璃廠到西山，水路是由這條河到高粱河至西山，琉璃窰的原料由水路運送。

北宋趙匡義做皇帝時（公元九七六—九九七年），鼓勵開荒，興修農田水利，生產發展有了實力，興兵打仗，統一全國。在南方逼使吳越國王錢俶投降，又出兵滅北漢，乘勝攻遼。包圍了遼都，那時叫南京，即今北京城外的西北方向。遼兵增援部隊到，在高粱河大戰。北宋之軍，轉戰南北長途跋涉，將士疲憊，大敗潰退。

趙匡義雖然興兵打仗，但他重文，使文臣纂修《太平御覽》。他手下有位文臣姓蘇名易簡，字太簡，才思敏瞻，以文章知名，深受太宗皇帝恩寵，官至翰林學士、禮部侍郎，歷任參知政事。趙匡義親筆賜字「玉堂之署」掛在他家門上。有的大臣向太宗稟奏，蘇易簡寫《文房四寶譜》，以水試欹器。意思是說他終日無事，除了寫就是玩。太宗命把蘇易簡召入宮中，讓他用水試欹器。

甚麼叫欹器？欹器，原是灌溉用的汲水陶罐，其繫繩的罐耳位於罐腹的下部，空時用繩懸掛，罐身傾斜便於打水；當水半滿時，由於重心下降到罐耳以下，罐身自動扶正；當水灌滿時，由於重心上升到罐耳以上，很易傾覆。這種汲水陶器罐略加改型，稱為欹器。欹器在孔夫子的時代就有。荀卿《荀子·宥坐》篇中記載：「孔子觀於魯桓公之廟，有欹器焉。孔子問於守廟者曰：『此為何器？』守廟者曰：『此蓋為宥坐之器。』孔子曰：『吾聞宥坐之器者，虛則欹，中則正，滿則覆。』」楊倞注：「宥與右同，言人君可置於坐右以為戒也。」這種古物在北京故宮博物院有收藏。

當宋太宗趙匡義命蘇易簡以水試欹器時，蘇易簡面奏皇帝曰：「器盈則覆，物盛則衰，願陛下持盈守成，以固丕基。」太宗曰：「善哉斯言也，吾將以宥坐。」爾後則有「滿招損，謙受益」之座右銘。

蘇易簡以水試欹器，勸說君王，得到太宗的信諾。太宗在位時的一段時期，社會生產有所發展，社會秩序比較安定。而蘇易簡寫的《文房四寶譜》成為我國最早叙述四種文具品類和故實的著作。

古紙古筆

文房四寶，古玩鋪曾鑑定經營，民國以來，古筆、古紙的經營日漸減少，筆紙乃筆鋪和南紙店的銷售經營範圍，古玩鋪不再經營了。

據老古董商講：清代琉璃廠古玩鋪裏的古筆，大多數是些筆管，有毛的筆少。最早的是玉筆管，這路筆管是宋代的，較爲美觀但沉重；明代的瓷筆管很講究，筆管上繪有青花圖案，有五爪龍蟠龍青花筆管是皇上用的御筆；清乾隆時的象牙筆管有雕刻的值錢。筆管也是古玩，有收藏家搜集收藏。

清代乾隆年間之後，在東琉璃廠先後開設賀蓮青、青蓮閣、酆正泰、胡開文、老胡開文等筆舖。戴月軒開張較晚，是在光緒二十幾年，這家老字號延續至今。這些筆舖製作的毛筆採用竹管。也有書畫家、收藏家拿來玉、瓷、象牙筆管請他們製作毛筆或定作。筆舖掌櫃的到古玩舖去尋覓筆管，筆舖和古玩舖的交往是從此開始的，以後他們的關係一直不錯。

紙。古代名紙的收藏，保存較難。古玩舖經營的名紙年代久的是明永樂年間官局製造的官用觀音紙、奏本紙、大箋和小箋紙等。清代的灑金宣紙、五色粉箋，高麗金箋和發箋等。宋、元紙絹則太稀少了。也有賣紙發財的古玩舖，這可不是一般的紙，而是清代內閣大庫於民國十年把檔案作爲廢紙，賣掉八千蔴袋。悅古齋掌櫃韓懿軒得到被金樑發現，賣給了羅振玉，是一萬二千元。九十年代見到金樑爲韓懿軒寫的墓誌中有此一筆記載。

而經營紙張的琉璃廠有南紙店，前門大街有京紙舖。古筆、古紙以前的南紙店也經營，後則逐漸減少，以致後來貨源枯竭，古玩舖、南紙店都不經營古筆古紙了。

墨的歷史傳說

古墨在古玩舖裏一直被鑑定、經營着。墨的發明、使用是我們中華民族古老文明的象徵之一，鑑定經營文物的古玩舖裏，對墨的發明、使用傳說不少。不知道這些傳說的人，鑑定古墨則無信譽與名聲。

傳說中有這麼一段極富傳奇色彩的故事：三千來年前，有位婦女在河邊淘米，一塊松炭漂進她的洗米籮裏，熬粥時也沒發現這塊松炭，端了碗黑漆漆的粥給丈夫吃，丈夫生氣地把米粥潑在她身上，衣服被染了黑花朵朵，洗也洗不掉。從此，夫妻二人看着衣服上的黑跡入了迷，經過反覆實驗，創造出一塊「米粥墨」。有人從這段故事斷定：中國創造的第一塊墨，就是這「米粥墨」，令古董商笑得前仰後合。他們說：這是沒影兒的事，也不知是誰編的。

而墨的發明和改進是同我國漢字、造紙業的創立、發展有着密切關係。古代傳說，軒轅黃帝史官蒼頡始創漢字。蒼頡這個人名，至戰國時始見於《荀子》、《韓非子》、《呂氏春秋》等書中。《荀子·解蔽》：「好書者衆矣，而蒼頡獨傳者一也。」索靖《草書狀》：「蒼頡旣生，書契是爲，科斗鳥篆，類物象形。」象形文字的書寫是用刀刻，後用竹挺點漆而書，當時沒有墨。陶宗儀《輟耕錄》：「上古無墨，竹挺點漆而書。」

春秋戰國時期，有了大篆，即金文籀文和通行於六國的篆書文字。這種文字筆畫勻整，字體規律，用竹挺點漆很難書寫，始用石墨磨汁。

西漢時代，我國發明用蔴質纖維造紙，石墨作書則感不適。這時有以漆煙和松煙合成墨丸，用以磨汁。

東漢元興元年（公元一〇五年），皇帝劉肇下旨推廣蔡倫造紙方法，出現用樹皮、蔴頭、破布、舊魚綱造出的「蔡倫紙」後，製墨逐步發展。陝西省有個鄃糜縣，在今陝西省千陽以東。傳說這個地方在東漢時代以產墨著名，後人以「鄃糜」爲墨之代稱。

三國時期，魏國有位光祿大夫、書法家韋誕，他善於製筆造墨。作者少年時聽書法家魏旭東老師講韋誕的故事，他說：「魏明帝曹叡於太和年間（公元二二七—二三二年）建造凌雲殿。殿建成後掛匾，匾上沒寫字。曹叡命韋誕用他自己製作的筆墨，題寫『凌雲殿』三個字。這時韋誕已年老，凌雲殿的匾離地有二十五丈高八十三點三米，用轆轤把韋誕吊上去書寫。寫完『凌雲殿』三個大字，韋誕的鬚髮皆白。」

韋誕，字仲將。他製作的墨，後人稱之爲「仲將之墨」。古董商說：「仲將之墨，一點如漆」。但誰也沒見過仲將之墨，而凌雲殿早已毀沒，匾額盪然無存，韋誕著《筆經》一書也難尋覓到。到了清代乾隆年間，東閣大學士、書法家劉墉（公元一七一九—一八〇四年）效仿韋誕，製作「劉墉墨」。在民國年間，「劉墉墨」有時還可見到。

魏晉時代有了螺子墨，只是墨丸之變形而已，質量並無進展。唐代初期（公元六一八年後），注重製墨，設官置廠專事造墨，這與唐太宗李世民酷愛書法有關。李世民喜愛王羲之的書法，刻苦臨摹，自成一體。「太宗工羲之書，尤善飛白。」「飛白」是枯墨用筆的一種書法藝術，字體蒼勁老練，因筆畫中絲絲透白而得名。太宗寫一手絕妙的「飛白」體字，不知用了多少墨才練出來的。

唐太宗時，高麗國用古松煙和麝鹿膠汁製造松煙墨，向唐王朝進貢，引起國人製墨者之關注。他們參照高麗製墨之方，取材配料，反覆研究試驗，製墨工藝取得一定進展。到了南唐（公元九三七—九四五年），我國已能製作出上乘佳墨。

古董商中傳說着南唐製墨官李廷珪的故事。李廷珪原籍河北易縣，遷居安徽歙州。他本姓奚，因製墨有功，皇帝李昪賜姓李。他用籐黃、犀角、珍珠、巴豆、松煙等十二種物混合製作出的墨，堅如玉、紋如犀。只聽傳說，誰也沒見到過李廷珪製的墨。

五代十國的時代（公元九〇七—九六〇年），文人稱「李廷珪墨，澄心堂紙，龍尾歙硯，爲文房三寶。」後人鑑定唐、宋書畫先要認識澄心堂紙。韻古齋老掌櫃韓少慈說，他在民國三十年見到聚珍齋送來的李伯時畫卷，認出用的是澄心堂紙，則鑑定爲北宋畫家李公麟之創作畫，非臨摹畫也。

北宋神宗的熙寧年間（公元一〇六八—一〇七八年），我國的製墨業達到了很高的水平。傳說墨工張遇給神宗皇帝趙頊製作出松墨加麝香的御用墨，馨香撲鼻，深得皇帝之恩寵。當今文物鑑定家們講：「宋代製墨名家輩出，名墨很多。宋代書法家、畫家之眞跡傑作能傳至今日，製墨之功不小。」

元代時製墨無進展，明代時製墨在取材配料和製作等方面都有進步，不但製作出松煙墨，還做出了蘭煙墨、棉煙墨等。這些墨的墨色黑潤，氣味馨香。

淸代康熙、雍正、乾隆百餘年太平盛世，我國製墨業達到幾乎完美的水平，特別是乾隆御製墨，被後人稱道。古董商說：「乾隆墨製作精良，配料衆多，功效完美，是古墨集大成者，精絕千古。」嘉慶道光之後，製墨從上升趨向下滑，到了民國年間曾一度上升，使我國所製之墨名揚世界。一九一五年，美國爲巴拿馬運河開通舉辦巴拿馬萬國博覽會，會上展出世界各國的文化精萃，中國胡開文精製的地球墨，在參展中奪得金牌，代表東方文明的徽墨名揚全球。

胡開文之徽墨

胡開文製墨業至今已有二百多年的歷史。胡開文是字號，而不是人名，取「天開文運」之義。琉璃廠原有胡開文、老胡開文兩家字號，而胡開文製墨的地址在安徽，至今仍存，且有發展。

古董商傳說着胡開文製墨史上的兩件事：一是給乾隆皇帝製作貢墨。乾隆四十七年，皇帝下旨，令工部尚書曹振鏞貢出新墨，造出極品。曹振鏞奉旨到徽州，貼出徵召貢墨之諭示。胡開文店主胡天注揭榜，按《墨苑》一書的記載，研製出「蒼珮室」貢墨。墨的正中有「蒼珮室」三字乃胡天注手書，兩邊畫有二龍戲珠圖飾，加有「龍德」二字隸書。蒼珮室貢墨甚受乾隆皇帝喜愛，稱之為「墨中極品」。二是說胡開文「八寶藥墨」，既是墨又是藥，磨出墨汁喝了有定喘、止血、清火、止痛、解毒等多種功能。

其實明代的墨，有的也有止血祛病之功能。作者少年時家父患肺病吐血，伯父拿來明代「大國香墨」，研出墨汁，喝下去能止住吐血。後問老胡開文徽墨店的曹孔修（據說，曹孔修乃曹振鏞的後人）：墨為甚麼能止血？他說：「明代徽墨製作配料中加入麝香、冰片、珍珠、金箔、兒茶、公丁香、黃連等多種藥材，使墨香撲鼻，聞之清涼爽神，並可防蛀防腐防裂碎，又有止血效用。」

胡開文的徽墨暢銷是在乾隆年間，胡天注把民間中草藥的秘方巧妙地揉進了徽墨，在那缺醫少藥的年代，八寶藥墨很是暢銷。而乾隆時皇家製作的「萬寶藥墨」，裏邊也有牛黃、熊膽等貴重藥物，是皇家專用藥墨，既可內服又可外用，醫治中風、中暑，蟲蛇咬傷、鼻孔出血、小兒驚風，哮喘咳嗽，止血效用更好。

古董商經營古墨

琉璃廠古董舖經營古墨，清末以來，以德寶齋、英古齋、茹古齋、大觀齋、韻珍齋鑑定經營古墨有名聲。三十年代以後，又有永譽齋、玉網齋鑑定搜集古墨，而以玉網齋馬振卯搜集的最多。

馬振卯是屬於悅古齋第三代門人，他的師傅田健秋是韓懿軒的徒弟。他們主要是鑑定經營古代書畫，馬振卯鑽研起古墨來，他搜集的乾隆御用名墨較多，明代的名墨較少。

玉網齋收藏的一批有「臣」字款的乾隆時代名墨貢品，乃古墨之精品。解放後由公家收購給了他四千元，馬振卯想不通，拒不收款。引起同行人議論至今。

古董商鑑定經營古墨者多，像馬振卯這樣多年搜集珍藏古墨者少。收藏古墨以皇家最多，淸代的翰林，民國的書法、繪畫家和梨園界名人中有不少人搜集收藏古墨。老翰林袁勵準收藏名墨甚豐，著有《中舟藏墨錄》，書法篆刻家壽石工收藏古墨也多，著有《玄尙精廬墨錄》。北平淪陷時期，中國聯合準備銀行總裁汪時璟也不斷來琉璃廠搜集古墨。

硯的製作與鑑賞

鑑定經營古墨的古玩舖，都鑑定經營古硯，古硯在古玩舖裏是家家都有，而名硯不多。古墨中的歷史典故多，古硯中的學問也不少。

古人寫「硯」字爲「研」，「以研和墨，用爲書字者也。」蘇易簡爲硯取名「墨侯」。古硯有瓦硯、石硯之分。唐代以前，瓦硯居多，唐代以後，石硯時興，瓦硯逐漸減少而淘汰。

製作石硯是從選石料、研究造型、搞好雕刻着手；鑑賞古硯要從看石質，造型，刻工着眼。

我國歷來注重用端石、歙石爲硯之石料。端石產於廣東端州（今肇慶市），因地而得名。端石的石質堅實細潤，用端石製作硯，研出的墨，書寫流利生輝，不損毛筆之毫毛。歙石產於安徽歙州（今歙縣）。歙石的石質堅韌潤密不吸水。用歙石硯研出的墨如油，書寫濃艷生輝，不傷筆毛。歙硯亦稱龍尾歙硯。

製作硯台的石料還有紫金石、金星石、紅絲石、菊花石、易州石、烏金石、靈岩山、綠石、洮石等等，石料頗多，但以端石、歙石爲佳且出名。

端石上有紋、眼。石的色、紋名目甚多如青花、魚腦凍、蕉葉白、天青、冰紋、火捺、馬尾紋、胭脂暈等。

石眼的說道不少，有鸚哥眼、鴝鴒眼、了哥眼、雀眼、雞翁眼、貓眼、綠豆眼等等，眼的名稱和實物形狀相似。這些形狀的石眼中又分爲活眼、死眼和淚眼。「圓暈相重，黃黑相間，黑睛在內，晶瑩可愛者」，謂之活眼；「四傍浸漬不甚鮮明者」，謂之淚眼；「形體略具，內外皆白，殊無光彩者」，謂之死眼。

收藏家對端硯的石眼有不同見解，一些人喜愛硯中有眼，一些人則認爲石眼乃石中之病。而古董商則講究硯中活眼，他們說：「活勝淚，淚勝死，死勝無」，有眼的硯台比沒眼的好。

石硯的造型是根據石料形狀、石的紋理、眼的分佈，因料造型。自唐代以來，千餘年的製作發展演變，古硯的形狀豐富多樣，式樣多若繁星。如履式、簸箕式、蓮蓬式、圭式、蟬式、鳳字式、內相式、抄手式、門字式、雙夔龍戲珠式、雲龍式……

古石硯的雕刻很講究，珍品的刻工精妙絕倫。我國自唐代以來歷代皆有雕刻石硯的能工巧匠。他們根據石質自身色澤、紋理、形狀而加工刻製，使天然美和人工美結成一體，古樸大方，端莊自然。有的石硯刻有銘文是詩文並茂，書法精美，耐人尋味。唐代詩人李賀《青花紫石歌》中有讚揚硯工之詩句：「端州硯工巧如神，踏天磨刀割紫雲。」清代初期，王岫筠善刻石硯，鑑賞收藏家讚賞他刻製之石硯是造型精巧，古樸莊重自然；雕刻銘文，刀痕不外露而內含，似神來行筆，仙來運刀。他的刻工功底深厚，技巧熟練。他所刻之銘文與原書寫的毛筆字完全一致，筆體筆鋒絲毫不差。

收藏古硯者歷代皆有，古有百硯閣、萬硯樓，但私人收藏古硯世代相傳甚少，大多是人亡而物亦亡。唯有歷代帝王藏硯傳世者多。乾隆皇帝藏硯之精之多，歷代帝王無與倫比，可稱亘古未有。

百一硯和大圓覆壽硯

一塊「百一硯」深受乾隆皇帝弘歷之喜愛，他寫了「硯銘」刻在石硯上，並將它著錄在《四庫全書・西清硯譜》中。這方硯台，色呈青紫，形狀如抄手式。奇特絕妙之處，硯背有一百零一顆石柱，每柱上有一石眼，眼是淡黃色，睛是墨色。一方石硯有一百零一個活眼，乃天地造物之唯一絕品，故名「百一硯」。這方百一硯自宋代入內府，代代相傳，傳至清代乾隆手中，乾隆視爲文房重寶。

光緒二十六年後，百一硯出現在前門外廊房二條一家珠寶店裏。這家珠寶店的主人說，是從一位太監手裏買到的。珠寶商將百一硯賣給琉璃廠古玩商。收買百一硯的古玩商見硯上有乾隆皇帝御題詩文，惟恐暴露出是從皇宮流失出來的文物，而將御題詩文磨掉。古董商將百一硯賣給一位翰林，是五百兩紋銀。

清末民初，西洋人到北京買古玩的人多了，甚麼古物他們都買，而不買硯台。因爲他們尚不知道硯台在中國文化中的地位與作用，日本人知道，但也買得少。古硯價格曾一度低落。

百一硯收藏在老翰林手中，這位翰林去世後，他的後人把百一硯賣給一位蘇先生，才七、八十塊銀元。人們說這位蘇先生是蘇東坡的後裔，他於五十年代初將百一硯獻給了國家。六十年代，康生竊據了百一硯。八十年代初，百一硯重歸國家收藏。

琉璃廠韻珍齋和永譽齋於民國二十六年前，經營一塊龍尾歙硯，賣給了孔子的第七十七代孫，最後一位衍聖公孔德成。這方石硯，也較著名。

孔府收藏石硯傳世甚多，古書記載：「魯之孔廟有石硯一塊，製作古樸，蓋孔子所用物也。」一般石硯孔府不收藏，收藏的皆珍品也。

「盧溝橋事變」前，韻珍齋經理崇慶瑞和永譽齋經理李欣木在北平古玩商會竄貨場買到一塊龍尾歙硯，是明末清初時，刻製石硯雕刻大師王岫筠之傑作。大圓形硯台刻有壽山福海，名之爲大圓覆壽硯，硯上有收藏者、清代書法家翁方綱的詩文，雕刻精細傳神，配有紫檀雕花盒。古董商的評介其是一方石質精良、造型古樸大方、雕刻似神筆仙刀，具有極高藝術價値之古硯。

這方古硯，賣給孔德成才兩千銀元。除孔府外，收藏古硯者文人學士較多，而文人淸貧者多，故而一個時期古硯的價格不高，古玩舖裏擺出的硯台很多，而銷售很少。

紙、筆、墨、硯的發明、使用是我中華民族古老文明的象徵之一，我國傳統文化淵流不斷，文房四寶之功不小。

首都北京琉璃廠這條古老的文化街市，不僅鑑定古玩字畫和經銷古籍今書，其文房四寶的鑑定經營也曾在海內外有過名聲，今記其一二以誌其史。

花片、西蕃片和西夏鎧甲片

清末時，北京有的收藏家搜集花片、西蕃片和西夏鎧甲片，古玩行人稱這些東西爲「小銅器」。後來，玩小銅器的人少了，這路古董在市場上不多見了，大古董商岳彬手中收藏一些，沒人買，他也就不大重視了。

三十年代末，瑞典人卡爾必來北京，認識了古董商袁世香。卡爾必買不起「大銅器」，即夏、商、周、秦、漢青銅器，對花片、西蕃片和鎧甲片等小銅器感興趣。他通過袁世香在北京搜集到大量的小銅器，卡爾必回國後，袁世香陸續不斷地寄去小銅器，直到北平解放前夕。

五十年代，卡爾必去世，他將從中國搜集到各類小銅器獻給瑞典博物館，博物館開闢陳列室，專門陳放中國的小銅器。

作者訪問過袁世香，袁說：「以前我們只知做生意，賺錢謀生，有買的就有賣的，誰也沒研究考證所賣的東西。現在叫文物，考證研究就非常必要了。」

花片是甚麼呢？花片是青銅質的圓形、方形、棱形等銅片，片上鑄有花紋，不大，放在手中能握住。花片是做甚麼用的呢？從前有位翰林說：「花片是鎖門用的。上古時代，人出家門時，用塊泥將兩扇門的門縫處糊上，即往門上拽塊泥巴，然後用手裏的銅片往泥上蓋個花印，就是鎖上門了。」

西蕃片又是甚麼呢？這就要先說甚麼叫西蕃了。

縣。

西蕃，即吐蕃。吐蕃乃我國古代藏族政權名。公元七至九世紀時，在青藏高原建立奴隸制政權，史稱吐蕃王朝。吐蕃王朝，計傳位九代，歷時二百餘年。在這一歷史時期，唐王朝與吐蕃曾兩次聯姻：第一次是公元六四一年，唐太宗將宗室女文成公主嫁給吐蕃贊普松贊干布，特派禮部尙書江夏王李道宗護送入藏，贊普松贊干布爲文成公主舉行隆重歡迎儀式。第二次是公元七一〇年，唐中宗將金城公主嫁給吐蕃贊普棄隸縮贊。唐中宗李顯率文武百官將金城公主送至始平縣。爲紀念金城公主入吐蕃，始平縣改名爲金城縣。

兩位公主先後入吐蕃，漢族製碾、磨、陶器、紙、酒等工藝及曆算、醫藥陸續傳入吐蕃，對吐蕃經濟、文化的發展，漢藏兩族人民友好關係的加強，做出了重要貢獻。爲紀念文成公主，西藏大昭寺內有藏人爲她建立的塑像。

吐蕃人民接受漢族人民的很多工藝技術，特別是毛織手工藝傳入吐蕃，藏族人民學會了織裁毛毯，發展成爲馳名中外的古藏毯；冶煉工藝的傳入，藏族人民學會製造兵器、鎧甲。

所說的西蕃片，就是藏族人民製作的鎧甲片。鎧甲乃古代的戰衣，上面綴有金屬片，還有護面用的鬼臉或叫假面具，以及護心用的護心鏡。鎧甲片上刻繪着多種圖案，如龍虎鬥、二虎相爭、虎鹿相逐、虎吃鹿等等。畫面生動活潑，形象逼眞，有藝術、觀賞價値，也有考古價値。

西夏鎧甲片同西蕃片同是古代戰衣上綴的金屬片，但年代不同，風格各異。

西蕃片是唐代的文物，西夏鎧甲片是宋代的文物。西夏是古代國名，是宋代人對黨項族所建大夏封建政權（公元一〇三八—一二二七年）的稱呼。西夏自李元昊始，傳十主，共一百九十年，最盛時期統轄二十二州，包括今寧夏、陝北、甘肅西北部、青海東北部和內蒙一部分地區，與遼、金先後成爲與宋代鼎峙的政權。於公元一二二七年被元兵所滅，西夏王陵遭毀滅性破壞，碑文全毀掉，爲後世留下許多難解之謎。黨項族到哪裏去了?最近，才發現西夏皇族並未被斬盡殺絕，其後世子孫繁衍不息，人丁興旺。一九九四年十一月二十七日《光明日報》登載了《西夏亡後，皇族未絕》的報導。

宋與西夏、遼、金長年戰爭，在古戰場上遺留下各方的鎧甲片、鬼臉、護心鏡等小銅器。清末民初以來，北京古董商收購不少，大部分通過袁世香賣給瑞典的卡爾必了。據袁世香講，岳彬收藏的小銅器，僅賣給他一小部分，大部分在五十年代被政府抄家沒收了。很可能因當時人們不懂這些小零碎的考古價值和藝術價值，而被忽視。

談到區分西夏、遼、金和宋的鎧甲片時，袁世香說:「那時只知賣小銅片賺些錢，能養家餬 口就行了，沒研究，所以區分不了。」那麼，陳列在瑞典博物館的中國古代花片、西蕃片和西夏鎧甲片等小銅器，是否已經區分出各個時代，各個民族的遺物了，則不得而知了。

談蟋蟀論及文物歷史

——桂月汀聊蛐蛐蟈蟈

桂月汀在北京老古玩界名聲大、威望高，有着許多原因，其中有一條是他關心和提攜後人。自清末以來他愛跟古玩舖的小徒弟聊天做買賣，當小徒弟成材做了大掌櫃時，豈能忘了他？對這一條，作者不僅有耳聞，也有目睹。

一九四二年秋，作者正在文古齋的小院裏餵蛐蛐，桂月汀來了，作者的師兄張慶華陪着他往客廳走。他看到作者餵蛐蛐，就讓作者給他看看所養的蛐蛐，然後六十多歲的老人和兩個十幾歲的孩子聊起了蛐蛐蟈蟈。

唐太宗聽蟋蟀催眠曲　乾隆爺題詩蛐蛐籠

桂三爺說，蛐蛐盆、蟈蟈葫蘆、罐都是古玩，在你們古玩舖卻是少見，這路東西在掛貨舖裏多。他問：「中國人從甚麼時代開始養蛐蛐？」答曰：「不知道。」於是，桂三爺像老師一樣滔滔不絕地講起了歷史：

大唐的天下是李世民打下來的，第一任皇帝是李世民的爹李淵做的。李世民是李淵的二兒子，「玄武門之變」後當了皇帝，時年二十八歲。他因長期戎馬生涯和操勞國事患有失眠症。年歲不大，夜裏卻睡不着覺，是件苦惱的事。他手下有位官員叫閻立本，是著名畫家，工人物、車馬，尤擅寫眞。他的《步輦圖》描繪的是唐太宗和來迎文成公主的吐蕃使臣會見時情景。他的另一幅名畫《歷代帝王圖》，被美國的福開森買走，收藏在波士頓博物館，很可惜中國沒有收藏他的作品。

閻立本當年也患過失眠症，是聽蛐蛐叫治好的。他把治好失眠症的辦法稟奏給皇帝，李世民「照方吃藥」，命人捉蛐蛐，聽叫催眠，果然管用，從此皇宮裏養起了蛐蛐。那時不叫蛐蛐、蟋蟀，而叫「蛩」，也叫「吟蛩」。

唐代皇宮裏養蛐蛐是專供皇帝、后妃「聽叫」的，還沒發明「鬥蛐蛐」。那時的皇上、王公大臣有「鬥雞」的，卻沒「鬥蛐蛐」的。養蛐蛐跟着養鳥一樣，裝在籠子裏養。蛐蛐籠是手工編製的，皇上家的蛐蛐籠是用金絲編的，工藝精湛，小巧玲瓏。形狀有圓、有方和橢圓，是値錢的古玩。

光緒二十六年，西太后逃往西安，皇宮裏的東西丟失不少。有位太監拿了個橢圓形的蛐蛐籠。說到這兒，桂三爺的雙手大姆指、食指張開，雙手的指頭一對攏，比照說：「就這麼大，底、樑、勾都是金的，五兩來重的、精巧、帶開窗的金絲蛐蛐籠，籠底刻有『天寶』二字，還有乾隆爺的御題詩文，詩的全文我記不清了，只記有句『貴妃纖纖啓籠窗』。有人從乾隆詩文推斷這籠子是楊貴妃之遺物。

「這金絲籠是不是楊貴妃用過的，誰能說得準？白居易有首《禁中聞蛩》詩中有：『西窗獨暗坐，滿耳新蛩聲』句可爲宮中養蛐蛐的佐證。而乾隆爺寫的詩文卻證實不了那是楊貴妃用過的『蛩籠』，他們不是同時代人，只是乾隆皇帝見有『天寶』二字而推斷的。

「琉璃廠古玩行的老人會蒙事。淸末時，有位老古董商從廊房二條聚珍齋得到這金絲籠，起初他不知道這是幹甚麼用的。查資料向翰林請敎，才知道是養蛐蛐用的。於是順着乾隆那首詩文往下捋，又有『天寶』二字，便想出是楊貴妃用過的東西。可也別說，英國一位考古學家真信了這一套，花錢買了金絲籠並寫出文章。你們還小，甭完全相信書上寫的、文章裏有的。孔夫子都說：『盡信書不如無書，吾於武、成取二、三篇而已。』看古玩要憑眼力，也要有學問。」他囑咐兩個孩子多看書，多動腦筋，古玩行裏的學問深去了，一輩子也不能說全學懂，要博聞多問，才能考證文物之眞僞。

賈似道發明鬥蛐蛐 宣德帝創用泥漿盆

那個時候可講究規矩禮節了，桂三爺講歷史講故事和文物，兩個小孩子直立垂手靜聽、畢恭畢敬，不得插話只能聽。他看兩個孩子聽得入神，又給他倒茶、點煙，十分恭敬。於是，他又講起了鬥蛐蛐的賈似道和宣德皇帝。

「南宋理宗趙昀在位四十年，寵愛賈妃。賈妃有位弟弟賈似道，依仗姐姐的權勢，胡作非爲，荒淫無度。有齣戲《李慧娘》就是表現被賈似道害死的李慧娘的鬼魂向他索命的故事。開慶元年（公元一二五九年），忽必烈攻鄂州（今湖北武漢），賈似道以右丞相領兵援鄂，秘向蒙稱臣輸幣議和。此時，忽必烈的長兄蒙哥汗死於合州（今四川合川）。忽必烈一面迎蒙哥的靈車，取大汗寶璽，一面與南宋賈似道簽訂密約、撤軍。賈似道卻以『再造之功』入朝，皇帝昏庸加封加賞。理宗死後度宗趙禥即位，賈似道當了太師，權勢更大。史書上寫：賈似道當政時是『賄賂公行，群小齊進，鬥蟋蟀、玩寶物，終日淫樂』，招至亡國。後來民間傳說，賈似道被老百姓活捉，在他肚臍眼上點天燈，把他活活燒死了！

「賈似道找人幫他寫了本《促織經》，是我國有關養、鬥蟋蟀最早的專著。早先養蛐蛐聽鳴叫，放在籠子裏；賈似道養蛐蛐是看兩個雄性蛐蛐搏鬥，由籠養變爲陶瓷盆、罐養。」

桂月汀還說：「南宋時期的陶瓷蛐蛐盆罐，年代雖遠，可是粗大、花紋少，不值錢，收藏家很少有人搜集這路陶瓷器皿。而明代的精細泥瓦盆罐，反而值錢，也有人搜集，這路東西論桌，一桌十二個。「賈似道發明鬥蛐蛐，鬥的是南蛐蛐，跟咱北京的蛐蛐不同，所以賈似道的那本《促織經》在咱們北京唸不通，不實用。宣德年間，北京才開始時興鬥蛐蛐。

「爲甚麼說是宣德年間呢？你們知道蒲松齡寫的《聊齋》有篇文章《促織》，文章開頭就說：明朝宣德年間，皇宮裏好玩鬥蟋蟀的遊戲，每年都要民間進貢一些蟋蟀。這本《聊齋》在雍正、乾隆年間流傳開來，人們把宣德時養、鬥蟋蟀一事也傳開了。

「傳說，宣德皇帝朱瞻基發現用瓷盆、罐養蛐蛐，蛐蛐上火，要把盆罐經常放入涼水盆裏泡着。於是他改用澄泥盆罐養，以適合蛐蛐習性，所以宣德澄泥盆罐值了錢。眞正的宣德官窰澄泥盆、罐沒那麼多，乾隆時仿製的反而不少。一些古玩老行家不知道北京養蛐蛐的歷史，但對蒲松齡的《聊齋志異》熟悉，凡乾隆仿宣德的蛐蛐盆，都鑑定爲宣德的。

「乾隆時代是太平盛世，皇帝弘曆極力追求精美的官窰瓷器，並創造出製瓷新工藝，所製作的澄泥盆有鑲寶石、珍珠、翡翠、鑽石的。清末從宮裏流出的帶鑲嵌的澄泥盆，大部分被珠寶商將珍珠寶石取下，把澄泥盆扔掉，太可惜！你們現在是看不到乾隆仿宣德的鑲寶石、珍珠的澄泥盆了，泥盆鑲珍寶多麼稀奇！」

弘曆壽慶賞名伶　慈禧晚年觀鬥蛩

桂月汀講了乾隆仿宣德澄泥盆鑲嵌珠寶，又說：「北京城裏養、鬥蛐蛐，聽越冬的蛐蛐和蟈蟈鳴叫，是乾隆年間興起的。

「自唐太宗到雍正時期，中國人養、鬥蛐蛐是在皇宮裏和王公大臣的府上，平民百姓很少有人玩這玩藝兒，也不會玩。

「乾隆五十五年（公元一七九〇年），乾隆爺八十大壽，他是屬兔的，那年七十九歲，『慶九不慶十』，全城主要街道口上全紮彩牌樓、搭戲台，皇上請老百姓看戲，四大徽班相繼進京演出。京戲就是徽班進京後同漢調等劇種合流而逐步形成的，大約是在道光年間才成爲北京的主要劇種。

「傳說，乾隆八十壽慶時，漢調、徽劇演員在宮裏唱戲可眞賣力氣，兩個劇種兩個戲班競賽，越演越精彩，乾隆爺高興極了，賞給他們銀兩，還賞給每位主角一人一盆蛐蛐玩。

「乾隆時的事兒，我說不清楚。咸豐、同治年間京戲名角程長庚、余三勝、張二奎是唱老生的，在宮裏給皇上、太后、娘娘唱戲。主子高興了，就賞給他們銀子和零七八碎的玩物，其中就有連盆帶罐的蛐蛐。

「唱戲的都住在南城，南城住着平民百姓多，天橋說書賣藝的，唱大鼓的，這些人有的就養起蛐蛐來，玩蛐蛐了，就不止是東、西和北城的官宦王府和太監府第養蛐蛐鬥蛐蛐了。

「余三勝養、鬥蛐蛐傳給他孫子余叔岩。余叔岩在民國十幾年買個蛐蛐，名叫『墨牙白』，花一百現大洋，登了《群強報》。」講到這裏，桂三爺十分興奮，余叔岩是他的老朋友。他說：「余老闆那個蛐蛐有九釐八分重，頭圓厚，脖兒寬，身子長，翅子碩，誰的蛐蛐也鬥不過它。有的蛐蛐一見到它，就雙翅往下耷拉，沒交鋒就敗陣。蛐蛐稱雄的日子很短，自白露到小雪，轉眼就完！人稱雄於世的時候也很短暫，你們看袁世凱不早就完了！除袁世凱，民國的人物多了去了，哪個不像走馬燈一樣，一閃而過?!還不如當個安分守己的老百姓。」當時，他向我們透露說，余叔岩比他年歲小，身體沒他好，余老闆病了，他準備去探望。

作者的師兄張慶華很會說話，他捧着桂三爺說：「老爺子您是可以的，身體好，乾隆爺慶八十，您得慶九十！您跟我們講這麼多話，還不累，您歇會兒吧！」桂三爺說：「我不累，跟年輕人聊是我一大樂趣。」

接着，他叫張慶華拿本《聊齋志異》來，翻到《促織》這篇文章時，叫張慶華讀給他聽：「小蟲伏不動，蠢若木雞。少年又大笑。試以豬鬣毛，撩撥蟲鬚，仍不動。少年又大笑。屢撩之，蟲暴怒，直奔，遂相騰擊，振奮作聲。俄見小蟲躍起，張尾伸鬚，直齕敵領。少年大駭，解令休止。蟲翹然矜鳴，似報主知。」他接着講起了蟋蟀搏鬥。

他說：「蒲松齡老先生寫蛐蛐搏鬥寫得這樣精彩生動，看來他可能玩過蛐蛐，不然寫不出來這麼好的文章。」接着他對文章作了講解：

「現在已不用豬鬃毛了，改用耗子鬚綁個『探子』，鬥蛐蛐時有專人掌探兒。當蛐蛐入盆搏鬥時它若不動也不鬥，掌探的用探子的鼠鬚撥弄蛐蛐的鬚。挑逗它幾次，蛐蛐突然發怒了。發怒的蛐蛐往往是先往後坐，再猛力向前撲，發出『吱！吱！』的怒吼聲。有的蛐蛐剛入盆，一見對方就猛撲過去，這樣的蛐蛐十有八、九要輸給對方；有的蛐蛐一見對方便猛然嘶鳴，嚇得對方往後退；有的蛐蛐進了盆和另個蛐蛐一照面，就蹦出盆去，被對方嚇跑了；……蛐蛐搏鬥的場面各式各樣，兩個蛐蛐拚搏看起來很有意思，看鬥蛐蛐是開心的事兒，西太后晚年愛看鬥蛐蛐。

「有一次，西太后在頤和園觀賞鬥蟋蟀遊戲，見到一個蛐蛐沒搏鬥，就被對方嚇得蹦出盆外。西太后喊道：『給我把它踩死，沒上陣就逃跑！』從此，傳出西太后晚年愛看鬥蛐蛐的消息。

「看鬥蛐蛐確實有意思，有時兩個蛐蛐一入盆都『吱吱』叫，像兩個戰士拚刺刀，先喊『殺』一樣。有時一個蛐蛐嘶鳴，另個蛐蛐像沒聽一樣，雙鬚豎起，身往後坐，當鳴叫的蛐蛐稍一動作，它便騰躍而起。明眼人一看就知道，嘶叫的蛐蛐是非輸不可。兩個蛐蛐拚搏廝鬥是千姿百態，容易引起人們觀賞的興趣，連西太后都愛看。『上有所好，下必甚焉』，孟夫子這話很有道理。

「西太后愛看鬥蛐蛐，有時也將宮裏養的蛐蛐賞給楊小樓和王瑤卿等在宮裏給她唱戲的名角兒。清末光緒年代，北京城鬥蛐蛐很盛興，宮裏宮外，四九城在每年從白露到小雪，鬥蛐蛐到處都有，並帶有賭博性質了！」

吉祥老店集中地「打將軍」決賽有樂趣

北京城鬥蟋蟀成風，引來外地蛐蛐販子，他們每年秋季從外地來北京，大部分人集中住在宣武門大街路西吉祥老店裏。吉祥老店裏賣的蛐蛐有山蛐蛐和伏地蛐蛐。

山蛐蛐產自濟南附近和長清、陵陽、曲阜一帶。

伏地蛐蛐產自北京蘇家坨一帶，那個地方有座古塔，塔的周圍產蛐蛐，人們稱這座古塔爲「蛐蛐塔」。再有就是京西易州產的蛐蛐了。

白露過後，北京四九城各處都有人設局約鬥。約鬥者養蛐蛐成桌，他約定日期和地點、發出請帖。開鬥前推選出監局的、掌探評判的，還有稱蛐蛐重量的和記賬的。蛐蛐的重量相等才可相鬥，鬥前講明輸贏多少兩銀子。

清末以來，每年從白露到小雪，北京城門蛐蛐的到處可見到。時至小雪大部分蛐蛐幾經戰鬥已被淘汰，各處出現的未被淘汰的優勝者選拔出來了，全城舉行「打將軍」決賽。用今天的話說是選出蛐蛐中的冠、亞軍。

經大家公決，定下「打將軍」的地點，發出公啓：

「離豆花落，秋興闌珊，冰雪在天，寒蛩將老，爰擬乘此時會，一決最後雌雄，再逞百戰，餘威喜見，奮得魁首。玆謹訂某月某日在某處爲打將軍之舉，藉盡半日之歡，以誌紀念。所有酒宴之資，錦標之費，在在需款，尙希諸公不吝解囊，共襄盛事。如蒙贊助，請列台銜。……」（作者註：這份公啓在光緒年間給余三勝抄寫劇本、當過戲提調的張宏亮之後代人手裏，今抄錄之。）

桂月汀講，清末舉行的「打將軍」很隆重，室內整潔，正中安放蟲王神位牌，四周有黃幡寶蓋等神用執仗，景象莊嚴。參加「打將軍」者先向神位焚香叩首，再開始會鬥。

「七轉將軍八轉王」，即一隻蛐蛐戰勝七次者稱將軍，戰勝八次者稱王。每選出一個將軍，把被選出的蛐蛐放在神位之前，向它焚香叩首。從選出的將軍中進行再戰，戰勝者稱王。同樣再度焚香叩首。在養「將軍」和「王」的盆罐上貼喜字，詩人爲之作詩，書法家爲之題字。養蛐蛐者各自總結自己這一年養了多少隻蛐蛐，淘汰了多少，最後剩幾隻，以及養餵方法、拚搏招數等等。

全部會鬥完畢，主人（即召集人）大擺酒宴，全體痛飲，稱爲「同堂共飲歡樂酒，賦詩封盆敬蟲王。」如遇王爺主持「打將軍」會鬥，更加隆重，選出的蟲王必定是王爺的。不論八轉稱王的蛐蛐是誰養的，都要獻給王爺，王爺大設酒宴款待參加者。到了民國年代，將軍還要打，但沒清代時那麼隆重了。

趙子玉萬里張澄泥盆　三河劉葫蘆眞出奇

宣德年代發明用澄泥盆養蛐蛐，甭說宣德的，就是乾隆年間的也稀少。光緒年代京城裏養蛐蛐講究用趙子玉、萬里張製作的澄泥盆，盆底刻着他們的名字。趙子玉、萬里張的澄泥盆，而今也是古玩。民國初，曾有半桌趙子玉澄泥盆（半桌是六個），比一對道光粉彩龍鳳碗還値錢。這路泥盆不好鑑定，仿製的太多，差不多所有澄泥盆底下都刻方塊印戳似的「趙子玉製」或「萬里張製」四個隸書字。

桂月汀沒說怎麼鑑別趙子玉、萬里張澄泥盆之眞僞，又聊起葫蘆來。他說，小雪之後，鬥完蛐蛐，有人養越冬蛐蛐聽叫兒。也不知甚麼時候發明把聽叫兒的蛐蛐放在葫蘆裏養着。唐朝養聽叫兒的蛐蛐養在籠裏，大概是越不了冬。裝在葫蘆裏，人把葫蘆揣在懷裏，揣懷聽叫兒；蛐蛐藉人的體溫防寒越冬。這套辦法，可能是乾隆時代傳下來的。

有段傳說故事：一天早朝，乾隆爺聽到蛐蛐鳴叫，他想三九天那裏來的蛐蛐，叫的聲音很好聽，便問劉羅鍋：「大冬天的，哪兒來的蟋蟀？」劉墉害怕了，自己懷裏揣着蛐蛐上朝來了，讓皇上聽見叫了。主子怪罪下來不得了，但又不敢不說，說瞎話犯欺君之罪，可不得了，乾脆直說吧！他說：「啓稟我主萬歲！蟋蟀在臣懷裏。」乾隆爺說：「胡說！你懷裏怎麼爬進那麼大的蟲子？」劉墉說：「我把蟲子放在葫蘆裏，把葫蘆揣在懷裏。」邊說邊解懷掏出葫蘆，呈在龍書案上，乾隆不怒反而笑了。

從那時候起，養蛐蛐的葫蘆越來越精緻，成了中國獨特的工藝美術品，有的葫蘆價值連城。

蛐蛐葫蘆有三種：瓦模、紙模、本長。瓦模是用薄瓦做模子，紙模是用紙漿做的模子，這兩種模又分花模和素模；本長是葫蘆在秧上自然長成的，不給它戴模子。花模的圖案花紋很多。有九頸獅子、兩隻公雞、五蝠捧壽、鶴鹿同春、封侯掛印、單刀赴會、攜琴訪友、歲寒三友、伯牙摔琴、張生戲鶯鶯、鴛鴦戲水等等。

清代時，還分官模、民模。官模是朝廷和王公大臣僱傭能工巧匠製作的模子，一般來說較爲精細工整；民模是平民百姓製作的模子，大致比較粗糙、圖案反映民俗如兒童放爆竹、小車會、老鷹抓雞等。

葫蘆秧上結了葫蘆，等到立秋給掛上模子，到了冬至葫蘆的皮長老了，拿下模子。模子上的圖案花紋就長在葫蘆上了。摘下葫蘆，鋸下葫蘆頭上的部分，配上梧木或紫檀、象牙的口，再在口中配玳瑁或虬角，象牙的芯子。芯子分爲高蒙芯、平蒙芯和低蒙芯。高蒙芯有一寸至一寸五高（五釐米），芯子雕刻得玲瓏透剔，花卉、山水、人物和象徵吉祥如意、健康長壽的圖案十分精美細膩。絕技在於雕出的芯子可轉動，叫動芯子。死芯的多，動芯的少。動芯的分爲一至十動，一搖晃，芯子裏有一處或二、三、四、五到十處都能轉動。玩主兒講究玩三、六、九處能動的芯子，寓意是「三多」、「九如」和「六六大順」，取個吉利。

雕刻葫蘆芯子的手藝要求很高，技藝高的工匠沒留有姓名，培植生產葫蘆的有姓無名，又被掛貨舖的人叫錯。說到這裏，桂三爺很惋惜，他說：「咸豐年間在直隸（河北）省三河縣有位姓劉的莊稼人，他培植生產出的葫蘆最好，很有名兒。可掛貨舖的人稱這種葫蘆爲『三河柳』，問他們『三河柳』是甚麼意思？卻答不上來。」他囑咐兩個孩子，要記住「三河劉」，不能給他傳名，就傳個姓吧。

「三河劉」的葫蘆，上邊沒刻字，怎麼知道是「三河劉」的葫蘆呢？要記住它有三大特點：一是葫蘆的高矮合適，腰兒（中間部分）纖細、高窄、長短相稱。長得這樣適度的葫蘆，把蛐蛐放進去，發出的鳴叫聲寬、亮、響，好聽；

二是葫蘆的皮兒老，用布盤磨越盤磨越油亮，永遠磨不透，像磁的一樣，葫蘆裏子發糠，叫「皮磁裏糠」；

三是葫蘆的底兒上有雙臍。

「三河劉」的葫蘆不那麼容易鑑別，因為有一種安新模的葫蘆很像「三河劉」。沒玩過「三河劉」葫蘆的人，鑑別不出眞假。沒見過眞的，怎能看出是假的，沒比較怎能說鑑定。

「三河劉」的葫蘆配上象牙口、九動的高蒙芯，就是件無價之寶，光緒年間也要花上千兩銀子才能買到手。現在便宜了，講究養蛐蛐、聽蛐蛐叫的人也少了，戰亂年月，這種好東西不值錢了。

梨園界善聽蟋蟀音　點翅子乃當今一絕活

桂三爺是清末名票，和老供奉王瑤卿同齡，曾同台演出，是一生的好朋友。他在梨園界也有聲望。五十年代初，七十三歲的桂月汀去世，京劇藝術大師梅蘭芳出面幫助處理他的後事。他對京劇有研究。四十年代初，桂三爺跟我們談蟋蟀時說：淸末時，揣葫蘆聽越冬蛐蛐鳴叫跟唐代的李世民、閻立本不同了。他們聽叫是為了催眠入睡。淸末時愛聽叫兒的是梨園行人和旗人多，這些人講究音韻，為的是娛樂享受。

蛐蛐的發音各有不同，基本上分為咪音和鬥音，就是低音和高音。人們喜歡聽發低音的蛐蛐鳴叫，它的音寬、韻味重、響亮；發尖的高音的蛐蛐鳴叫，聲音刺耳不圓潤，叫的時間短，講究主兒不聽發高音的蛐蛐叫。發低音的蛐蛐是先由梨園行人發現、從衆多蟋蟀中選出來的，並給起名叫「翅子」。從梨園行傳到宮裏和王爺府，隨之在京城時興起聽「翅子」鳴叫。從蛐蛐裏選翅子，那眞是百裏挑一、千裏挑一，有時還挑不出來。在千百個蛐蛐鳴叫聲中，若有個翅子一叫，則一音壓百音，眞是「一鳴驚人」！

發現翅子不容易，要在秋季夜間到野外去聽蛐蛐叫，只要翅子一叫，其它蛐蛐就都不叫了，這時人再去尋找。那時，一個翅子值百兩銀子，平民百姓是玩不起。

天然生長的翅子很難找到，梨園界人用一種藥點在蛐蛐的翅兒上，像在翅兒上生出一朵花紋，點藥的蛐蛐叫起來跟翅子叫聲一樣。梨園行人給人工點藥的蛐蛐起名叫「抹子」。這時，平民百姓能聽到音寬、韻味重、悅耳動聽的假翅子眞抹子鳴叫聲了。給蟈蟈點藥也管用，點藥的蟈蟈叫出聲來甜潤渾厚，梨園界人給它起名叫「憨兒」。

還有一種鳴蟲叫「油葫蘆」。油葫蘆叫的聲兒也好聽，「悠！悠！悠」的聲兒，悠然自得，令人解憂。這種鳴蟲也可點藥，點藥的蟲兒叫出聲兒來更好聽，遺憾的是梨園行人沒給它另起個名兒。

北京十三陵地區產一種鳴蟲叫「金鐘兒」，比蛐蛐的個兒還小，深黑色、小腦袋、圓膀兒，叫出的聲是「扔兒！扔兒！」的，也很好聽。但不能點藥，一點藥它就不叫了。

給鳴蟲點藥，使它們發出的音色美，音韻濃厚，鳴叫時間長，給人以一種特殊的音樂享受，可稱是一絕技。桂三爺談這一絕技，是半個世紀前，而今這一絕技有沒有人繼承下來呢？作者有幸採訪絕技的繼承人，此人年過七旬，乃是給余三勝抄劇本、當戲提調，給楊小樓管事的張宏亮之子張漢儒。張幼年在中國戲曲學校坐科學武生，後改行學做金銀首飾和鑲嵌古玩瓷器，從七歲養蛐蛐鬥蛐蛐至今。

鳴蟲歌唱有舞台　蛩聲唧唧喚思鄉

桂三爺講蛐蛐葫蘆時說，老北京的旗人講究玩「花鳥魚蟲」。鳴蟲供人欣賞聽叫兒。「聽戲聽調兒，聽蛐蛐聽叫兒。」唱戲要有戲台戲院，戲台戲院不攏音，歌唱再好也走調兒跑味兒，聽起來不悅耳。

葫蘆是鳴蟲的歌唱舞台，這舞台要攏音，發出音響要保持原味，聲兒不發悶、發尖，並能有助於音色好。三河劉的葫蘆好，好就好在這點。天津石老起和李六製作的瓦模和紙模葫蘆，外表的圖案是好，可把蛐蛐放進去聽叫兒，聲兒就有點發悶了。葫蘆裏裝的鳴蟲不同，則裏邊的裝備佈置也不同。裝蟈蟈的葫蘆裏要安膽，膽是用響銅絲盤的。膽的安裝要高矮適度，蟈蟈鳴叫震動膽，叫聲和銅膽顫動聲相輔相成，發出的聲音悅耳動聽。裝蛐蛐、金鐘兒、油葫蘆的葫蘆，不要安膽，安上膽發出的聲兒來反而不好聽。裝油葫蘆、金鐘兒、蛐蛐的葫蘆底部要用三黃土墊出坡度。裝蛐蛐的葫蘆底要墊成立坡；裝油葫蘆的葫蘆的葫蘆底墊慢坡；裝金鐘兒的葫蘆底墊平坡。不同的坡度適合不同鳴蟲的不同發音，還可促使它鳴叫。裝蟈蟈的葫蘆不墊底。

聽鳴蟲歌唱的講究可真多，有了「翅子」、「抹子」、「憨兒」、油葫蘆和金鐘兒，必須有好葫蘆。好葫蘆是中國特有的工藝美術品，也是鳴蟲歌唱的好舞台。

一九四二年，桂月汀講養、鬥蟋蟀和鳴蟲叫的歷史演變，生動具體，又同古玩相聯繫，給少年時的作者印象很深。半個世紀過去後，作者同師兄張慶華一起回憶，又有養、鬥蟋蟀老行家、「點藥」傳人張漢儒師兄的指點，作者才能寫出這篇文章來。

而今，養鬥蟋蟀和聽鳴蟲叫的遊戲娛樂，在中國大陸早已悄然興起，海內外長期未斷這種娛樂遊戲。一九九二年廣州《花鳥世界》報載文曰：「港澳台鬥蟀不衰。澳門一貫設有獵場，供人鬥蟀。港澳每年還要舉行埠際金牌賽，招引四方遊客，造成萬人空巷的熱烈場面。近年鬥蟀已延展到南洋、泰國一帶。有的華僑還鄉從故鄉把蟋蟀帶到居地去玩賞打鬥，惹得無數外國人圍觀，拍手叫好！」

北京繁殖的越冬蛐蛐、蟈蟈，已遠銷到上海、廣州、香港、澳門、台灣和東南亞一帶地區，使衆多祖籍北京的炎黃子孫，在冬季聽到蟲聲唧唧，思念家鄉之心油然而生。

聊煙壺說到鼻煙來歷和名人趣聞

——桂月汀講鼻煙和鼻煙壺

一九四二年冬，桂月汀來到文古齋，還是張慶華侍候招待。他問張是誰的兒子？張慶華說：「家父張雲岩。」桂三爺笑了：「噢！原來你是張黑子的兒子！」並說：「民國十三年，高淩霨給曹錕當國務總理，他的管事的找你爹商量開家古玩舖。不料，曹錕被馮玉祥趕下台，高淩霨的古玩舖也沒開，張雲岩沒當上掌櫃。」

桂月汀走進貨房，讓張慶華把貨格上的料的、玉的、瓷的三個鼻煙壺拿下來給他看。張說：「三爺！這煙壺都有洋煙。」桂三爺擰開壺蓋，倒出點煙聞了聞說：「這味兒才眞純正呀！是洋煙。」張冒出一句錯話，說：「腳巴丫泥味，純正甚麼?!」桂三爺瞪了他一眼說：「小孩兒家懂甚麼！」張慶華馬上賠禮倒茶點煙，請三爺指教。桂月汀說：「前兩個月給你們講蛐蛐蟈蟈，聽上癮啦！今天又要講鼻煙和煙壺嗎？」張說：「您老人家多開導。」桂月汀說：「今天我高興，再跟你們聊聊。」

臭豆腐洋鼻煙　發明同屬偶然

桂三爺先說延壽寺街的王致和臭豆腐出名。張慶華說：「王致和就在我們這樓的後邊，是我們街坊。作者說：「王致和門上有副門聯：『致君美味傳千里，和我天機養寸心』。美名傳千里，還是臭味到處揚？」

桂月汀說：「你們小孩子還不懂事兒！那門聯也叫楹聯，是咸豐狀元寫的。西太后都吃王致和的臭豆腐，王致和匾額上畫龍頭，北京哪家店舖畫龍頭?!那是皇家賞賜的。」他這麼一說，兩孩子垂手而立，聽三爺給他們講。

光緒二十年前後，慶王爺逛廠甸、火神廟，轎子停放在廠東門，就是文古齋這塊地方，那時這是空場。慶王爺回府前聽說這兒有賣臭豆腐的，他讓管事的買點兒帶回去嚐嚐。

廚師為了難，這麼臭怎麼往上端?!他想了個辦法，切上細葱絲灑在臭豆腐上，再用芝蔴香油炸花椒往葱絲上一澆，臭豆腐的味變香了。慶王爺吃上了癮，回稟給西太后。西太后命人到王致和買臭豆腐，王致和的名聲就大啦！

西太后照慶王爺的辦法吃臭豆腐，每天進膳有一小盤，有時不動筷。天天都是這麼一盤，是不是不換新的來應付？於是她用筷子夾個花椒粒藏在一塊臭豆腐底下，第二天她用筷子一撥，花椒粒還在底下。老佛爺可來火了，筷子一摔說：「老是用這一盤來糊弄我！」御膳房的人挨了頓板子。從此，宮裏天天來人到王致和買臭豆腐。

桂三爺要講鼻煙，怎麼聊起了西太后吃臭豆腐？兩個孩子不敢問，心想：八成兒是老頭子糊塗了，順口隨便說了。桂三爺問：「你們知道王致和是甚麼時候開的？」張慶華答：「您不是說那門楹是咸豐狀元寫的嗎，就是咸豐年開的吧？」

桂月汀說：「王致和的字號可老呀！據說王致和是位安徽舉子，康熙年間進京趕考，落榜沒盤纏回家，住在延壽寺街羊肉胡同安徽會館。進京時從家帶來一罐豆腐，他怕壞，放鹽淹上了，經過一個夏季，到冬天打開一看發綠了，有臭味。他沒錢買菜，用臭豆腐下飯。他在無意中發明了臭豆腐。

洋鼻煙是洋人在無意中發明的，這叫「無巧不成書」。五百年前意大利有位煙販子，收購許多煙葉儲藏起來，不久他死去了。死後數十年，他的後人才發現煙葉幹碎成粉麵，聞起來不大嗆鼻子。從此研究製作出鼻煙。意大利的鼻煙比中國的臭豆腐發明早。從意大利傳到葡萄牙、英吉利和法蘭西，這些國家都製作鼻煙。

雍正皇帝命名鼻煙　聞鼻煙講究品味

鼻煙傳入中國是明代萬曆年間。意大利傳教士利瑪竇（Matteo Ricci）受葡萄牙國王支使來華傳教。他先在廣東肇慶建教堂傳教。萬曆二十九年到北京，向萬歷皇上獻自鳴鐘和鼻煙等貢品。

明末清初，鼻煙在皇上家有，老百姓不知道有這路東西。鼻煙是歐洲各國給中國皇帝進的貢。起初，鼻煙沒中國名，中國也沒「鼻煙」這個名詞，外國人叫它甚麼咱們跟着叫，各國的叫法又不同，有叫「布魯灰陸」的、有叫「克倫士那乎」的，也有叫「士那乎」的。「士那乎」好叫，皇家便稱它爲「士那乎」。康熙年代，外國就給皇上進了許多「士那乎」貢品，到了雍正年代就更多了。雍正爺覺得「士那乎」這個外國名叫着彆扭，命名叫「鼻煙」，鼻煙這個名詞是雍正年間才有的。

外國給皇上進貢鼻煙，皇上把鼻煙賞賜給王公大臣、貝子貝勒和藩屬國的國王。到了乾隆年代賞賜更多。雍正、乾隆兩代皇上聞鼻煙上沒上癮？沒聽人說過。

嘉慶、道光朝代，皇上、王爺、大臣們聞鼻煙就多了。一年，嘉慶爺舉行「千叟宴」，請千名七十歲以上的老頭兒赴宴。每位老人都領了皇上賞賜的鼻煙。從此北京城聞鼻煙的就多了。上至皇帝下至天橋打把式賣藝的都聞鼻煙，並傳出聞鼻煙能明目祛疾防止傷風感冒。外國人往北京輸入鼻煙，可賺中國人不少銀子。

聞鼻煙講究品味。說鼻煙和腳巴丫泥一個味，是不會品味的人說的。細品品才會聞出有股羶味，又跟羊肉的羶不一樣；有股糊味，可跟糊餑餑味不一樣；有股酸味，又不同於醋味；有股生豆子味，像是生豆子的那種甜味又不是豆腥味；有股苦味，可跟黃連的苦又不同。到底是甚麼味？桂三爺說：羶、糊、酸、豆、苦，其味美無窮。聞長了才能品出這些味來，品出味來也就上癮了，想戒掉就不容易了。

鼻煙分三六九等，有好有差。桂月汀說，他小時候是飛煙和鴨頭綠煙最好。一兩黃金換不來一兩飛煙。飛煙體輕，細如粉塵、膩如施油，看着清亮。往鼻孔一抹，一吸氣眼睛發亮、腦門清涼，那股痛快勁兒就甭提啦！他還說，光緒年間北京城聞鼻煙的人可多了，跟抽煙捲的一樣多。天橋撂跤的鼻子下邊抹個八字，說他聞的是飛煙。摔跤的那買得起飛煙，清末民初是王公大聞飛煙，老百姓除非闊佬，誰聞得起飛煙!?

乾隆爺改瓶爲壺　蒙古王爺喜愛「水上漂」

鼻煙從國外運來，明代時裝箱，一箱有十三個瓶，一瓶有三、四兩鼻煙。那種包裝鼻煙的料瓶，中國人給起名叫「十三太保」。還有一種素料瓶，瓶的肩部下垂，人們叫它「美人肩」。這兩種料瓶是最早的明代萬曆時的東西。

進口時裝在箱子裏的瓶子大，個人不便於攜帶。開始時是使用裝中藥的小藥瓶裝鼻煙，後來才製作專門裝鼻煙的小瓶。到了乾隆年間，各式各樣裝鼻煙的小瓶就多了，據傳說，乾隆爺把鼻煙瓶叫鼻煙壺。皇上叫鼻煙壺，王公大臣也叫起鼻煙壺來。「鼻煙壺」這名詞是乾隆時才有的。到了光緒年間，聞鼻煙的人多了，鼻煙壺也多了。

桂月汀說他小時候就喜愛鼻煙壺，當玩具玩。年輕時搜集不少煙壺。他見過的煙壺有：料的、銅的、瓷的、玉的、瑪瑙的、翡翠的、珊瑚的、琥珀的、碧璽的、珍珠的、水晶的，都很珍貴，其中珍珠煙壺更是稀有。大珍珠煙壺是無價之寶。也有不大値錢的如石頭的、木腰子的、竹根的、漆的、木變石的和葫蘆煙壺。可是其中做工好的也値銀子。小葫蘆煙壺是自然長成的，蓋上螺絲口是後配的，玩的時間長的，油亮亮的，也很美觀。

玩鼻煙壺是各有所好。他說：「光緒年代的蒙古王爺喜愛水上浮瑪瑙煙壺和有膽的瑪瑙煙壺。用沉甸甸的瑪瑙石，按口小、肚大的造型掏空，壺壁薄如紙，製造好了往水裏一扔，瑪瑙煙壺立即漂上來，人們給它起名『水上漂』。還有一種瑪瑙煙壺，在壺壁中有一汪水，說是天然生長的。拿起煙壺這汪水就上下滾動，人們稱它是有膽的瑪瑙煙壺。這路煙壺把蒙古王爺給唬啦！可唬不了我桂月汀。壺壁中那汪水不是天然長成的，而是玉器工人的好手藝活兒。用手工掏空壺壁，水是從外邊灌進去的，灌水的孔誰都找不到，這就叫手藝高超。蒙古王爺喜愛這種煙壺，這路煙壺在蒙古甚受歡迎。廊房二條做外館生意的玉器舖，在民國初年，用個『水上漂』換了匹駿馬回來。」

煙壺套料豐富多彩　古月軒名從煙壺來

鼻煙壺是料的比較多，講究三彩套料、五彩套料和內畫。淸末民初有袁家套料坯、辛家套料坯、勒家套料坯。內畫煙壺都說是嘉慶年間開始有了，道光、咸豐的內畫煙壺就較多了些。這階段的內畫煙壺畫面上不題字、不落款，也沒印跡。到了光緒年代，則有題字、名款和印章。清末民初，人們喜愛周樂山、馬少宣畫的山水、人物煙壺。丁二仲、葉仲三畫的花鳥、人物煙壺也受歡迎。

煙壺底用礬紅書寫「古月軒」款識的，據說有料胎、瓷胎，也有銅胎的。桂三爺表示他沒見過銅的古月軒煙壺。用琺琅彩繪畫煙壺上畫面，有的畫面精細，有的粗糙，都落「古月軒」款。將康熙、雍正、乾隆官窰琺琅彩瓷器，稱之為古月軒，其實那些官窰瓷器都沒有「古月軒」三字款，只有琺琅彩鼻煙壺上有。

桂月汀沒講琺琅彩瓷器。他說：「琺琅彩官窰瓷器的事，傳說太多又神秘，給小孩子講不清楚。」還說，在八、九年前（約在一九三三年前後），陳中孚給他看繪有「松鷹望月」圖案的瓷煙壺是彩色的，繪工細膩傳神，底款是「雍正年製」藍料楷書字。古玩行說，這煙壺是古月軒，但底款沒有「古月軒」三個字。他還見過乾隆官窰琺琅彩煙壺是郎世寧畫的花鳥，很細緻，有立體感。這隻煙壺是榮興祥的，聽說賣給法國人了。他說：「鼻煙壺上有『古月軒』款並不一定是古月軒，沒有『古月軒』款的，反而是古月軒。」因為他認為，古月軒是康、雍、乾官窰琺琅彩瓷器的俗稱，是琺琅彩不是官窰燒造的小瓷煙壺，底款雖然寫古月軒，但不鑑定為古月軒。

小小煙壺故事多　太后降罪王爺發落

桂三爺問：「鼻煙壺是幹甚麼用的？」答：「是裝鼻煙的。」又問：「還能幹甚麼用？」答曰：「玩。」他用手掂掂小煙壺說：「玩藝兒雖小，用項可大了！」接着，他又講了三個故事：

「你們看過《楊乃武與小白菜》那齣戲吧！官司打那麼長時間，老是斷不清，就是鼻煙壺在裏邊起了作用。眞正霸佔小白菜的知府的少爺，就是用上等好煙壺賄賂上司，使官司拖了兩年多。要不是西太后過問和邊寶泉的上奏，這案子恐怕是淸不了啦！光緒年間用鼻煙壺賄賂官員，打點差使，在官場上溝通關係。」

他又問：「甚麼煙壺最値錢？」答：「您說過珍珠煙壺最値錢。」他說：「在雍正、乾隆年間，意大利給中國皇上進貢的紅、藍寶石煙壺，樣式新奇，做工精巧，也是珍寶。」

他繼續說：「光緒末年，朝廷要設立郵傳部，統轄輪船、鐵路、電報、郵信。誰當上郵傳部尙書這份差使，誰就肥起來了。一位事先知道要設立郵傳部消息的皇親貴族，花十萬兩銀子從意大利買來一個藍寶石煙壺，一個紅寶石煙壺。他要通過李蓮英向西太后進貢說情，讓他當郵傳部尙書。

這位皇親貴族不懂紅、藍寶。他請懂行的人給他看，人家告訴他，像翡翠的祖母綠顏色好，紅的沒藍的好。他拿着紅、藍寶石兩個煙壺去見李蓮英，拜託覲見太后說項，進呈藍寶石煙壺請太后玩賞。他將紅寶石煙壺送給李蓮英作爲酬勞。

李蓮英和這位皇親貴族平素沒來往，他認爲這個人是「臨時抱佛腳」，鼻煙壺收下，表面答應照辦，背後踢一腳。當將藍寶石煙壺呈獻給西太后時，李蓮英向太后說：「這玩藝兒的顏色藍瓦瓦的，不如紅的好。」他知道西太后喜愛紅色，不愛藍顏色，這句話正合西太后心意。西太后怪罪下來了說：「這個人好好的弄個藍煙壺給我，想幹甚麼，想讓我早點歸天呀？天是藍的。」這位皇親貴族因獻藍寶石煙壺而獲罪，不但郵傳部尙書沒當上，原有的官爵也被革掉！

桂月汀講的另一個故事是：光緒三十年，慶親王當軍機大臣、兼管外交和陸軍時，權勢可大了。察哈爾的都統接受俄國人送來的禮物，其中有個珍珠煙壺。其實是料的，俄國人矇他，他相信了。這位都統認爲珍珠這麼大，可以一把抓，挖空後做成手掌大的煙壺，這可是奇珍異寶。當慶王爺召見他時，他呈上煙壺說：「這珍珠煙壺，請王爺欣賞！」

慶親王奕劻是玩古玩的，甚麼好東西沒見過？珍珠成串、翡翠堆成山。他拿起煙壺一看，一眼看穿是玻璃的，「叭嚓」一聲，摔個粉碎，喊聲：「你看看這玻璃碴子！你連玻璃和珍珠都分不清，怎能當都統，回家抱孩子去吧！」這位都統就這樣下了野。

玩用煙壺說道多　不合身分會招禍

桂三爺還講了用煙壺、玩煙壺的一套講究。

有了好煙壺，要裝上好鼻煙，還要配上「顧綉」煙壺囊套、翡翠鼻煙碟，成龍配套，缺一不可。朋友見面雙方坐下，將自己的鼻煙碟放在桌上，掏出煙壺，擰開壺蓋，往對方煙碟上倒點鼻煙，互相謙讓地說：「請您聞聞我這煙兒！」這跟現如今朋友見面互敬煙捲兒一樣。兩人邊聞邊論煙。熟朋友還要看看對方今天使用的是甚麼煙壺，壺囊上綉的是甚麼花。

光緒年間玩煙壺的講究主兒，根據一年分四季、十二個月、二十四個節氣和天氣的陰晴冷暖、風雨雲霧的變換，選擇應時的煙壺使用。有的主兒在一年三百六十五天中，每天帶的煙壺都不重樣。

桂三爺講了這樣個故事：那是民國七、八年時的一檔子事兒。鹽業銀行經理岳乾齋到某王府拜見貝勒。岳乾齋在民國年間給宣統辦理銀行抵押借款事項，小皇上沒錢都找他，他的譜兒可眞不小，出門有跟班的保護、有底下人伺候。

岳乾齋見到貝勒，掏出煙壺倒上鼻煙，用他的翡翠煙碟給貝勒敬煙。貝勒聞鼻煙看煙碟，要過煙壺也看了看，是好翠料製作的，做工精細，是乾隆年代造辦處製作出的珍貴煙壺，配上高翠煙碟，這是皇上家用的。貝勒的心理不平衡了：怎麼一個平民出身的漢子，敢到我王府來擺譜兒，鬥富！隨即喊聲：「看茶！」聽差的趕緊打簾子。岳乾齋一看還沒說上話，怎麼就看茶送客，打簾子讓我走?!他哪知道這位貝勒在光緒年間是玩煙壺的，用煙壺擺譜兒、鬥富，從未丟人現眼。民國了，皇上倒台了，貝勒也沒威風了，可他的不服輸的勁兒還沒扭過來，你拿煙壺在我眼前顯擺，我不搭理你算了！

光緒年間，甚至到民國十年前，在交際應酬的場合，出門會客訪友，拜見上司和長輩們，帶甚麼煙壺是要掂量、合計的。若會見跟自己身分相等、輩數相同，又是知己朋友，帶甚麼煙壺就無所謂了。但人家辦喪事，你不能帶紅色或花花綠綠的煙壺；辦喜事不能帶白素、藍色煙壺。給老人去拜壽要帶畫有福壽喜祿、松鶴同春等畫面的煙壺。說到這兒，桂三爺又講了個故事：

一位滿族旗人和一位漢族民人，幼年同窗，成年同科應試，滿人落了榜，漢人中了舉。漢人四十多歲時，皇上賞給他個差使在奉天新民府去當知府，五十歲卸任回京。卸任的知府一直和他的老同學過從甚密。當他六十壽辰時，這位滿族同學給他送來料的內畫鼻煙壺，畫面是位穿四品朝服的官兒同穿夫人服裝、服下顯露出一雙穿紅鞋的小腳女人坐在一起。

卸任的知府看煙壺的畫面會心地笑了，他的夫人見了煙壺說：「腳畫小了，好看多了。」原來這兩位老同窗，雖然一位當了知府，一位仍是白丁，但他們是無話不說的莫逆之交。滿人深知他這位六十歲的漢人朋友，年輕時就愛小腳女人，卻娶了位大腳婆，半生都不如意。畫上位小腳女人配上穿四品朝服的官兒坐在一起，讓他老來稱稱心。大腳夫人看了也高興，認爲把她畫美了。

可也眞巧，五十年過後，作者見寫電視劇《海馬歌舞廳》的馬未都，（現在爲北京古典藝術有限公司董事長兼總經理）他拿着一張內畫料煙壺的彩色照片，畫面和五十年前桂月汀講的那位旗人送給他老同學煙壺上的畫面一樣。馬未都說：「陳先生！這內畫料壺在香港拍賣價是十萬港幣！」作者笑了笑沒說話，但思緒回到了自己的青少年時代。那個年代，這樣的煙壺也不過幾十塊鋼洋。今天若把桂月汀講的故事寫上，這煙壺的價必定還會提高，海內外古玩界人士誰能不知道北京的桂三爺?!

五十年前，桂三爺還說：在煙壺上畫有趣的圖畫，送給老朋友，討他喜歡高興，是件開心的事。可是會客帶甚麼煙壺，則是嚴肅的事兒了。不能隨便帶，要仔細斟酌。比如會見長官、頂頭上司，一般都要帶適合自己身分的煙壺，不宜超過長官平時使用的煙壺，超過了他會認爲你目無官長、炫耀自己；要是拿的煙壺質量太差，他會認爲你是在向他「哭窮」，或者是有意隱藏珍寶。接人待客，使用甚麼煙壺考慮不當，使用的煙壺不適當，有時會招來禍殃。等級森嚴的封建社會就是這樣。

半個世紀過後的今天，誰還能知道八、九十年前我們的先人帶鼻煙壺還有這麼多說道。而今追述以往，是給鼻煙壺研究者提供點眞實史料，貢獻給讀者一些有趣的文物故事。

古舊地毯之探索與求解

《古玩史話與鑑賞》書中有一章作者寫了古地毯，引起愛好、研究古地毯的讀者的興趣，來信來訪鼓勵作者深入地往下寫，要求把古地毯同咱們老北京聯繫起來。他們說：「北京織造地毯歷史久，質量好、有特色，在國內外馳名已久。而我國研究、鑑定經營古地毯的專家又出自北京，你應當寫出來。」

作者自覺對地毯知之不多，難以達到讀者要求，遲遲未敢動筆。正當作者將《文物話春秋》、《古玩談舊聞》兩部書稿交北京出版社審閱時，中大文化發展公司的朋友來找作者，要求作者對古地毯再做探索，說是要對外介紹中國古老的地毯文化藝術。

地毯在我國雖有悠久的歷史和傳統，然而卻很少有這方面的著作。作者不揣冒昧，作此一文，答謝和求教於讀者，也是這部書的最後一篇文章。

現存世界上最早的中國古毯殘片標本

地毯，這富有濃厚民族藝術風格的古老傳統工藝美術實用裝飾品，織造始於何時何地，至今說法不一，有的說古埃及織造地毯早，有的講中國新疆毯織造得早而好。但都認為，古埃及、中國、印度、波斯和土耳其織造地毯的年代久遠，藝術價值高。舊時代的中國對祖先留下的這部分傳統文化藝術遺產，長期未被重視，收藏研究考證的人也極少。最古老的中國新疆毯卻在國外博物館收藏着。這是為甚麼？

新疆，古稱西域，是我國古地毯的發源地，也是地上地下遺留古代文物最多的寶地之一。在古代，新疆是我國多民族聚居區，也是我國北方草原遊牧部族大遷徙之通道；漢代以後，絲綢之路暢通，便成為通往西方，促進歐、亞兩大陸進行經濟、文化交流之門戶。因而，這裏地上地下遺留古代文物甚多，加上位於亞洲中部，三面高山環抱，中間天山聳立，南北兩側有浩瀚的準噶爾和塔克拉瑪干大沙漠，雨量稀少，氣候乾燥，因而地上地下的古代遺址和古墓葬中的遺物，能夠較完整地保存下來，而且歷經幾百年、甚至幾千年的文物，仍然色澤鮮艷如初。於是，這裏便成為「考古家的樂園」。

在八國聯軍侵佔北京之前前後後，國外「考古學家」、「探險家」接踵而至新疆。他們中知名的有俄國人克列門茨、德國人格倫威德爾和勒柯克、日本人桔瑞超和野村榮三郎、英國人斯坦因等。他們有的靠國家機構下撥的巨額經費，有的靠巨商的經濟資助，有的則賣掉自己的全部財產來到新疆「考古探險」，運走大批文物。他們不僅將吐魯番伯孜克里克千佛洞的古跡、壁畫破壞盜走，也將塔里木盆地古墓發掘，帶走大量出土文物，其中有最古老的彩絹和毛毯。

英國考古學家斯坦因在他的《西域考古記》中記載：「在樓蘭漢城廢址左右考察之際，又發現往昔的中國自此至塔里木盆地故道之遺跡。其它有西曆紀元前後一世紀間之古墓遺址，發掘後得至可驚異之古代織物一堆，內雜中國古代有名之彩絹及毛毯，……」，「很美的地毯，……堆絨地毯，此外還有粗製的毛織物同氈子，……。」（見向達譯《西域考古記》第二百四十四頁和一百〇八頁）專家論證，斯坦因帶走的這批新疆地毯殘片，是目前世界上最古老的、眞正的栽絨地毯實物。

美籍華人李汝寬在他著錄的《西域長城藝毯圖錄》中，將收藏在英國倫敦維多利亞和阿拉伯特博物館中的幾件栽絨地毯標本收錄其中，這些標本是從我國羅布泊地區的古樓蘭遺址中發現並帶到英國去的。其中一件較粗糙的羊毛栽絨毯殘片，三點四乘以四釐米，用棕色羊毛作經綫，由四股粗鬆的羊毛紗合併、加捻作緯綫；絨頭是較柔軟的彩色羊毛紗。每一個絨頭圍繞着一根經綫旋轉一或兩圈，構成一個很結實的結扣，行話稱之爲「單經扣」。絨頭的兩端垂掛在毯面上，長約一點五釐米，平均每十平方釐米內有四十個結扣。在深紅色地上，用白、棕、紅、緋、淺黃、黃和寶藍等彩色羊色紗顯出圖案紋樣（見《西域長城藝毯圖錄》圖版第一百一十三頁、一百一十四頁）。專家認定，這件新疆地毯殘片是現在所知道的世界上最早的拴扣地毯。它揭示了早期地毯的編織技藝，爲我們研究地毯的起源和發展歷史提供了珍貴的標本。可惜這標本實物也不在國內！

北京兩位專家談地毯起源和祖師神話

中國是世界上織造地毯最早的國家之一，它是始於何時何地呢？

據老北京前門大街奇珍祥掛貨舖經理、早已加入美國籍的古地毯專家李汝寬先生基於六十餘年鑑定經驗和在國外博物館多年考察而得出的結論：中國古地毯發源於甘肅祁連山一帶，是由原始的平織毯演進到栽毛毯。中國的原始平織毯稱爲祁利木（cilim）。

祁連山在甘肅省敦煌東南，三峰聳峙，其勢欲墜，故古代稱之爲三危山。《史記·五帝本紀》記載：「三苗在江淮、荊州數爲亂。」「於是舜歸而言於帝，請……遷三苗於三危，以變西戎。」堯舜時代，將居於江州、鄂州、岳州之民衆遷徙到祁連山一帶，李汝寬在《西域長城藝毯圖錄》中繪製有「遷三苗於三危」的路綫圖。三苗人遷到祁連山，將內地紡織技術帶去，用獸毛平織毛毯以禦寒。

我國漢字古籍中最早提及毛織品和毯氈的是《逸周書·五會》，書中記載商湯王朝討論和規定我國四方各地貢獻和交換物品，大臣伊尹奏陳：「正西崑崙等地，請令以丹青、白旄、紕罽、江歷、龍角、神龜爲獻。」其中「紕罽」乃古代氐人織做的獸毛織物。《說文》解釋：「紕，氐人罽也。」「罽，西胡毳布也。」「氐」是我國古代少數民族名，商周至南北朝分佈在今陝西、甘肅、四川等省。《廣韻·齊韻》：「氐，氐羌。」《詩·商頌·殷武》：「自彼氐、羌，莫敢不來享，莫敢不來王。」這說明在我國的商湯時代（公元前十六世紀）就有了毛織物，西部少數民族用「紕罽」作貢品，獻給商代湯王。

北京另一位地毯專家王哲東也認爲中國古地毯起源於祁連山一帶，商湯時代有了紕罽毛織物。本世紀六十年代初，王哲東曾去西北考察和收購舊地毯，在新疆，他聽到有關織作地毯祖師爺的故事傳說；在寧夏，他見到織毯工人拜師祖發誓的傳統習俗。

傳說黃帝元妃嫘祖是養蠶業的倡始者。相傳黃帝擊敗九黎族，在慶功會上，有蠶神獻黃白二絲，光彩照人。嫘祖受到啓示，她採桑飼蠶，收繭抽絲，織成美麗的衣料，被後世尊爲蠶神。而新疆維吾爾族人民將那克西萬·巴吾敦尊爲織毯的神靈，傳說着許多美妙動人的故事：

在很早很早的古代，南疆巍巍的崑崙山下，滾滾的玉隴喀什河畔，住着一位很有才能的老人，他叫那克西萬·巴吾敦。爲了讓大家能鋪上或掛上比皮毛更暖和更美麗的毛織毯，他日以繼夜，廢寢忘食，反覆用羊毛紡紗編作，反覆試驗，終於織成毯，是用羊毛繩編織成的、現在叫「帕拉孜」毯。

那克西萬繼續刻苦鑽研，試驗成功了用棉紗作經、緯綫，用毛紗拴結絨頭的栽絨毯。同時他還發明了抽絞技術，使織毯工藝更臻完善。人們用上柔軟暖和而結實的毯，都向那克西萬老人祝福致謝。

那克西萬沒有驕傲自滿，他要用地毯美化人間。他採用各種植物和礦物作染料，給羊毛添上最鮮艷的色彩，編織出有絢麗多彩美妙圖案的地毯。綠色的草原，栗色的駿馬，火紅的石榴、鮮艷的玫瑰花，五顏十色、富有詩意的圖案在地毯上出現，一條地毯就是一幅瑰麗的畫卷，令人賞心悅目，似乎是天上人間。人們稱這種地毯爲「孜勒卡」。

那克西萬將自己的編毯技藝和經驗編寫成書，傳授給藝徒外出傳藝。從此織毯技藝傳遍和闐、洛浦和南疆各地。凡是那克西萬騎毛驢走過或吃過飯的地方，那裏的人們就都學會了紡毛、織毯。

傳說在一個晴朗的日子裏，這位技藝非凡的神祖那克西萬·巴吾敦乘駕一條神毯凌空而起，飛向太陽升起的東方。他離開了大地，但他的技藝卻留在人間，代代相傳。

王哲東曾到寧夏銀川考察古地毯，他在銀川市的海寶塔下見到一位編織地毯的藝徒拜師學藝的場面。相傳在唐代，寧夏的回族兄弟邀請新疆維吾爾族織毯技師馬托阿訇傳授技藝。起初他帶了三名徒弟，中途中兩位徒弟怕苦改行去幹別的。他堅持帶第二批徒弟，毫無保留地將織毯技藝傳授給回族兄弟。回族中有邢、唐二位徒弟學到馬托阿訇的技藝，到阿拉善左旗向蒙族兄弟傳技。爾後，織毯技藝才傳到榆林、神木等地。

最初來到寧夏傳藝的馬托阿訇老死在銀川，人們將他葬在銀川市的海寶塔下，尊稱「馬托祖師」。解放前，每逢學徒拜師學藝，師傅都領徒弟到這位祖師墓前祭奠，並起盟發誓，表達自己對織毯事業的忠誠如一。

正是有了一代又一代忠誠於織毯事業的手工工人，才創造出古樸典雅、美觀大方，紋樣生動、富有浮雕感和濃厚地方色彩的、世界馳名的寧夏古地毯。

北京地毯的起源和發展

「地毯」這專用名詞，是在元代才有的。以前的先秦、漢唐稱之爲織毛、織皮、紕繝、毾㲪、毾蓐、氈褥、氍毹、氈毦等等。這些名詞都指的是毛織物，不一定都是鋪在地上用的，而氍毹卻是鋪地用的，唐代演劇和舞蹈用紅氍毹鋪舞台，故而氍毹又是歌舞場、舞台的代稱。唐代時有了「毯」字名詞，白居易在《新樂府》第二十九首中描述《紅繡毯》的詩篇傳留至今。

將「毯」字與「地」字連成一個名詞，始見於《元史·后妃傳·世祖昭睿順皇后》：「宣徽院羊臑皮置不用，後取之合縫爲地毯。」這裏指的是鋪地羊皮，不是我們今天所說的栽絨地毯。而在《大元氈罽工物記·御用》中記載：「秦定元年（公元一三二四年）十二月成造剪絨花毯五扇，正殿地毯一扇，前殿地毯四扇。」則是栽絨地毯了。

北京地毯起源於元世祖忽必烈築成大都之後，這是專家們的一致認識。《大元氈罽工物記》一卷中記載：「大德二年（公元一二九八年）七月二十六日奉旨寢殿內造地毯。命與只里哈乎同議，長短、闊狹尺寸；命那懷成造二部委官計料。工物造成察口罕兒殿地毯五扇，總積方尺九百九十二尺八寸三分。用物羊毛九百九十三斤十三兩二錢二分，內白羊毛八百六十五斤六兩五錢，青羊毛三十九斤九兩五錢物料。計用上等回回茜草根、白礬、槐子、黃蘆荊葉、棠葉、橡子、綠礬、落黎灰、花鹼柴、醋。」這是唯一可查到的元代製毯用料文字資料。

元代造工部下屬地毯作坊設在何處？據專家考證，元代地毯作坊設在今德勝門一帶，因織作量大，又委派薊縣城內地毯作坊織造。即今天的德勝門外黃寺，北至土城，西至薊門橋這一帶。

北京織造地毯的技藝從何處傳來？有的說忽必烈遠征中亞回國時，掠來各國大批工匠，其中有織毯技師；有的講北京地毯織造技藝是從新疆沿絲綢之路經青海、甘肅、寧夏、神木、榆林傳到蒙古和山西，然後傳到北京的。

元代地毯的編織工藝特點：一是用羊毛量多，地毯厚度大；二是用青羊毛是為了配色，其它顏色均用植、礦物色染色。染色時加副料：礬、鹼、醋和草灰，使顏色牢固不褪色；三是地毯質地較粗，工藝欠佳，但調配的顏色古色古香而典雅。

元代的北京地毯用於皇宮內鋪設，流入民間的很少，傳留實物更少。清末民初時的市場上不易見到。

明代沿襲元代織造地毯技藝並有發展，為宮廷織作的富有典雅藝術特色的御用地毯最為出色。由於天長日久受潮濕侵襲和蟲吃鼠咬，保管不善，能存留至今的非常稀少。

古地毯專家王哲東曾親眼見到過兩塊明毯：一塊是原故宮博物院保和殿上鋪的淺黃色龍花地毯；另一塊是養心殿鋪的米黃地川枝暗花、三藍寶相花，淺黑大邊地毯。這兩塊明代宮廷用毯，是用棉經綫四股、毛紗一股編織成的。

王哲東說，明代民間用毯，地為白色、邊黑色、花多藍色，花樣多與明代青花瓷器上的圖案相同，實物亦屬罕見。清代初期繼承明代傳統技藝編造地毯，康熙、雍正年間有改進，乾隆年間有發展。

乾隆皇帝弘歷酷愛古玩字畫、珠寶玉器，講究陳設。地毯屬於實用陳設工藝美術品。皇帝命內務府織造地毯要有新意，聘請西藏、新疆、甘肅、寧夏等地技師來京傳藝。於是，從西藏請來喇嘛藝人鄂爾達尼瑪和新疆、甘肅、寧夏的技師，在廣安門報國寺設立地毯傳習所，傳授織毯技藝。而後採各地織技之長，使北京地毯有長足之進，別具特色，另有情趣。

北京古舊地毯的特點

北京地毯發展到清乾隆時代到了高峰，在新疆、寧夏等西北地區生產地毯的傳統工藝和優美圖案基礎上，吸取並運用青銅器、漆器、瓷器、織錦、漢磚、石刻、建築物上的雕刻花紋、圖案和色彩的傳統藝術，形成了它的獨特形式與風格。它的基本形式：在統一中求變化，對比、調和、均齊、平衡、連續、重複；漢磚式、古織錦式的四方連續，中心周圍配合式。

它的工藝織做，吸取西北地區的傳統工藝，由於長期大量地爲宮廷織做，故做工特別精細，織出的地毯質量好、細緻、均勻。毯子的兩邊多用棉綫或毛綫沿邊，保持美觀堅固，外邊整齊。

它的紡、染、織都是手工操作。對毛後，春羊毛佔百分之三十、秋羊毛佔百分之七十。染色多用植物色，藍色用靛藍。織做後要用清水洗幾次，洗掉靛藍浮色，把羊毛頭洗開，洗後略有光澤而整齊。

它的規格（單位：市尺）大部爲九乘十二、八乘十、八乘九、四乘七、五乘八、四乘六、三乘六等，多數適宜鋪地用。

它的圖案別具一格。有的一個團花，周圍折枝花、四角花、大邊；有的五個團花，外圍四個小些的團花加折枝，四角抱角花，外有大邊；有的當中一團花，四角相對，四周有小窄邊，大邊內小邊，小窄邊都是藍色。大邊中心花樣配合呼應，內小邊有萬字不到頭、丁字萬、回文，還有的內小邊用白甘珠。也有朝繡圖案，按照繡花圖案之意織做；又發展有敦煌圖案，以敦煌佛三同藻井圖案和壁畫上的花邊稍加變化而組成。圖案中有博古花，一、二、三皮球花，五蝠捧壽，琴棋書畫，龍鳳，五龍，九龍，八寶花，圓壽字，海水江崖，這些紋樣和題材多含吉祥之寓意。圖案中的花、鳥、魚、蟲造型誇張富有生氣。它的圖案特點：構圖嚴謹、色彩穩重古雅，從而形成一種特色與風格，稱之爲北京式。

北京地毯還有模仿各民族的圖案花紋的作品，織出逼眞、工藝式樣完全和各民族的風格一致的好地毯。

稍露頭角曇花一現

嘉慶、道光年間，各國來華的傳教士增多，特別鴉片戰爭後，來華的傳教士更多。他們見到我國地毯質地堅韌，圖案豐富而絢麗多彩，便在回國時帶回幾塊饋贈親友。於是，中國地毯走出國門，在國外逐漸有了聲譽和市場。

咸豐十年（公元一八六〇年），英法聯軍火燒圓明園的時候，西藏有數名喇嘛來京，留駐在報國寺。這幾位喇嘛有編織技藝，便在地毯傳習所招徒傳藝。從此，北京編織地毯行業分爲東門派和西門派。當時公認西門派編織的地毯質量比東門派的好。

英法俄迫使淸政府訂立《北京條約》後，外國人在北京、天津陸續辦起了洋行，像德國魯麟洋行、艾利斯·德福洋行，美國美龍洋行、英國禮和洋行、日本山中商會等等。這些洋行、商會在北京、天津大量收購中國古董文物、珠寶鑽翠、緙絲織錦和地毯。

八國聯軍侵入北京的一九〇〇年，天津魯麟洋行曾向北京繼長永地毯廠訂購絲毯和毛毯各一塊。八國聯軍撤出北京後，北京絲毯和毛毯運往柏林展出，被德國公衆評議爲精工優品，而且價格低廉。一九〇三年在美國聖路易舉辦萬國博覽會，中國地毯參加評選，被評爲世界珍品，獲得一等獎。

中國的古舊地毯，也深受世界各國藝術愛好者、古董收藏家的靑睞與讚賞。各國博物館中陳列有中國古地毯，供人欣賞，如華盛頓紡織品博物館、波士頓藝術館，倫敦維多利亞和阿爾伯特博物館、德國法蘭克福手工藝博物館和原蘇聯莫斯科東方藝術博物館，以及日本東京國立博物館，正倉院、京都大學等都有中國古地毯展出。

各國地毯專家和商人看中了北京地毯，陸續來京選購訂購。北京地毯出口量不斷增長，地毯作坊和家庭手工業也不斷擴大。清末民初，北京先後開設了繼長永、繼長恆、興和、隆利、泰山湧等九家地毯廠，有的工廠擁有二、三百工人和學徒，而且都是男工，故稱所編織的地毯爲「男工毯」。一次大戰期間（一九一四—一九一八年），北京又有仁立、開源兩大地毯廠成立。

一九二四年，據北洋政府當時的統計，北京地毯工人和學徒爲六千八百人；一百人以上的工廠有四十多家。這些工廠幾乎控制着整個北京地毯作坊和家庭手工業者。

不久，美國花旗銀行出資在北京開設燕京地毯廠，一個總廠六個分廠，擁有近兩千名工人，控制北京地毯生產的三分之一。

到了「九·一八事變」前後，華北危機，人心惶惶，北京工商業者無心經營，加之波斯、土耳其地毯在國際市場與北京地毯之競爭，以及英美等國採用機器編做地毯，使北京地毯出口量日漸減少，生產隨之衰落。

編織地毯的小作坊和家庭手工業者，改變以供應出口爲主爲內銷，編織蒙、藏人民需要的馬褥、馬韂、小塊毯，銷往蒙古和西藏。同時他們也織做仿古圖案的地毯，賣給前門大街掛貨鋪，掛貨鋪作爲古舊地毯賣給外國人。

北京解放前夕，仿舊地毯手工作坊，只剩有啜再榮、王禎等幾位有好手藝的老藝人。

地毯業、古舊地毯和古地毯專家李汝寬

古舊地毯長期不被重視，中國人把它看爲腳下踩着的東西，不適宜收藏，古玩舖裏很少有古舊地毯。京城富戶人家用地毯到地毯廠或作坊去買，很少有人到古玩舖買地毯。

自上個世紀末，外國探險家和考古學家在新疆發掘出我國古地毯後，外國人有的到中國搜集古地毯，但不到北京而去新疆。老古董商回憶：法國人於民國初期來北京買古董主要是買琺琅、漆器、法花和康熙五彩瓷器等，英國人、日本人和俄國人有買西藏氆氇和古舊地毯，都到掛貨舖去買，琉璃廠古玩舖沒這路貨。

據傳說，專做法國駐清政府的第三公使魏武達的古董生意的岳彬，於民國十年前後從山西買來一塊二乘以四（單位：市尺）的小地毯，說是唐代的，叫毾㲪，紅色毛絨毯，圖案是團壽。古籍中解釋：「毾㲪施之承大床前小榻上，登以上床也。」即鋪在榻登上的毛絨毯，有人則編出故事說：這塊毾㲪是唐明皇與楊貴妃上床時用過的。

經魏武達介紹，岳彬將這塊毾㲪賣給一位英國考古學家，賺了一筆錢。自此，岳彬和他開的彬記古玩舖做起古舊地毯生意。但是，年代久遠的地毯傳留下的極少，就連乾隆年代的皇宮用的地毯在市場上也是見不到的。據岳彬的徒弟董祖耀講：「彬記收藏保存了四、五塊好地毯，其中一塊宮廷地毯是老蛋黃地勾蓮花大邊，由金絲綫織作的。長年沒出售，解放後被沒收了。」

琉璃廠古董商聽說岳彬買了塊唐毯，是寧夏編造的毾㲪，有人做起寧夏古舊地毯生意，但數量極少，北京淪陷期間，古舊地毯生意在琉璃廠基本沒有了。而在前門大街掛貨舖裏，古舊地毯生意卻悄然興起，逐漸在一家掛貨鋪中形成壟斷，長達十多年。

這家掛貨鋪就是而今健在的、入了美國籍的中國古地毯專家李汝寬開辦的奇珍祥。「七七事變」的前後，北京古玩鋪、掛貨鋪的生意蕭條，唯獨奇珍祥的生意越做越好，李汝寬被同行推選爲北京古玩商會理事，在古玩界有了名望。但許多人不知他的經營訣竅。原來這位山東人善於學習，邊經營邊鑽研古地毯、雕漆、陶瓷等古玩，還學會用英語講話做生意。

一個偶然的機會，李汝寬結識了德國大使比德爾先生。比德爾去天壇遊覽，往回走的路上經過奇珍祥，他信步走進，見五顏六色的古舊貨而心奇，後被一塊舊地毯吸引住。原來比德爾在德國法蘭克福博物館見過中國古地毯實物，對它的編織、染色、圖案、興趣甚濃。李汝寬對古地毯有研究。比德爾不會說漢語，李汝寬不會說德語，他們用英語會話。聊起古地毯，很是投機，於是他倆交了朋友。

比德爾向德國人和其它國的朋友給李汝寬介紹古舊地毯生意，奇珍祥的舊地毯供不應求，他便在北京四九城搜集舊地毯。逐漸地，舊地毯的買賣由他一家壟斷，但舊地毯的貨源有限。

奇珍祥投資開了兩家地毯作坊。一家設在南崗子法華寺，由技師啜再榮主持織做；一家開在校衛營由王禎師傅經營。他們按舊地毯的模式、圖案、顏色編做，做好了放在屋頂上風吹日曬，去掉浮色；再用人工腳踩，好似曾經使用過。還要用梳子梳、用耙子耙，把地毯絨毛疏鬆，使之呈現出鬆散自然、古色古香的狀態。這路仿製品，同樣受到國外人士歡迎。

抗戰勝利後，奇珍祥在上海金陵西路五十四號和南京中山路開設了分號，經營古舊地毯，還從天津進拉絞地毯補充貨源。這時的銷路主要在美國。美國的富商大賈、考古學者，還有兩三位將軍都同李汝寬交了朋友，他在美國有了名聲。

一九四八年，李汝寬將北京、上海、南京的奇珍祥關了張，把貨運往香港，帶領師弟王德純在香港九龍重慶市場開設利華有限公司，經營新舊地毯、皮貨和漆木傢具等。五十年代初，李汝寬將利華公司交給王德純經營，他本人到日本東京開古玩店去了。他往返於東京、香港、紐約鑑定經營中國古董，成爲富商。年老時，他著書立說，寫出《西域長城藝毯圖錄》和兩部論述中國漆器和陶瓷的專著，一九八〇年在美國和日本出版發行，成爲著名的考古學者。

李汝寬雖早已入了美國籍，但他始終眷戀祖國，懷念家鄉。改革開放後，他以八十餘歲的高齡仍不斷回國，捐獻文物，同古玩老行家們叙舊。他還愛吃山東的「槓頭」和北京的水餃。

他特別珍惜祖國的古地毯。一九八二年他到雍和宮參觀遊覽，見到一座配殿裏鋪着一塊地毯，是三個圓光，四周海水江崖的栽毛毯。再仔細看是乾隆年的新疆和闐地毯。這樣好的地毯就任人隨便亂踩，他落淚了！陪同他的外甥王哲東忙問：「您怎麼了？」他指着地毯讓王哲東看，王哲東明白了，找來雍和宮管理文物的林勤同志，建議他把這塊地毯洗淨後收藏或陳設展覽，不要再讓人們隨便亂踩。

第二年他又回到祖國，王哲東告訴他：「雍和宮的那件乾隆年間的新疆栽毛毯，林勤查了底案，是一七四四年乾隆皇后借給雍和宮用的，到一七七一年才算是正式賜給。雍和宮將它陳放在法輪殿的東側班禪樓，作爲珍貴文物展覽。」他聽後笑了。但他說出一句話，卻令國內古玩老行家心酸：「中國的古地毯歷史悠久，內容豐富，古老的殘片標本卻在國外，而今國人有誰在研究?!」

王哲東與日本大畫家梅原龍三郎

李汝寬的這句話，激起王哲東研究古地毯的決心。他搜集圖片和資料，準備編寫按地區分佈的古地毯圖錄。他有四十餘年鑑定經營古舊地毯的經驗，解放後去過新疆內蒙東北等地考察收購舊地毯，但他身體不好，缺少筆墨。

王哲東十四歲從山東招遠縣來北京前門大街祥和成掛貨舖學徒，幹了十二年，學會鑑定經營瓷器、銅器和古舊地毯等文物，自學英語，可以用英語同外國人做生意。

一九四一年，日本發動太平洋戰爭，英美等二十多個國家對日宣戰，日本人下令將北平商舖的英文招牌去掉，學校取消英語課，讓學生學日語。正是這時候，日本的著名大畫家梅原龍三郎來北平。他不會說中國話，但會說英語，他到掛貨舖去買西藏氆氌，遇上王哲東。

梅原進了掛貨舖一語不發，見了地毯卻仔細觀察。王哲東想：這位四十多歲的日本人可能不會說漢話，上前用英語同他打招呼，梅原才用英語說了話。

梅原喜愛西藏氆氌的色彩濃艷、舊地毯的圖案多樣而美觀，他搜集小塊氆氌和地毯作爲藝術標本，豐富自己繪畫的創作靈感。王哲東投其所好，幫他搜集購買。一來二去兩人交了朋友，梅原對王哲東有好感，感到他誠實熱情，二十來歲的人精明能幹，還會說一口流利的英語，故而請他做自己的翻譯，在北平購物遊覽。

王哲東陪同梅原看馬連良、譚富英、言慧珠等京劇名角演出的京戲，並做翻譯。梅原看京戲是要從戲裝、臉譜、舞姿等方面吸取藝術營養，他特別喜歡言慧珠演出的《貴妃醉酒》，觀後，還請來模特兒繪畫《貴妃出浴圖》（前文有述）。

梅原愛吃熊掌和瓦塊魚，王哲東就領他到河南飯館厚德福去品嚐。日子長了，兩人的交情深了，但生意卻做得少。畫家的一切活動爲的是繪畫，對做生意的事沒興趣也不過問，從王哲東手中買氆氌和小塊地毯，選擇的深紅色的、火紅艷麗的圖案，時時吸引住他，但他卻從未給王哲東介紹過其他外國買主。

王哲東交的這位日本畫家不像李汝寬交的德國大使比德爾那樣，能使他生意興隆、飛黃騰達，但梅原給王哲東留下的是長久的懷念。

西藏的地毯市場

日本投降後，王哲東在六國飯店設攤賣地毯和舊貨，生意蕭條，後去青島賣地毯和皮貨。青島解放後，地毯和皮貨一時沒人要了，他申請去了香港。

憑王哲東鑑定古舊地毯和舊貨古董的本領，在香港可以立住腳，經過在商業經營上的拚搏，有可能致富。但他思念家鄉，又重新回到北京，在西湖營口外臨街處，開辦新興美藝商行，恢復舊地毯的經營，主要是買來啜再榮、王禎編織的仿古地毯，寄往香港利華有限公司出售，從中獲利微薄，勉強維持生活。

一九五四年，達賴喇嘛、班禪額爾德尼率領西藏代表團來京。藏族兄弟特別喜愛北京、天津編做的地毯，早已成了習慣，但因路途遙遠和戰爭原因，內地的地毯長期到不了西藏。代表團成員格桑旺堆、江洋伯姆等人，都來新興美藝商行買地毯。他們特別喜愛黃地勾蓮花圖案的方墊栽毛毯。王哲東請天津地毯廠顏虎臣進行仿做，有了貨源，西藏地毯商前來訂貨，銷往西藏，很是搶手。王哲東同格桑旺堆交了朋友。王哲東贈給格桑旺堆一塊栽毛毯馬韂，祝願他騎在馬上幸福快樂，格桑旺堆將手上戴的勞來克司手錶作爲謝禮送給了王哲東。

有了格桑旺堆的支持，王哲東在西藏的地毯生意打開了銷路。北京的其它家地毯店舖生意蕭條，唯有新興美藝商行的生意興隆，而獨佔鰲頭。只有兩人做生意，兩年便給國家創造了萬元稅收，個人的資本也翻了兩番還多！

公私合營打開舊地毯的國際市場

一九五六年，新興美藝商行參加了公私合營，王哲東當了工藝品出口公司門市部主任。一九五七年，入國營北京市工藝品出口公司，王哲東負責鑑定地毯的年代、產地、圖案、質量和規定出口價格。一九五七年至一九六五年，北京舊地毯出口業務興旺，中國地毯在國外重振名聲，國際市場非常歡迎。這時，逐漸由向香港利華有限公司出口舊地毯發展到和英國牙克、瑞典乃斯木、西德伯爾·亞力、法國明維斯以及丹麥、荷蘭、比利時、新加坡等國的地毯商有了業務交往。

五十年代末，瑞典一位做傢具生意的客商乃斯木（Naism）來到西交民巷原河北銀行的舊址、北京工藝品出口公司所在地，觀看中國舊地毯。公司存放在這裏的千餘條舊地毯，他一次便全部認購。經王哲東鑑定這些舊地毯是百、八十年前生產的，做工精良、圖案文雅，經多年使用顏色已陳舊，但泛出古色古香的、誘人的色彩。

乃斯木再次來到北京時，王哲東問他中國舊地毯生意做得如何？他毫不隱諱地說：「很好！很好！」並告訴王哲東說，他是開傢具店的，各國朋友都有。賣中國舊地毯和賣傢具不同，傢具作爲室內擺設裝飾品出售，中國舊地毯則按古老的中國工藝美術品出售。出售的方式也不同，傢具是陳列出來賣，中國舊地毯是請來各國朋友聚會，在宴席上拿出幾塊供朋友們欣賞。當他們求他轉讓時，他才出手。中國舊地毯富有藝術吸引力，外國人是作爲藝術品欣賞。

王哲東得到這樣的消息，開始嚴格限定年限，道光年代及其之前的不出售，同時提價很高。但仍供不應求。

中外專家談中國舊地毯爲何在國際市場暢銷

長期以來，中國古董商沒注意古舊地毯的藝術魅力，到王哲東鑑定經營舊地毯時，才知道國外市場如此廣闊，外國人是這樣喜愛中國的地毯。因而同國外客商探討中國古舊地毯爲何有如此巨大魅力，王哲東歸納了大家的意見有以下幾點：

一是，中國的古老文化藝術對外國人來說，很深奥，簡直是個謎，古地毯也是其中之一。三千年前中國就有毛織物地毯，這對他們來說是不可思議的，而其圖案深邃而珍奇。特別是到過博物館，見過中國古地毯殘片標本的人士，對中國舊地毯的興趣更濃，將它看成是高深而美妙的藝術品。

二是，中國的古舊地毯質量好。從選料用羊毛，到染色編織全部工藝過程都是手工操作，技術精湛，要求嚴格，同機器製造出的產品迥然不同，是工藝美術品又是實用品，有着獨特的藝術價值。外國朋友特別欣賞熟練的織毯工全憑自己的發揮，不用圖樣，編織出圖案優美、四邊對稱、精美的栽毛毯。他們認爲織毯工是藝術家，地毯是有藝術價值的高貴產品。

三是，中國的古舊地毯毛紗染色，採用礦物、植物染料染色。這種染色方法經歷兩千多年的實踐，積累了豐富的經驗。外國朋友感到中國地毯色澤光亮、着色牢固，經久不變色、不褪色。他們看到距今兩千年的地毯，出土後色澤仍新鮮如初，驚嘆叫絕。當他們瞭解到這是用礦、植物染色時，感覺天然染料染色的栽毛毯明快、典雅、柔和，鋪上它似乎回歸到大自然。

四是，中國古舊地毯圖案紋樣的佈局、紋樣資料的選擇和色彩的配置，三者各成一系。但又相互制約、配合一致，能達到同一的藝術效果。而且圖案花紋具有鮮明的民族特色和地區特色，豐富多彩，寓意深邃，耐人尋味。

基於上述原因，外國朋友喜愛中國古舊地毯。有的外國朋友講：「我們一天的工作節奏很緊張，回到家中看到一塊圖案新穎、色彩明快、素雅大方的地毯或掛毯，可以解除疲倦，放鬆下來，有利於身體健康，精神愉快。」而久居海外華人對中國舊地毯還有深一層的感受，那就是在上面寄託了對祖國、對家鄉的思念。

專家談如何鑑別舊地毯

中國舊地毯在國外暢銷，北京工藝品出口公司派人去外地收購或以新換舊。但熟悉舊地毯識貨的人不多，公司請王哲東給收購人員講課。王採取「看物識貨」速成的辦法授課，先講明各地區舊地毯的特點，再說明鑑定方法。

新疆舊地毯的後背硬、毛短一分半至二分；經綫粗，一般用棉綫。而毛經毛緯的地毯後背軟，這種毯年代較遠，距今約有一百五十餘年。

包頭、綏遠、銀川、甘肅、榆林的舊地毯，基本相同，經綫大部分用細洋綫（洋綫指機器紡的綫），毛厚約三分左右。

北京舊地毯的經綫比內蒙的粗，是用粗棉紗，厚約三分，九十道，圖案多爲團花加折枝花。

赤峰舊地毯是自然毛色配花紋，不染色。細經綫，後背拴扣大、粗，六十至七十道、毯面平整，圖案多爲鶴鹿同春。

各地所產地毯除赤峰毯外，都採用植物和礦物染料，不用化學染料，色澤經久不褪。鑑定方法，除看經、緯綫之外，還要看顏色，古色古香的好。色新鮮艷、未經磨擦的新色地毯，不收購。舊地毯是抽絞，後背看不到緯綫。

王哲東除講課外還解答外商提出的問題。一位法國的地毯專家對我國新疆毯有研究，對其它地區的舊地毯也有瞭解。他提出兩個問題：一是，新疆古舊地毯爲甚麼出現同地色澤也有不同的接色，就是同一顏色的圖案出現深淺不同的接色？二是新疆古舊地毯的後背爲甚麼出現扣斜？

王哲東回答：「我國解放前的地毯工業大都是分散的手工業作坊或一家一戶的家庭手工業。他們使用天然染料的計量、煮染時間掌握不夠準確；同一種顏色要分幾次、幾鍋煮染。當時看不出深淺不同，但織出的地毯鋪上幾十年，有的就出現接色，但有的接色會顯示它的自然美。

地毯後背出現扣斜，是手工編織中拴扣力量不均勻造成的。編織中可能男人放下拴扣由女人拴一段時間，或者是拴扣後用鐵耙打的力量不均勻所造成。

法國地毯專家聽了王哲東的回答表示滿意，讚揚中國古舊地毯是世界上最好的地毯。他們認爲：中國地毯歷史悠久，做工精細，以富有彈性、圖案繁多、面如錦緞、形似浮雕和規格齊全五大特點，著稱於世界手工地毯市場，雖有些小毛病但不傷大雅。

改革開放與中國地毯業的發展

六十年代初，王哲東同北京工藝品出口公司（後改爲首飾公司）的同事去西北、內蒙和東北等地考察、收購舊地毯，供應國外市場，在經濟困難時期爲國家掙了大量外匯，他本人也積累了識別古舊地毯的豐富經驗。

「文革」曾使地毯出口暫時停頓，而編織地毯的工人有的還在繼續加工細作。他們精織細作出有蜿蜒山巒、起伏的萬里長城圖案的大掛毯，一九七六年懸掛在聯合國大廳，向世界顯示了我國地毯工藝的精湛和高超的技術。

改革開放推動了我國地毯工業的發展和仿古地毯的復興。據有關部門統計，一九八二年我國地毯出口額比一九五三年增加了近百倍，銷往一百多個國家和地區。一九八一年，王哲東參加研究採用古代的紡、染、織工序操作方法和按各地區舊地毯的風格特色編織仿古舊地毯的工作。

正是在地毯出口額劇增、仿古舊地毯復興之時，王哲東想編寫一部《中國古舊地毯圖錄》。然而他出身貧苦，少年失學，文字水平不高，困難重重。

作者在準備寫《古玩史話與鑑賞》時，一九八六年春節在程長新師兄家見到王哲東，他爲作者提供了口頭資料，請作者幫他編寫《地毯圖錄》，當時做了商定。作者對地毯生疏，他口述作者記錄，切磋琢磨三年多，到一九八九年整理出了《中國古舊地毯圖錄》，書中寫了古地毯之探源並對新疆、寧夏、西藏、甘肅、青海、陝北、北京等地區的地毯生產特色與風格進行介紹，還附錄了古地毯圖案淺釋等。他搜集到三百餘幅地毯圖片，分地區地配合串插在書中，準備出版，後因他病倒，書未出成。

一九九五年初，王哲東來電話約作者，作者見到他時，見他病癒精神很好。他說：「我準備開辦出口新舊地毯的公司，出版那本圖錄，可是照片丟了許多，咱們整理整理再說。」過了二十多天，當作者去給他拜年時，他老伴已去世了，剩下他孤獨的一人坐着，目光發呆，雙手顫抖，起坐都困難了。後來他又病倒了。這本圖錄至今無着落。研究古舊地毯的書實在太少，今書此文聊補遺缺，尚待專家賜教。（作者註：六十年代北京工藝品出口公司收購舊地毯時，百年之內的稱舊地毯，百年以上的爲古地毯，古地毯不能出口。）

◆我走的是「定否之否定」的路（代後記）

我到了老年才算是理解「人生的道路是曲折的，曲折的道路是每個人自己走出來的」這句話之眞諦。年輕時我沒想過寫北京文物市場的歷史，也沒做這方面的準備，而今我寫了這方面的書，看來似乎是偶然的，但也有其必然。

宣統二年，我的表舅爺常惠川帶岳彬和陳中孚到北京古玩舖學徒，民國廿七年岳彬成爲京城最大古董商後，出資給陳中孚在琉璃廠開家古玩舖。可是岳彬又不相信陳中孚有當經理的才能，他投了固定資產，流動資本不付，不簽東夥合同，也不過問經營。那時我家是大家庭，叔伯同居，祖母當家，她發了話，由我家墊錢經營文古齋古玩舖，讓我進去住。她說：「我大孫子長大了準有出息，讓他邊讀書邊學古玩鑑定經營，將來還能幹不過岳彬?!」

小時候我拜在前清舉人、國學家、書法家魏旭東的門下，讀《四書》、習書法，他還給我講《左傳》、《書經》、《古文釋義》等古典著作，爲鑑定夏商周青銅器和其它文物打基礎。抗日勝利時，由於長年的耳濡目染和伯父陳中孚的指點，我已能看懂一些文物古玩，還認識平、津、滬的一些玩古玩、買賣古玩珠寶的鑑賞收藏家和古玩、珠寶富商，還學了點英國話，我有希望達到祖母對我的要求。

但天不從人願，這「天」乃時勢也。日本投降了，我的眼界也開擴了，不想當商人了，想讀書當學者，寫了篇《我要讀書》的文章，投在陳銘德辦的《新民報》社會服務版上，一位數學教師見到，同情我，義務教我學代數、三角、幾何。此時，國民黨對淪陷區的大學生搞「甄審」，要他們每人都要寫出《總理遺教研讀報告》和讀《中國之命運》的心得體會文章。數學教師張宗梁指導我寫了這兩篇文章，供北大工學院同學們抄錄應付過關用。我寫完文章，張老師引薦我和他住同院的鄰居地下共產黨員鄭天健演見了面。從他們手中我借到進步書籍和報刊，我讀了《在延安文藝座談會上的講話》和《新民主主義論》等文章，從此我把中國的未來希望寄託在共產黨身上。

家長見我同北大、輔仁的同學來往多，學生運動又在不斷高漲，怕我捲進去當共產黨，便想用給我辦婚事的辦法攏住我。在老師和同學們的幫助下我逃跑了，跑到輔仁大學在經濟系當了半年旁聽生。婚退了，我考入中學讀高中，準備考大學當正式生。

北平解放前，我資助同學們去解放區，送堂弟去華北大學學習。北平一解放我立即考入了華北人民革命大學，不久便參軍南下，分配到二野軍政大學五分校，做理論輔導員。從輔導《社會發展史》中的《從猿變人》開始，走上了做一名理論教員的路。

從西南到東北，從軍隊到兵工廠，後到兵器工業管理幹部學院，工作四十二年，大部分時間是在教書，在三七五兵工廠做過理論學習室主任、報社總編輯、黨校負責人、幹部輪訓隊長、宣傳部長等工作，主要的工作是協助黨委起草文件和給幹部群衆講理論課。一九八一年，我總結了三十餘年的教學思想，寫了四千餘字的文章發表在中共中央黨校《教學生活》第五期的一、四版上。

「文革」一開始，我便成了「牛鬼蛇神」、「黑秀才」、「反動理論權威」、「地主階級的孝子賢孫」、「特務」、「走資派」等等，頭銜一大串，罪夠受的。林彪摔死了，葉帥主持軍委時要求兵工廠輪訓幹部，學「馬列六本書」和毛主席的哲學著作。工廠軍管會主任又把我找出來講課；註釋《鹽鐵論》全文，要我來主持寫作，但不給我平反，要繼續考驗我。

粉碎「四人幫」後，爲了集中力量搞經濟建設，中共遼寧省委在黨校集訓一批宣傳、理論幹部，組織上派我去參加學習。一年的時間裏，我讀了一些馬克思主義經濟理論的原著。

黨的十一屆三中全會後，我獲得了第二次解放，平了反，又調到五機部幹校，組織上讓我給部屬廠廠長、書記講馬克思主義經濟理論和哲學理論課。一九八五年，幹校改名兵器工業管理幹部學院。不久，學院撤銷了。上級讓我去經商，我幹不了，就給了我個正處級調研員的虛職，讓我養老。

就這樣結束工作，我的心境平靜不了。幼年時的一位同學石椿年在北京財貿學院做《學報》主編工作，他給我出主意，讓我寫琉璃廠的古玩史話。他告訴我說，這方面的文章還沒人寫。我說：那可不容易。他說，先調查研究，再寫。我認爲搞社會調查不錯，實踐出眞知，老古玩珠寶商中鑑賞古玩珠寶的眞知灼見很多，何不寫出來？寫出來對社會和後人還是有用的。

於是，我逐一拜訪闊別三十餘載的古玩、珠寶老行家，他們都已鬚髮皆白，老態龍鍾，卻對寫古都文物市場歷史和鑑定經驗感興趣，盼望和囑咐我寫好這方面的書。我的師叔范岐周說：「有記者和作家找過我，想寫琉璃廠古玩行。我跟他們談過，他們寫不出來，皆因是外行。你想寫就抓緊時間，不然，等我們這茬人沒了，誰想寫也寫不出來了。」他這話激起了我寫作慾望，我不能坐視不顧，讓有價值的文物市場史實資料泯沒佚失。

一九八五年至一九九五年這十年裏，我是有苦有樂，有成功也有挫折。我採訪古玩、珠寶老行家五百餘人次，寫了百萬字文章。一九九〇年出版了三十餘萬字的《古玩史話與鑑賞》一書，一版再版，引起了海內外文物界和出版界的關注，北京、台北、香港的文物、文史報刊雜誌刊登或連載了我的一些文章。

一九九二年，我寫出二十萬字的《古玩舊聞》書稿，被朋友送去台北出版，中介人未讓我與出版者見面，便草簽一份合同。不料他背着我同台商另簽有出版合同，被我得知，與之交涉，至今仍無下文。古玩老行家和出版界的朋友勸說我不要灰心，要我將已出版和未出版的百萬字書稿統一整理，補充、修改，寫出較系統、全面的、內外行人都愛看的、介紹北京文物市場歷史和古玩鑑賞知識的書來。

這個要求不低，我的水平有限，只可孜孜以求，再度奮發，埋頭三載，寫出七十多萬字的《文物話春秋》和《古玩談舊聞》書稿，算是了卻了古玩界前輩和出版界朋友對我的希望和囑託。

我在青少年時學過國學和鑑定文物的知識，年老時寫了十年古玩行的往事，看來是在重複以往。在我的人生中這種重複以往，正如哲學上的否定之否定，表現出事物發展的前進性，是螺旋式上升。我相信國內市場經濟無論怎麼發展，文物市場也不會再走老路。

半封建半殖民地的中國文物市場，使諸多國寶、珍貴文物廉價散失到列強富國，給炎黃子孫帶來的是沉痛和恥辱。中華民族的傳統文化和豐富多彩的古董文物是不容否定的，舊時代鑑定經營古玩珠寶的好經驗好方法，今日仍需借鑑。那個時代玩古玩和經營古玩珠寶的人物，除少數破壞、盜賣國寶的民族敗類外，大多數人還是愛國的。他們對我國傳統文化的繼承與傳播，對文物的保護鑑別與宣揚起過積極作用，同樣不能否定。

我記得早在五十年代末，周恩來總理倡導老年人把親身經歷記錄下來時說：「新的東西總是從舊根子出來的，舊的底子還是有値得研究的東西。如收集舊社會典型事跡，就很有價値，讓後人知道老根子，就不會把歷史割斷。」他還說過：「歷史對一個國家、一個民族，就像記憶對於個人一樣，一個人喪失了記憶就會成爲白癡，一個民族如果忘記了歷史，就會成爲一個愚昧的民族。而一個愚昧的民族是不可能建設社會主義的。」到了八十年代中期，我自己進入老年時，躬逢改革開放之盛世，才有條件同北京的古玩、珠寶老行家們叙舊，談論往事，得到他們提供的豐富的文物市場史實資料，使我能寫出這兩部書來，供讀者閱讀欣賞，也向讀者請教。

書中所寫的是北京古玩、珠寶玉器行業中多年傳說的、老北京文物市場上的眞人眞事和歷史往事，因爲是老年人的回憶，難免有誤，尚請讀者見諒並指正。

陳重遠

一九九五年仲夏

寫於北京海淀雙榆陋室

國家圖書館出版品預行編目資料

古玩談舊聞 / 陳重遠著 .--1 版 .-- 台北縣中和市：橘子. 1998〔民87〕
冊：　公分
ISBN 957-8401-31-0 (上冊：平裝). ISBN 957-8401-32-9 (下冊：平裝)

1. 古玩

790.74　　87011505

古玩談舊聞（下）

ISBN 957-8401-32-9
作　者：陳重遠
發行人：程顯灝
出　版：橘子出版有限公司・明鏡出版社聯合出版
電　話：02-22405707
印　刷：國利印刷公司
總經銷：三友圖書有限公司
地　址：台北縣中和市中山路二段327巷11弄17號5樓
電　話：02-22405600
傳　真：02-22409284
劃　撥：05844889 三友圖書公司帳戶
定　價：200元
出版日期：87年11月一版一刷